1　平城京の今昔

中国の都城にならって造られた平城京は，東西6.3キロ，南北4.7キロにおよぶ大規模な計画都市であり，南北に貫く朱雀大路を軸に，碁盤目状に大路・小路が通る整然とした町並みであった．上図は平城京の現況に，大路を復元的に重ねてあらわした．

2　復元された平城宮朱雀門

朱雀門は平城宮の正門として朱雀大路に面し，重要な儀式が行われた．他の宮城門に比して卓越した規模であったと考えられている．

3　復元された平城宮第一次大極殿

大極殿は，天皇による国家的儀式の重要な場であった．第一次大極殿は，さまざまな研究成果を詳細に検討して古代の工法そのままに復元され，古代国家の偉容を感じさせる．

4　復元された平城宮東院庭園

東院庭園は，奈良時代に造られた庭園の世界観を今に伝える貴重な遺構である．発掘調査の成果に基づき，復元が行われた．景石の一部は実物が露出され，当時の様子が偲ばれる．

5　長屋王邸宅復元模型

長屋王の邸宅は，左京三条二坊のうち四坪分という広大な敷地を占め，整然と並ぶ大規模な建物群跡が発見されている．出土した木簡からは邸内には妻子・一族のほか，家政機関の職員など多くの人々がいたことが知られる．

7　平螺鈿背円鏡《へいらでんはいのえんきょう》

東大寺大仏に献納された，『国家珍宝帳』記載の鏡のうちの1面であり，現在正倉院北倉に伝来する．貝片・琥珀・トルコ石・ラピスラズリにより美しく装飾された国際色豊かな鏡である．

6　長屋王家木簡

長屋王邸宅跡からは3万5000点におよぶ大量の木簡が発見され，この邸宅の主が長屋王であることを確定させた．「長屋親王宮鮑大贄十編」と記されたアワビの荷札木簡は，当時の貴族の優雅な生活の一端を物語っている．

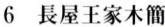

古代の都2

平城京の時代

田辺征夫
佐藤　信　編

吉川弘文館

目　次

Ⅰ　平城京の世界

Ⅱ　都の生活

Ⅲ　遷都と地域社会

平城京の時代

田辺征夫

はじめに

和銅《わどう》三年（七一〇）から延暦《えんりゃく》三年（七八四）のあいだ、日本の都は奈良の平城京に置かれた。平城京は、ひとつ前の都である藤原京を引き継ぎ、東西南北の碁盤目《ごばんめ》に整然と道路の通る、きわめて計画的な都市であった。ここに都の置かれた時代は、政治的には奈良時代と呼ばれ、七世紀から求めてきた律令《りつりょう》にもとづく法治国家、天皇を中心とした専制国家、これを支える官僚体制が確立し、古代律令国家が完成した時代である。これらの国家の枠組みや都造りの理念を先進国である中国の唐《とう》から積極的に吸収した時代でもあった。

文化史の上からは、その文化がもっとも華やかに開いた聖武《しょうむ》天皇の天平《てんぴょう》年間をとって天平文化の時代とも呼ばれるが、それは、『万葉集《まんようしゅう》』など貴族を中心に日本人の豊かな感性が花開いた文化であり、また、仏教文化を中心に国際色豊かな文化でもあった。これらは、一三〇〇年経た今日でもなおわれわれの心に強く響くものである。

しかし、一方で、少しづつ、その骨格が揺らぎ始めていく時代でもあった。公地《こうち》公民《こうみん》を原則とした土地公有制は、三世《さんぜ》一身法《いっしんのほう》や墾田永世私有令《こんでんえいせいしゆうれい》などを通して崩れていき、天皇を中心とした皇親《こうしん》政治も、外戚《がいせき》となった藤原《ふじわら》氏によって徐々に実権を奪われていく。天皇後継をめぐるたび重なる政変や大仏建立などの過剰な宗教・文化政策も加わって経済的な破綻に陥り、各地で不審火が発生し、世情不安が増大して、わずか七四年間で、都は、長岡京、そして平安京に移り、ふたたび戻ることはなかった。

ここでは、そのような時代の平城京そのものに焦点を当てて、平城京がどのような都で、どのようなことが起こっていたのか、記録と発掘成果を通して見てみよう。

1　平城京の実像

平城京の二つの顔

端的に表現すると、平城京には二つの顔があったといえる。その一つは、天皇を中心とする専制国家であって、同時に律令制にもとづく法治国家でもある国の首都としての顔である。先進国であった隋唐《ずいとう》の制度・文物を、遣隋使・遣唐使を派遣して積極的に取り入れ、試行錯誤の末に辿り着いたもの、それが、当時、最新の情報にもとづく唐長安城《ちょうあんじょう》に倣った都づくりであった。碁盤目に整然とプランニングされた道路は、その重要度にしたがって道路幅を決め、街区《がいく》には、位に応じて規定の大きさの宅地を与えるなど、視覚的にも支配の意図が明確に示されたものであった。そして、ここに住む大半の人は、この国家を支える官僚である貴族や役人とその家族や使用人たちであった。京の中央北端の、地形的に高所に当たる位置に宮殿が造られ、天皇はこの位置から南面して天下を見下ろすことができた。平城京は、まさしく天皇の都であり、臣下である貴族・役人たちの都であった。

それに対して、平城京にはもう一つの顔があった。それは、仏都としての顔である。およそ五キロ四方の都にしてはあまりにも多くの寺院が作られた。遷都直後に、その数四八ヶ寺という。寺々もまた、整然とした街区に規定通りにはめこまれてはいたが、占拠する敷地は広大であった。ざっと概算しても、平城京の街区総面積のおよそ三割は占めると考えられる寺院が、平城京の性格を考える上で大きな意味をもつ。後述するように、この時代の思想、宗教は単純ではなかったが、大きく見て、平城京は仏教思想によって守護された都であった。

平城京によって、ようやく、古代律令国家による都づくりの理念は完成したといえる。推古《すいこ》天皇の時代、聖徳太子《しょうとくたいし》の頃に始められた天皇を中心とした統一国家づくりは、大化改新《たいかのかいしん》から天智《てんじ》・天武《てんむ》の治世を経て大きく飛躍し、藤原京で形を整え、平城京においてその骨格は完成したのである。七世紀初頭から考えれば、古代専制国家の形成にはおよそ一世紀を要したこととなる。余談ではあるが、日本の近代国家が、明治維新以来、民主主義国家として世界にも認められるようになるのに、紆余曲折の末、明治百年といわれ、高度経済成長期を謳歌《おうか》し始めた昭和四〇年代後半あたりまでかかったことと奇妙に符合する。新たな国家の枠組みを作り上げるためには、このぐらいの年月が必要ということであろうか。

あわただしい遷都と遷都の詔

平城京の遷都は、『続日本紀《しょくにほんぎ》』の記すところによれば、何の前触れもなく突然のことに見える。和銅元年（七〇八）二月十五日、前年七月に即位した元明《げんめい》天皇は、都を平城の地に遷すことを宣言した。「遷都の詔《みことのり》」である。高らかに遷都を宣言し、その理由をうたいあげたことは、日本の歴史上、後にも先にも、この平城遷都の時だけである。元明天皇の詔は、次のようにいう。「……遷都のことはまだ急がなくともよいと思っていたが、王公大臣が皆言うには、昔から今にいたるまで太陽や星を観測し、宮室の基礎を起こし、治世の存続年数を卜《うらな》い、土地の善悪を占い、帝皇の都を建てている。それによって鼎《かなえ》を安定させる基礎が永久に固く、窮《きわ》まりのない業《わざ》もここにあるということになる、云々」と。そこで、かの殷《いん》の諸王が五回遷都したり、周《しゅう》の諸天子が三たび都を定めて国家を安定させた例もあるので、「安んじて、久安の住居を遷そうと思う。まさにいま平城《なら》の地は、四つの動物が河図《かと》に相応じ、三つの山が鎮《しず》めをなしているところである。亀甲《きっこう》や筮竹《ぜいちく》による占いも、ともによい結果であって、都邑を建てるべきである。……」と（読み下し文は、直木孝次郎他訳注『東洋文庫版続日本紀』平凡社、一九八六年にもとづき、一部改変）。

この詔の内容は、明らかに陰陽五行《いんようごぎょう》思想にもとづくもので、中国の都城建設の理念を強く意識している。

2　藤原京をなぜ廃し、平城京に何を求めたのか

藤原京と平城京の違い

平城京の一つ前の都である藤原京は、持統八年（六九四）からわずか一六年で廃棄されることになった。整然とした都市計画に基づく本格的な藤原京が、なぜこのように短命に終わったのか。これは、古代の首都を考える上で大きな意味をもつ。前巻で詳しく述べられているが、近年の藤原京の研究では、その都市計画は、東西、南北いずれも十条の道路を碁盤目に通す正方形の形をしていたことがわかってきた。その建設理念は、『周礼《しゅらい》』に記される都城の形状を手本にしているというのである。『周礼』冬官考工記《とうかんこうこうき》第六には、「百工を司る匠人が国を造るときには、方九里（約三㌔四方）とし、各辺に門を三門開く。東西南北それぞれ九本の道を通し、道幅は九軌（車九台分の幅、一軌は六尺ないしは八尺）。左に祖先をまつる廟《びょう》、右に土地の神をまつる社を置く。宮殿に対して後方に市を置く、……」とある。これに照らしてみると、藤原京の場合、道路の本数など細部は異なるが、まさしく、宮殿は京の中心に位置し、まだその所在は確認されていないが、東西の市は、宮殿の後方に配されるいわゆる面朝後市《めんちょうこうし》である。

これに対して、平城京は、南北に長い長方形を呈し、宮殿は、中央北端に置かれる。東西市も、宮殿のはるか南方に配されるいわゆる面朝前市である。この基本的平面形は、隋の大興城《だいこうじょう》とそれを踏襲

した唐長安城に非常によく似ている。唐長安城と比較すれば、長安城が横長であるのに対し、平城京は縦長である点で違いはあるが、大路《おおじ》のあり方や東南隅の池の配置など細部においても似た部分が指摘できる。宮殿内部の構造においても、第一次大極殿《だいごくでん》地区は唐長安城大明宮《だいめいきゅう》の含元殿《がんげんでん》を模した配置であることが発掘によってわかっている。平城京と藤原京の発掘が進展し、平面形の違いが明確になってくることで、両者における都市計画の理念の違いが、明確になってきているのである。

さらに近年、長安城と平城京の縦横の違いについては、井上和人氏によって、平城京を横位置に置くと正しく長安城の四分の一になるとの重大な指摘がされている。これについては各論の渡辺晃宏「平城京の構造」に詳しい。

東アジアの国際情勢

しかし、それにしても藤原京を大規模に建設し始めてわずか一六年で、なぜ、遷都してまで都造りをやり直したのか。藤原京の建設時点では、唐長安城の情報はなかったのか。あるいは、いつ唐長安城の情報を手に入れたのか。これらを考える一つの大きな手がかりは、当時の東アジアをめぐる国際情勢にあったことは、ほとんど通説といってよかろう。

六六〇年に滅んだ百済《くだら》を助け復興させるべく戦った白村江《はくそんこう》の戦いで、日本と百済の連合軍は唐と新羅《しらぎ》の連合軍に完敗した。百済は名実ともに滅び、百済からは王族はじめ多数の知識人、技術者が続々と日本に亡命してきて、各地に永住するようになる。これらの人々がその後の日本の国家形成に大きく寄与したと考えられる。

一方、日本と唐とは国交断絶状態となり、唐・新羅連合軍の侵略をおそれて、大宰府《だざいふ》の水城《みずき》や大《おお》野城《のじょう》はじめ各地に防御用の山城《やまじろ》を作ったり、飛鳥の周辺を固めたり、さらには都を近江《おうみ》に移したりした。その結果、とにかく中国の正確な情報はほとんど入らなくなったと考えられる。この状態は、およそ三〇年間続いた。国交が回復され三〇年ぶりの遣唐使が派遣されたのが大宝《たいほう》二年（七〇二）で、使節団の帰国は慶雲《けいうん》四年（七〇七）年のことである。このとき長安城の最新の情報がもたらされたに違いない。派遣の前年に完成した大宝律令が施行されたばかり、完成した法治国家としての新たな枠組みの中で、政治と国家の運営が始められようとしていたときでもあった。遣唐使がもたらした唐長安城の最新情報は、大きな刺激ときっかけになったのではなかろうか。まさに国家を安定させる鼎としての久安の都を、唐長安城のスタイルに倣って創ろうとしたのが、平城遷都であったのだろう。

遷都の思想的背景

また、ほかに藤原京では不都合と考えられた理由として、平城京と比較したときいくつかの点が考えられる。まず、平城遷都の詔に謳われる風水《ふうすい》にもとづく地形の善し悪しからいうと、かつて想定されていた藤原京の大きさでは、耳成《みみなし》、畝傍《うねび》、香具山《かぐやま》の三山が鎮めをなす位置にあり、優れているように見えたが、現在復元される藤原京の範囲からするとこれら三山は京内に取りこまれてしまうため必ずしも全体の鎮めをなさない。また、平城京と違って、南に地形があがっていき、南面する天子の位置が低い。そしてこの地形のせいで水は、南から北へ、すなわち天子の住まいする宮殿に向かって集まってくる配置になっている。風水の占いからも決して良い結果が出なかったのではなかろうか。実際、藤原京一体は水はけが良くなかったらしく、死人や汚物の処理のまずさも相まって腐臭ただよう状態であったかのごとく書かれる記事もある。

官僚機構の安定化

もう一つの大きな要素としては、貴族や役人を集住させる目的があったと考えられる。どういうことかというと、律令政治を支えるものが官僚機構であるが、これを組織的にも安定させる上で、彼らを規律正しい時間に従って勤務させることが絶対に必要である。飛鳥時代には、早朝からの朝議《ちょうぎ》に遅れる豪族を叱責する記事がいくつも見られる。彼らを律令の規律に従わせるには、飛鳥周辺にあった自宅からの通勤ではなく、そこから切り離す必要があった。飛鳥に隣接する藤原京では、それが徹底しなかったのではなかろうか。遠く離れた平城京への遷都によって、否が応でも新都に移住せざるを得なくしたのである。

また政治的にも、飛鳥には、壬申《じんしん》の乱で天武天皇を支えた旧勢力が厳然としてあり、新たな体制への移行という点でさまざまな障害や抵抗があったことも考えられる。こういった複数の要因が重なったところに、最新の唐長安城の情報は、思い切った遷都を実行する恰好の引き金になったのではなかろうか。それら諸問題を払拭する上で、高らかに遷都の理由を打ち上げる必要があり、その根拠として陰陽五行の思想を用いたと考えたい。

3　政治の舞台としての平城京

平城京の詳細は各論に譲るとして、ここでは、まず、平城京という都の情景をイメージするために、数少ない記録をひもとき、発掘成果ともあわせて探ってみよう。平城京の時代は、都を舞台としてさまざまな政治的出来事がおこった。奈良時代前半の出来事で最大の事件は、なんといっても長屋王《ながやおう》の変であろう。遷都からしばらくの間は、皇親政治といわれるように、皇族を中心にした政治が行われていた。これを支える臣下の実力者は、平城京遷都を中心的に進めた藤原不比等《ふひと》であったが、着々と力を蓄えていった。最初、みずからの娘である宮子《みやこ》を文武《もんむ》天皇の妃にいれ、後の聖武天皇が生まれた。また、この聖武天皇には、これも娘である光明子《こうみょうし》を嫁がせ、外戚としての藤原氏の地歩を固めた。折しも皇親政治の代表者としての長屋王が左大臣《さだいじん》となり、三世一身法などの施策を進めていたが、一方で藤原氏との確執も深まっていったようである。

長屋王の没落

神亀六年（七二九）二月、密告するものがあり、突然、長屋王は謀反《むほん》の嫌疑をかけられ、六衛《ろくえ》の軍隊に囲まれた。どうやらたいして弁明の機会もなく妃の吉備内親王《きびのないしんのう》ともども自邸において自刃《じじん》に追いこまれた。この長屋王の邸宅がどこにあったかは記録もなくまったく不明であったが、一九八八年、平城宮跡の東南角に接する場所でデパート建設にともなう事前調査が行われ、明らかとなった。

図1　発掘された長屋王邸宅

ここの敷地は左京三条二坊一・二・七・八坪の四町を占め、敷地中央を通るはずの小路《こうじ》はなく、遷都前から予定された敷地であることがわかった。長屋王邸であることを確定したのは、敷地東隅に掘られたゴミ捨て用の溝から発見された三万五〇〇〇点にもおよぶ大量の木簡《もっかん》であった。木簡は、長屋王の邸宅に宛てられた宮中からの文書や支配地から毎日のように送られてくる農産物に付けられた荷札《にふだ》、邸宅内でやりとりされた書類などで、その内容からは、邸宅内の組織構造、住人、支配地などとともに王や内親王の日常生活が詳しく浮かび上がった。

邸宅には、吉備内親王が同居し、王と内親王のそれぞれに家政《かせい》機関があること、数人の夫人や子供たちも同居していることがわかった。発掘遺構からみると、敷地内は、区画塀《くかくべい》によって、いくつもに区切られており、それぞれ王と内親王の生活する空間、夫人たちの空間、家政機関の区域などに分かれていたものと思われる。家政機関のもとには、絵師、土器作り職人、皮革職人、武器職人などさまざまな技能を持った職人や工房もあり、尼や女医もいた。東の山間にある都祁《つげ》に氷室《ひむろ》をもち、夏でも氷を運ばせたりした。乳牛を飼って牛乳も運ばせている。犬や鶴を飼育する組織もあった。こうした多様な組織は、さながら宮中の組織がそのまま移ってきたのではないかと思わせるほどである。

こうしてわかった長屋王の実態は、左大臣という当時の最高権威者にふさわしい実力をもっていたことを示しており、藤原氏にとって長屋王の存在がどのようなものであったかを想像させる。長屋王の存在が、いかに藤原氏とそれに支えられた聖武天皇にとって障害であったかは、長屋王を滅ぼした直後の四月に、聖武天皇はただちに年号を天平と改元し、八月には光明子を皇后に立后《りっこう》したことでわかる。

ところで、長屋王の変には後日談がある。『続日本紀』によれば、天平十年（七三八）七月十日のことである。左兵庫《さひょうご》の少属《しょうさかん》で従八位下大伴宿禰子虫《おおとものすくねこむし》というものが、右兵庫の頭《かみ》で外従五位下の中臣宮《なかとみのみや》処連東人《このむらじあずまひと》を刀で斬りつけ殺害したという。子虫は、もと長屋王に仕え厚遇を得ていたが、たまたま東人と同じ兵庫寮勤務となり、碁を打つうちに、話が長屋王のことに及び憤慨して刀を抜き斬りつけたというのである。東人は、長屋王を密告した張本人であった。この部分の『続日本紀』の書きぶりをみると、東人は「長屋王のことを誣告《ぶこく》した人」と表現している。誣告とは故意に事実を曲げて訴えることであるので、『続日本紀』が編纂された奈良時代後半には、長屋王の事件はえん罪であったという認識が公式にもあったことを示している。

光明皇后と皇后宮

はじめて臣下から皇后となった光明皇后は、皇后が入る中宮《ちゅうぐう》には、母親である宮子夫人が住んでいるために、別に皇后宮《こうごうぐう》をつくって住むこととなった。皇后宮の場所については、平城還都《かんと》のときに、旧皇后宮を宮寺としたとあり、これがのちに法華寺《ほっけじ》となったので、現在の法華寺の場所にあったとするのがこれまでの通説である。つまり、法華寺の地には、もともと不比等の邸宅が営まれ、そこに光明子が引き継いで住まいし、それが皇后宮となったと考えられてきたのである。しかし、長屋王邸宅の北側を通る二条大路《にじょうおおじ》路面上に掘られたゴミ捨て溝からみつかった四万点におよぶ大量の二条大路木簡の内容から、発掘調査報告書は長屋王が滅ぼされた跡地に皇后宮が造られたのではないかとする新しい説を展開していることを紹介しておく。

藤原氏一族の挫折

長屋王没後、不比等の四人の子供らが実力者となり、聖武天皇と光明皇后を支える体制ができあがり、藤原氏の時代にはいると思われた矢先、彼らに突然の不幸が襲いかかる。それは西からやってきた。天平七年（七三五）ごろから、九州で流行し始めた天然痘《てんねんとう》は、いっこうに収まることなく東に広がり、ついに二年後の天平九年（七三七）、平城京に襲いかかってきた。一般大衆だけでなく、高位高官も多くが相次いで病に冒され、倒れていく中、藤原氏の四兄弟も例外ではなかった。武智麻呂《むちまろ》、房前《ふささき》、宇合《うまかい》、麻呂《まろ》の四兄弟は前後して亡くなった。加えて、天平十二年（七四〇）には、同じ一族の藤原広嗣《ひろつぐ》が九州で乱を起こして討たれた。ここに藤原氏の力は一時的とはいえ大きく後退することとなり、光明皇后の異父兄である橘諸兄《たちばなのもろえ》が政権の中枢を占めることとなる。

藤原四家の邸宅がどこにあったかは明確でないが、先述の二条大路木簡の分析から、長屋王邸の二条大路を挟んで北側の敷地が、天平八年（七三六）頃に兵部卿《ひょうぶきょう》宅であることがわかった。このときの兵部卿は、藤原四兄弟の末弟で藤原麻呂であることから、あるいはここが麻呂邸であった可能性もある。麻呂は京職大夫《きょうしきだいぶ》に任官されたこともあったので京家と呼ばれる。

転々とする都

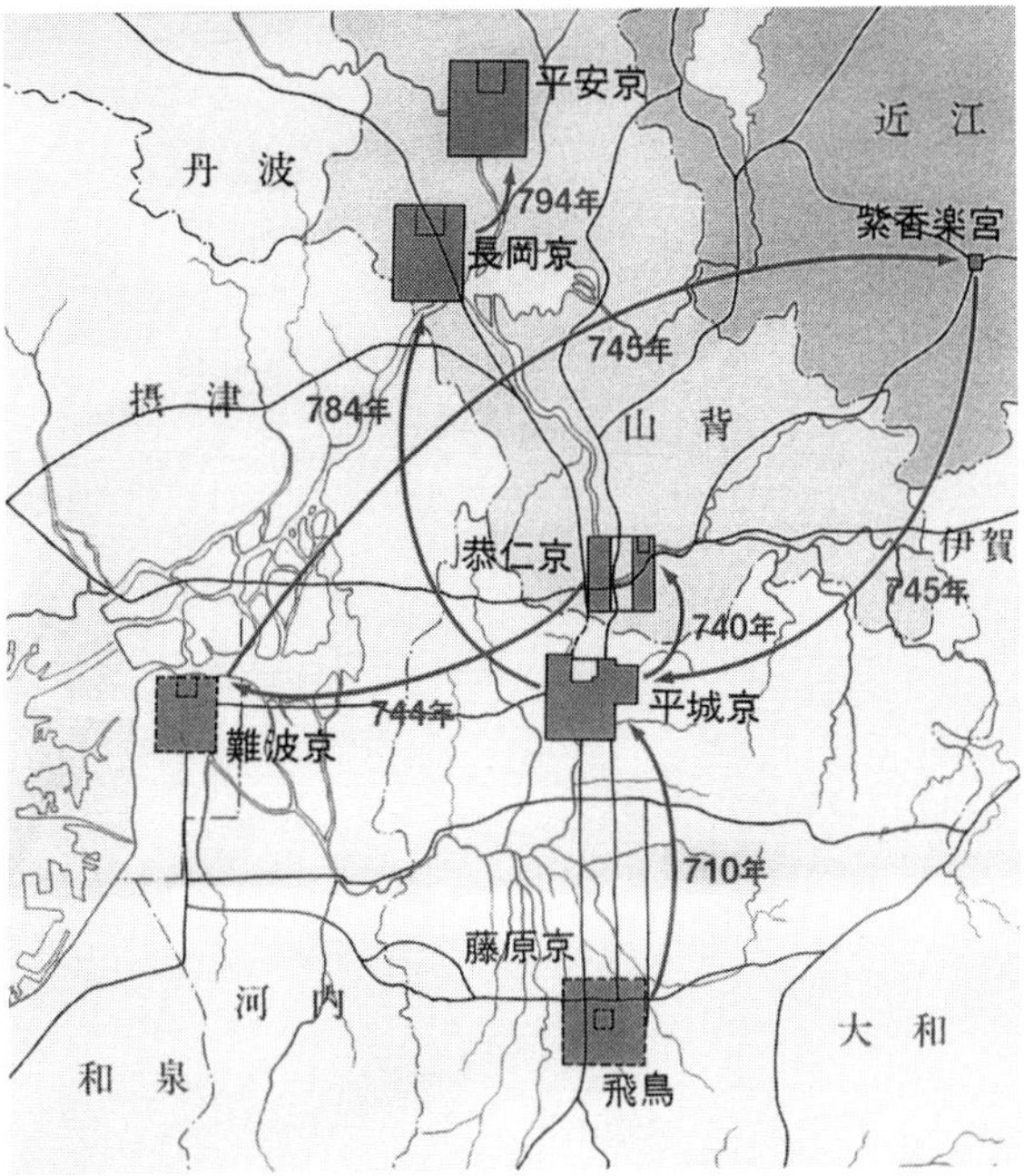

図2　転々とする都

こうした政変の直後、聖武天皇は、都を恭仁京《くにきょう》に遷す。大極殿や回廊《かいろう》も移したという記録があり、発掘の結果、平城宮第一次大極殿と恭仁宮大極殿（のちの山《やま》城国分寺《しろこくぶんじ》金堂《こんどう》）の規模と構造がほとんど同じであることがわかったことから、『続日本紀』の記録が証明された。天皇は、さらに宮殿を難波宮《なにわのみや》、そして紫香楽《しがらきの》宮《みや》と転々と遷し、ふたたび平城京に戻ったのは五年後の天平十七年（七四五）であった。わずか五年間で、くるくると遷都した理由は何であったか。やはり、その前に立て続けに起こった長屋王の変、藤原四兄弟の死、藤原広嗣の乱などが影響したことは否めない。恭仁京で、国分寺・国分尼寺の建立を決め、紫香楽宮で最初の大仏造営を行うなど、仏教に救いをもとめて新たな都造りをしようとしたかのようにも見える。

藤原仲麻呂の専横と没落

天平時代の後半になるとふたたび藤原氏が勢いを取り戻してくる。その頂点にいたのが仲麻呂《なかまろ》である。光明皇后の信頼を得て、恵美押勝《えみのおしかつ》の称号を与えられ、橘諸兄から実権を奪った仲麻呂は、政治の中枢に座るとつぎつぎと新しい政策を実現した。彼の邸宅は、田村第《たむらてい》と呼ばれ、長屋王や不比等の邸宅の倍の八町を占めていたと考えられており、その場所は左京四条二坊九〜十六坪と推定されている。この邸宅は、楼閣《ろうかく》も備える豪壮なもので、孝謙《こうけん》天皇も行幸し、御在所としたこともあったため、田村宮とも呼ばれた。推定地の一部で大きな建物が見つかっているが、残念ながら、まだ広範囲の発掘は行われておらず、すでに一帯は大半が住宅街となっている。しかし地下の遺構は十分に保存されていると考えられるので、将来、長屋王邸のような貴重な資料が見つかり、仲麻呂の日常生活の生々しい様子などが解明されることを期待しておこう。

なお、仲麻呂は、娘婿の大炊王《おおいおう》が即位して淳仁《じゅんにん》天皇となり権勢も絶調に達するが、孝謙上皇が道鏡《どうきょう》を寵愛するようになったためこれをのぞこうとする。しかし逆に上皇によって滅ぼされてしまう。恵美押勝の乱である。恵美押勝の乱は、実際に平城京で軍隊が動いた出来事として、長屋王の変と双璧をなす。しかし、この乱では、仲麻呂は、早々と宇治《うじ》を経て近江に逃走した。その後も追われて転戦したが、今の滋賀県高島町《たかしま》あたりの浜から船に乗って琵琶湖に逃れた末に斬られて、妻子、従者もろとも滅ぼされたので、平城京内での戦いとしては、あまり大がかりではなかったようである。

道鏡と称徳女帝

道鏡が孝謙上皇に寵愛されるようになったのは、保良宮《ほらのみや》に行幸中、上皇の病を治したことがきっかけであったという。孝謙上皇がふたたび皇位に返り咲いて、称徳天皇となるとその寵愛ぶりはますます過激となり、道鏡は政治の中枢に食い入った。天皇が道鏡を帝位にと望むようになったが、和気清麻呂《わけのきよまろ》らは、宇佐八幡宮《うさはちまんぐう》の神託《しんたく》をうかがい、これを理由に阻止する。まもなく天皇は薨去《こうきょ》し、直後、道鏡は失脚させられ、下野薬師寺《しもつけやくしじ》に流された。

称徳天皇は、道鏡に肩入れするなかで西大寺《さいだいじ》の造営を推し進める。西大寺はもともと仲麻呂の乱を鎮めるため四天王像を安置する四王堂《しおうどう》を建立したことに始まる。乱が終わると、平和祈願のため百万《ひゃくまん》塔《とう》を造り陀羅尼経《だらにきょう》を納めて、寺々に配った。この塔は、一万節塔と十万節塔が大きく造られた。現在、法隆寺《ほうりゅうじ》にのみ遺品が残る。また、平城宮跡の発掘では、百万塔の未製品が発掘され、宮中で制作されたことがわかった。

このように、奈良時代は政治の権力をめぐり激しい政争が繰り返された時代でもあった。その中には、皇位継承をめぐる問題が絡んでいた。これらの醜い争いは、われわれの知る実り豊かな天平文化とはかなり様相を異にする。

4　平城京時代の思想、宗教と仏教

さまざまな思想、宗教の混在

日本古代の宗教や思想は結構複雑である。先にのべたように、平城京建設の理念をあらわした「遷都の詔」をみると、その思想的根拠として陰陽五行の思想すなわち『易経《えききょう》』にもとづく思想がある。律令制度の組織には、陰陽寮《おんみようりよう》があり、ここでは陰陽博士のもと、月や太陽の運行の観察をもとに、一年の暦《こよみ》を作成し、農耕や年中行事の指針が作られた。平城京では、まだ見つかっていないが、藤原京では、暦の木簡が見つかっており、また、飛鳥の水落《みずおち》遺跡は漏刻台《ろうこくだい》（時計台）と考えられている。日本での発見はまだないが、韓国の慶州《けいしゅう》では、占星台《せんせいだい》の遺構が残されている。これらは、政治の遂行にあたって陰陽五行の考えが強く支配していたことを思わせる。

こうした『易経』による陰陽五行の思想は、中国の古くからの宇宙観、世界観であり、儒教《じゅきょう》にも強い影響を与えていると考えられている。そして日本の大学寮で学ぶ必修科目には、『周易』、『周礼』はじめ『論語《ろんご》』や『中庸《ちゅうよう》』など四書五経といわれる儒学の教典が多く含まれており、孔子《こうし》をまつる釈《せき》奠《てん》は、宮中の重要な年中行事であった。

古代のさまざまな思想的背景を、中国においてもう一つの重要な宗教である道教と関連させる説もある。たとえば、遺跡から見つかる、土馬《どば》、斎串《いぐし》などから想像される呪術的な思想は、道教に含まれる中国土着の思想と類似するところもあり、部分的に道教の影響を受けた可能性は否定できない。しかし、道教もまた、陰陽五行思想をもとに中国古来の土着思想などを融合して体系化された思想と考えられており、その宗教を実現する場として、道士《どうし》の住む道観《どうかん》という寺院を建立する。唐長安城の大明宮にも三清殿《さんせいでん》など巨大な道観が造られているが、日本には、道観が建設された証拠はない。すなわち道教が体系として導入され、視覚的にも目の前に展開することはなかったのである。したがって、中国古代の宇宙観、世界観は、むしろ、『易経』などとともに陰陽五行説として入ってきて、深く日本人の思想に影響を与えたと考えるのがよいと思う。

実は、日本古来の宗教も、これら外来の思想の影響をさまざまに受けながら、おそらく七世紀後半から八世紀にかけて整理され、後に神道と呼ばれるものとして体系化されていったと考えられている。

仏教の開花

人々にもっとも目に見える形で、姿を現し、思想的な支配の要として用いられた宗教は、やはり仏教であろう。仏教は、基本的に此岸《しがん》ではなく彼岸《ひがん》の世界を語る宗教である。しかし、六世紀末から七世紀初頭にかけて本格的な仏教伽藍《がらん》をともなって導入されたときから、大きな影響力を持って日本古代の宗教思想を支配することとなった。

日本における仏教は、ごく初期に一部の人によって導入されたときはいざ知らず、当初から人々個人の心の救済というよりも国家守護的仏教としての色彩を帯びていた。蘇我《そが》氏による飛鳥寺の建立、聖徳太子の法隆寺や四天王寺の建立、そして舒明《じょめい》天皇による百済大寺《くだらのおおでら》の建立など、いずれも時の最高権力者による伽藍造営で、一族や国家の安寧を祈るものであった。とくに百済大寺は天皇みずからが発願者《ほつがんしゃ》となった天皇の寺であり官寺《かんじ》であった。百済大寺は、高市大寺《たけちのおおでら》をへて藤原京の大官大寺《だいかんだいじ》に引き継がれ、平城京の大安寺《だいあんじ》となる。薬師寺《やくしじ》もまた、発願は、天武天皇であり、持統天皇が引き継いだ天皇の寺であった。仁王経《にんのうきょう》、金光明経《こんこうみょうきょう》、大般若経《だいはんにゃきょう》など国家鎮護を謳う教典に沿った伽藍造りが進められ、それは東大寺《とうだいじ》・法華寺《ほっけじ》と諸国国分寺・国分尼寺の建立をもって頂点に達する。とくに聖武天皇は、毘盧遮那仏《びるしゃなぶつ》の造立によって国家・人民の救済を強く願った。天平文化は、まさしく仏教文化の開花でもあった。

しかし、過剰なまでの仏教への肩入れと伽藍の建立は、道鏡のような僧の専横を許し、国家経済の破綻をもたらした。

5 国際都市平城京

頻繁な往来

平城京は、国際都市であったとよくいわれる。これは、一つには、正倉院《しょうそういん》に残る数々の宝物の中に、中国だけでなく、シルクロードを通って運ばれてきた西域からの将来品と思われるものが含まれるからであろう。『続日本紀』にも、インド僧やペルシャ人が来たり、珍しいラクダやオウムなどの動物もやってきたことが記されている。実際、今日と比べれば、はるかに交通の不便であった奈良時代に、

図3　平城宮東朝集殿模型

幾多の困難を乗り越えて、遣唐使をはじめ新羅、渤海《ぼっかい》への使節団を幾度も送っており、向こうからやってくる使節団も多かった。奈良時代を通じて、派遣された遣唐使は五回、遣新羅使は一一回、遣渤海使は六回、来新羅使は一七回、来渤海使は一二回を数える。

『続日本紀』には、これら使節団が出かける時や向こうからやってきた時の様子を記す記事がいくつか散見する。唐長安城とは比較にならないが、こうした風景は都だけのものであった。

鑑真和上の渡日

天平勝宝《てんぴょうしょうほう》五年（七五三）に苦難の末渡来した鑑真和上《がんじんわじょう》は、聖武上皇らに授戒《じゅかい》した。これは奈良時代後半の大きな出来事であった。鑑真は、日本に本当の戒律《かいりつ》を伝えてほしいとの聖武天皇らの強い要望に応え、七度の失敗を乗り越えて渡日を果たした。律令政府は、難波に使節を送り、まさしく三顧《さんこ》の礼をもって出迎えた。和上の苦難の渡日の様子は淡海三船《おうみのみふね》がその顚末を記した『大唐和上東征伝《だいとうわじょうとうせいでん》』に詳しく、われわれのよく知るところである。

ところで余談ではあるが、戒律道場として建立した唐招提寺《とうしょうだいじ》の講堂《こうどう》として、平城宮東朝集殿《ひがしちょうしゅうでん》を施入《せにゅう》したと『続日本紀』にはある。現在の講堂は、入母屋造《いりもやづくり》重層の建物であるが、建築部材の詳細な調査によって、もとは切妻造《きりつまづくり》の建物を寺院用に変更していることがわかった。一方、平城宮跡東朝堂院の南にあった東朝集殿の発掘では、平面形から切妻造の建物であることがわかり、建築部材の調査見解と一致した。

おわりに

平城京はきわめて政治的な都市である。古代国家の律令体制をそのまま形の上でも視覚的にも具現した都であった。また、国際都市とまで位置づけることができるかどうかは、議論の分かれるところかも知れないが、平城京の時代の日本が、東アジアを中心とした国際社会と決して無縁ではなく、むしろ密接な関係をもっていたことは、これまで述べてきた発掘成果や記録にあらわれた事実や出来事からもよくわかる。

唐の律令制度にならった国の制度設計から始まって、首都である都の都市計画、世界観や宇宙観の共有、宗教思想の受容、そしてさまざまな文物の交流、これらからは、巨大な唐という国家とそれをとりまく周辺国家の中で、時には強い圧力を受けながらも、精一杯学びとり、互していこうとする古代日本の姿が浮かび上がってくる。そして、この時代に学びとったものを吸収、消化することによって、その後の日本国家の骨格や日本的なものが形づくられていったといえよう。

参考文献

岸　俊男　一九七九年『藤原仲麻呂』（人物叢書）吉川弘文館
笹山晴生　一九九二年『奈良の都　その光と影』吉川弘文館
佐藤信編　二〇〇二年『日本の時代史四　律令国家と天平文化』吉川弘文館
瀧浪貞子　一九九八年『最後の女帝　孝謙天皇』（歴史文化ライブラリー）吉川弘文館
直木孝次郎編　一九八五年『古代を考える　奈良』吉川弘文館
森　公章　二〇〇九年『奈良貴族の時代史』（講談社選書メチエ）講談社

I　平城京の世界

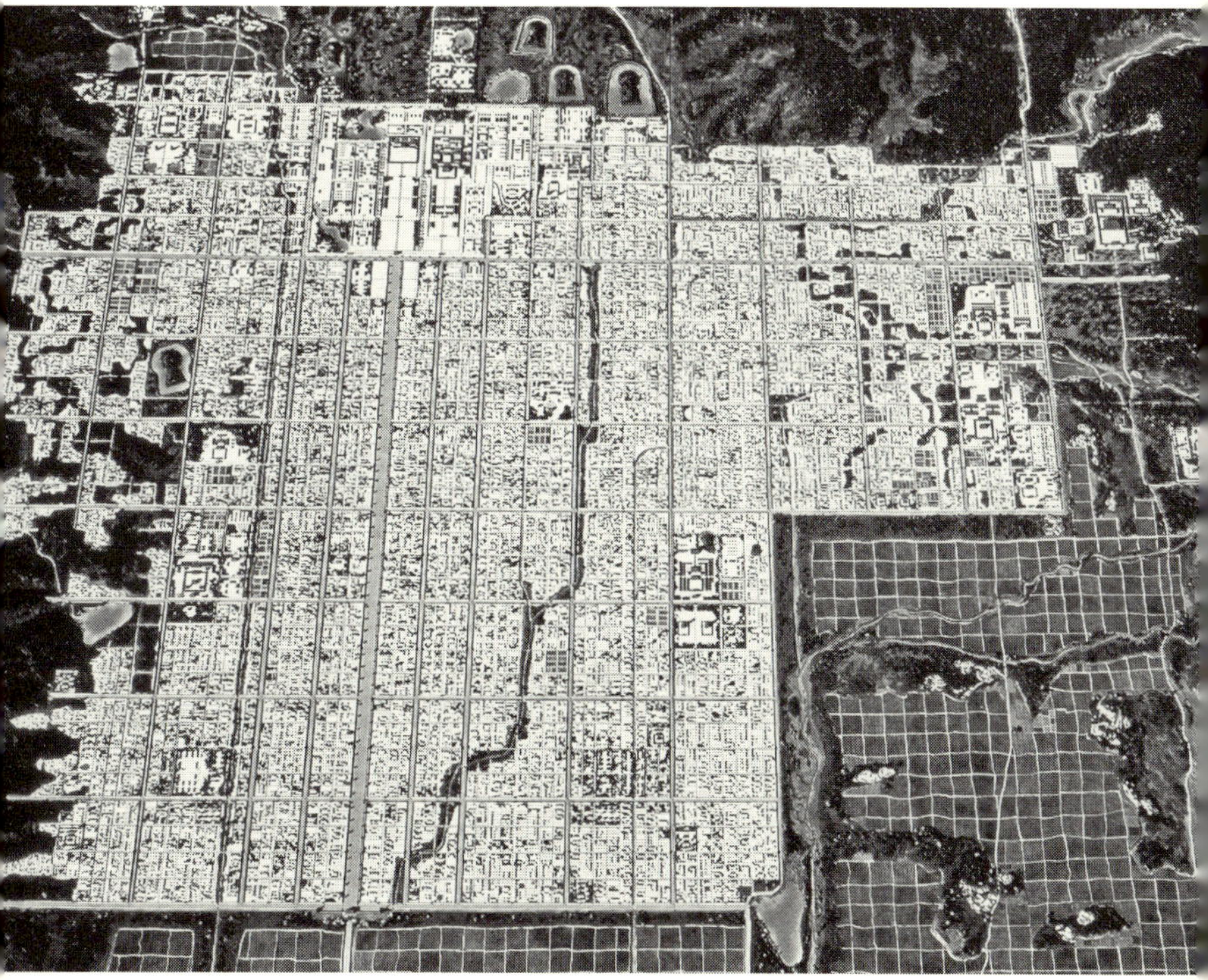

平城京復元模型

一　平城京の構造

渡辺晃宏

はじめに

平城京跡でここ五〇年ほどの間にさまざまな契機で実施された発掘調査は、その痕跡が良好な状態で地下に埋もれていることを明らかにしてきた。それだけではない。都の形は地上にも残されていた。都城研究に大きな足跡を残した岸俊男氏らの研究により、田圃の地割《じわり》が平城京の道路や宅地の形をよく伝えていることがわかった。都城の骨組である碁盤目上の道路を田圃の形で復元できる、これは平城宮内の役所の配置にも応用可能であった。

地下や地上から得られる情報は、刻々と新しい平城京像をもたらしつつあるが、最新の成果は、平城京はやはり唐の都長安《ちょうあん》をモデルにした都で、その造営はさまざまな試行錯誤の過程だった、ということに集約されよう。これは史料面からの八世紀史の最新の研究成果とも符合する。八世紀こそまさに日本の律令国家建設の時代であった。

1　平城京の原形

新しい藤原京像の提示と平城京像の転換

平城京が唐の都長安をモデルとして造営されたというかつての常識を打ち破ったのは、岸俊男氏の都城研究である。岸氏は藤原京《ふじわらきょう》を東西は中ツ道《なかつみち》と下ツ道《しもつみち》、南北は山田道《やまだみち》（上ツ道の延長に相当）と横大路《よこおおじ》に囲まれた範囲に復元し、平城京の東西はこれを下ツ道を軸にして折り返した形、すなわち、藤原京のちょうど二倍の幅、南北は一・五倍の長さとして設計されたとした。この復元では平城京の面積は藤原京の三倍になり、その人口推計の根拠にもされ、また平城遷都の理由の説明（律令制の整備により手狭になった云々）にも用いられた。奈良盆地を南北に結ぶこの壮大な仮説は当時の発掘成果とも整合し、平城京が藤原京を発展させた都であることを印象づけた。

盤石に見えた岸説の誤りが明らかになったのは、藤原京研究の進展によるところが大きい。ことに、藤原京の京域が岸説の復元を遥かに超える十条十坊であることを発掘調査の成果が明らかにしたのが決定的だった。新しい復元案を大藤原京と称して段階差を考えるなど、岸説に含みをもたせる意見もあったが、大藤原京こそが真の藤原京の姿であった。平城京の位置が下ツ道に規制されているのは、それが奈良盆地の古い幹線道路だからであり、藤原京の位置が平城京の位置を規定したわけではないことがはっきりしたのである。

岸氏の復元では、藤原京の条坊は一坊は四坪（町）で構成されると考えられていたが、実は平城京と同じ十六坪（町）で一坊という原理で構成されていることも明らかになった。平城京の原形は規模・構成原理ともすでに藤原京段階にできあがっていたのである。それならば、なぜそれをわずか一六年で放棄し再度平城京へ遷都しなければならなくなったのか。

大宝の遣唐使のもたらしたもの

その理由は実は藤原京そのものの構造にあった。日本は七〇一年に粟田真人《あわたのまひと》を執節使《しっせつし》とする遣唐使《けんとうし》を任命し、約三〇年ぶりに唐との国交を回復する。六六三年に白村江《はくそんこう》の戦いで唐・新羅連合軍に敗れた後、独自に律令国家建設を進め、都城の造営（藤原京）・律令の制定（大宝律令《たいほうりつりょう》）・銭貨の発行（富本《ふほん》銭《せん》）、国号の制定（日本）など、律令国家としての体裁を整えた上で、唐（当時は則天武后《そくてんぶこう》治世下の周《しゅう》）にそれを報告する使命を帯びた派遣である。ところが、粟田真人の使者としての礼節を誉められこそすれ、日本が律令国家のハードとして誇示しようとしたものが、ことごとく現実の中国のどこにも存在しないものであり、律令国家の名に相応しくないものであることを認識させられての帰国となった。藤原京についていえば、南方が高くて天子南面に相応しくないこと、宮城《きゅうじょう》が中央にある正方形の都という、中国の歴史上の遺産としかいいようがない形態をとることなど、いわば時代遅れの机上の産物であることが歴然であった。

現実の唐（周）の都長安との違い、それが平城京に遷都した根本的な理由であった。現実に存在する唐の都長安をモデルにした都の再建設、それが平城遷都の目的だったのである。宮城を最北端に据える構造にそれは何よりもよく示されている。こうして唐の都長安は、平城京のモデルとしてふたたび脚光を浴びるようになったのである。

長安城と平城京の形状研究の進展

これに関連して興味深い事実が井上和人氏の研究で明らかになった（図1）。平城京のいわゆる外京《げきょう》と北辺坊《ほくへんぼう》（詳細は2で後述）を除いた中心部分の縦横比は、南北は九条四七八九・九㍍、東西は左右京各四条計八条四二五七・六㍍で、九対八となる。これは南北十三坊八六五一・七㍍、東西十坊九七二一・一㍍の長安城の縦横比八対九のちょうど正反対であり、しかも平城京の南北長は長安城の東西長の約二分の一、平城京の東西長は長安城の南北長の約二分の一なのである。つまり、平城京の中心部は、長安城を二分の一に縮小し九〇度回転させた形に設計されたのではないかという。それだけではない。平城京のメインストリート朱雀大路《すざくおおじ》の幅（両側の側溝《そっこう》の中心間の距離。以下、側溝心々間《しんしんかん》距離と呼ぶ）は二一〇大尺（七四・五㍍）あるが、これは一五〇㍍ないし一五五㍍という長安城の朱雀街のやはり約二分の一にあたる。平城京の設計者が長安城の二分の一を意識していたことはほぼ間違いない。

九〇度回転したのは、丘陵にかかるという地形的な制約と、井上氏自身が指摘するように、朱雀大路をできるだけ長くして威厳を保つ視覚的効果を重視した結果とみてよい。藤原京の朱雀大路は京内最大の規模とはいっても、宮城の南に接する最重要の部分でさえ七〇大尺二四・八㍍の規模しかなく、丘陵部分にかかる京南部では、朱雀大路自体が造営されていなかった場所さえある。宮城を京北端に位置づけるだけでなく、他の道路と隔絶した規模での宮城から南に延びる朱雀大路の設定は、平城京

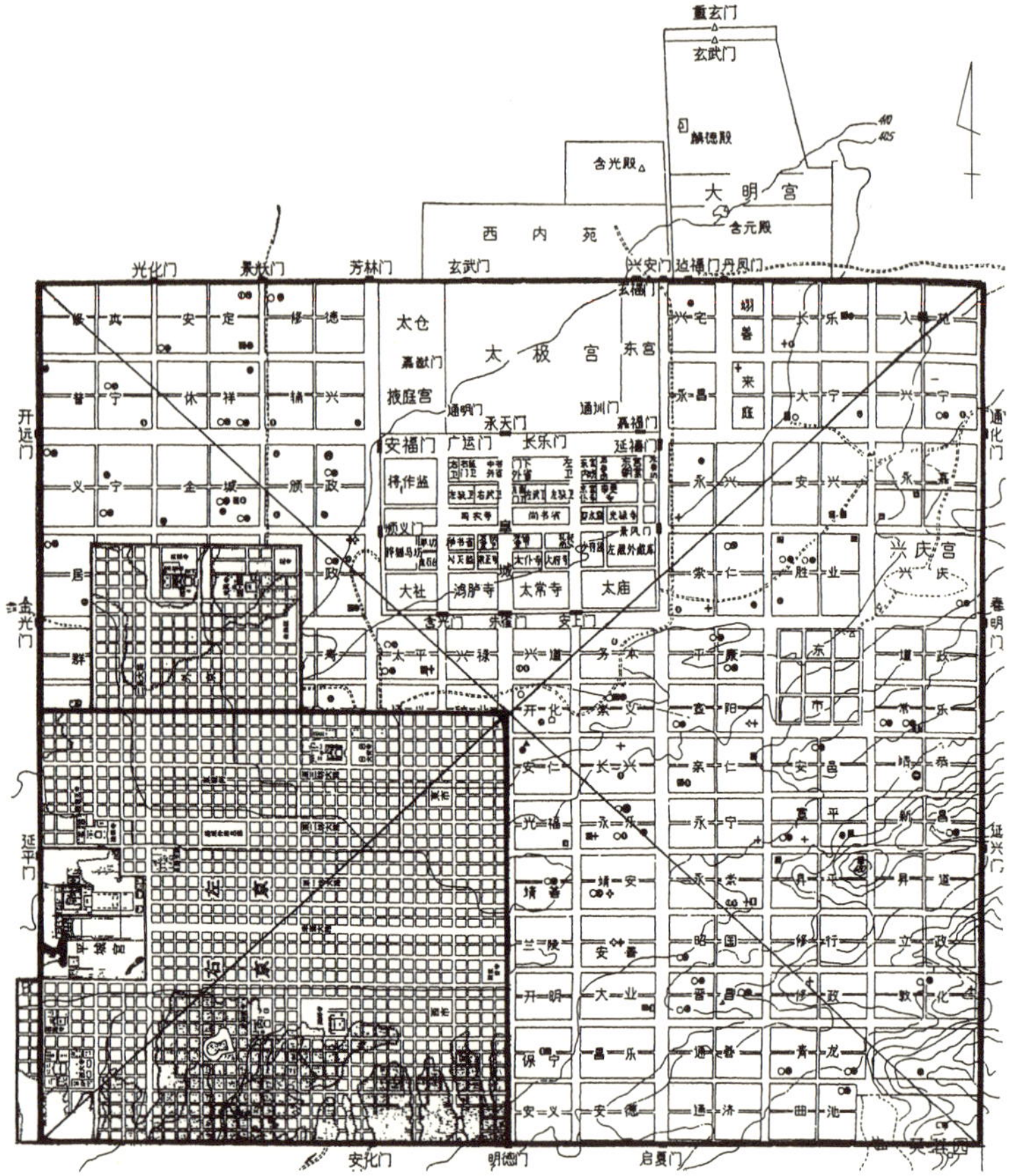

図１　平城京と唐長安城（井上和人　2004より転載）

で実現させるべき重要課題だった。

2　平城京の基本設計と宅地

平城京の全体設計

次に発掘調査が明らかにした平城京の構造を見よう（図2）。平城京は下ツ道を中心軸とした上で、東西南北に碁盤目状に引かれた大路の基準線を元に設計されたとみられる。その間隔は五三二㍍、当時の基準で一五〇〇大尺（一大尺は約三五・五㌢）に相当する。道路はこの基準線から等距離の位置に側溝を掘って設定された。道路幅には複数の規格があり、最大は宮の正門朱雀門から京の正門羅城門《らじょうもん》まで京の中軸を南北に通るメインストリート朱雀大路で、側溝心々間距離七四・五㍍、二一〇大尺。これに次ぐのが平城宮南面を東西に通り、東端は東大寺《とうだいじ》西大門《さいだいもん》に突き当たる二条大路で、朱雀大路の半分の三七・二㍍、一〇五大尺に設計されていた。この二本は別格で、このほかの大路は二四・八㍍（七〇大尺）から一四・二㍍（四〇大尺）まで四段階の規模が確認されている（図3）。

大路に囲まれた方形区画の東西の並びを条、南北の並びを坊と称した。個々の区画自体も坊と呼び、条（北から一条より九条まで）と坊（朱雀大路の東側の左京に朱雀大路側から一坊より四坊。二条から五条までの部分は七坊まで〈この部分を関野貞《せきのただし》は外京《げきょう》と称したが、当時そうした特殊な呼称はない〉。西側の右京に朱雀大路側から一坊より四坊）の番号の組み合わせにより、左京三条二坊のように坊の呼称とした。藤原京で

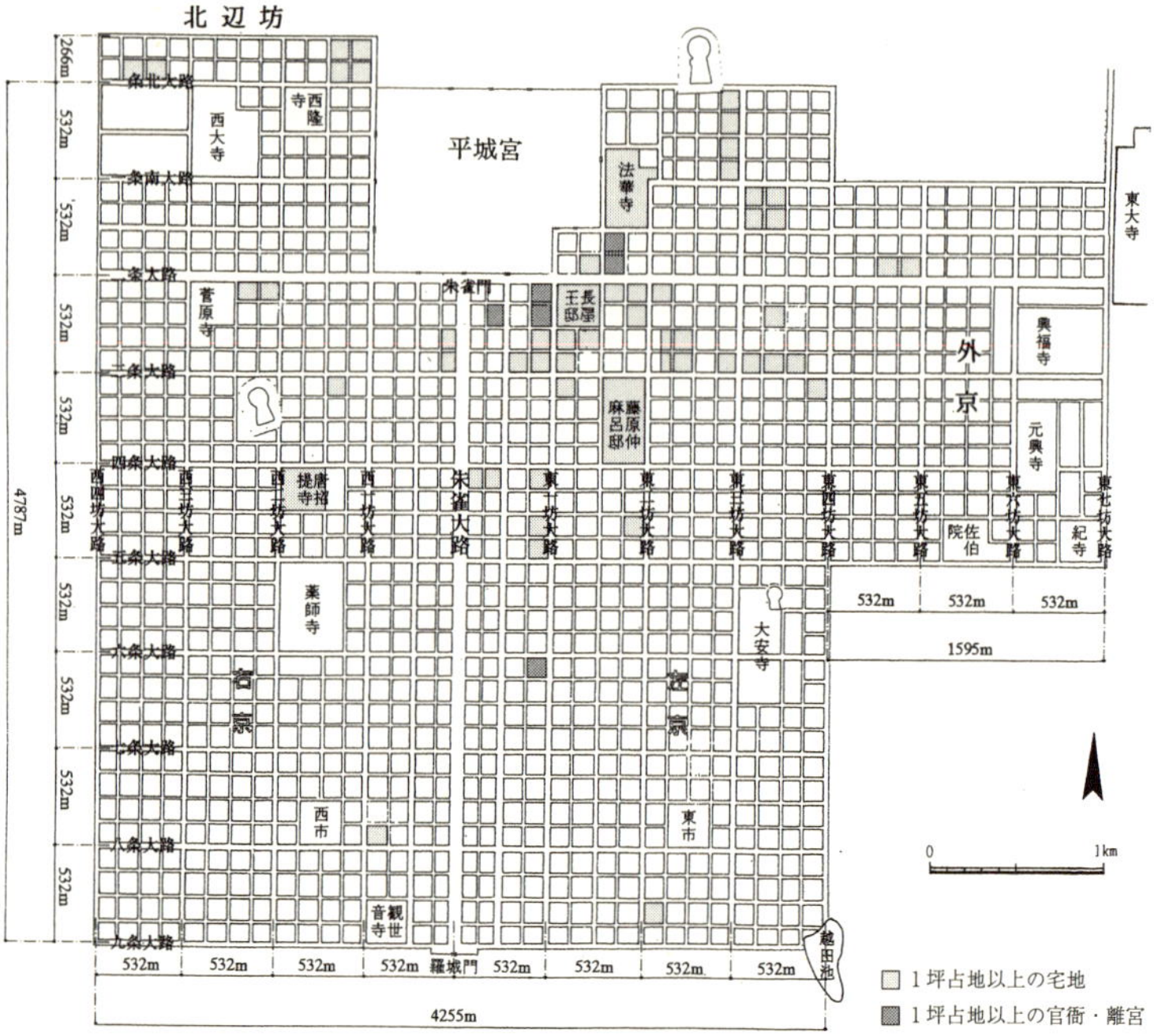

図2　平城京条坊復原図

は小治町《おわりまち》とか林坊《はやしぼう》、軽坊《かるぼう》のような固有名を用いていたのを、数字呼称に切り替えたのである。

平城宮部分を除くと、当初坊は八〇あったとみられる。左京二条から五条までの東に張り出す五坊から七坊までの部分は、遷都当初からの一連の設計だった。これは京南面の対称性を確保した上で、藤原京に匹敵する京域、特に興福寺《こうふくじ》・元興寺《がんごうじ》などの寺院の敷地を確保するという現実的な課題への対応であったと考えられる。それを容認した背景には、宮城自体が東張り出し部をもつことが大きかったのではないか。方形部分とその東側に付加された不規則な張り出し部分との比が、平城宮東張り出し部で五三対一〇、（方形部分の

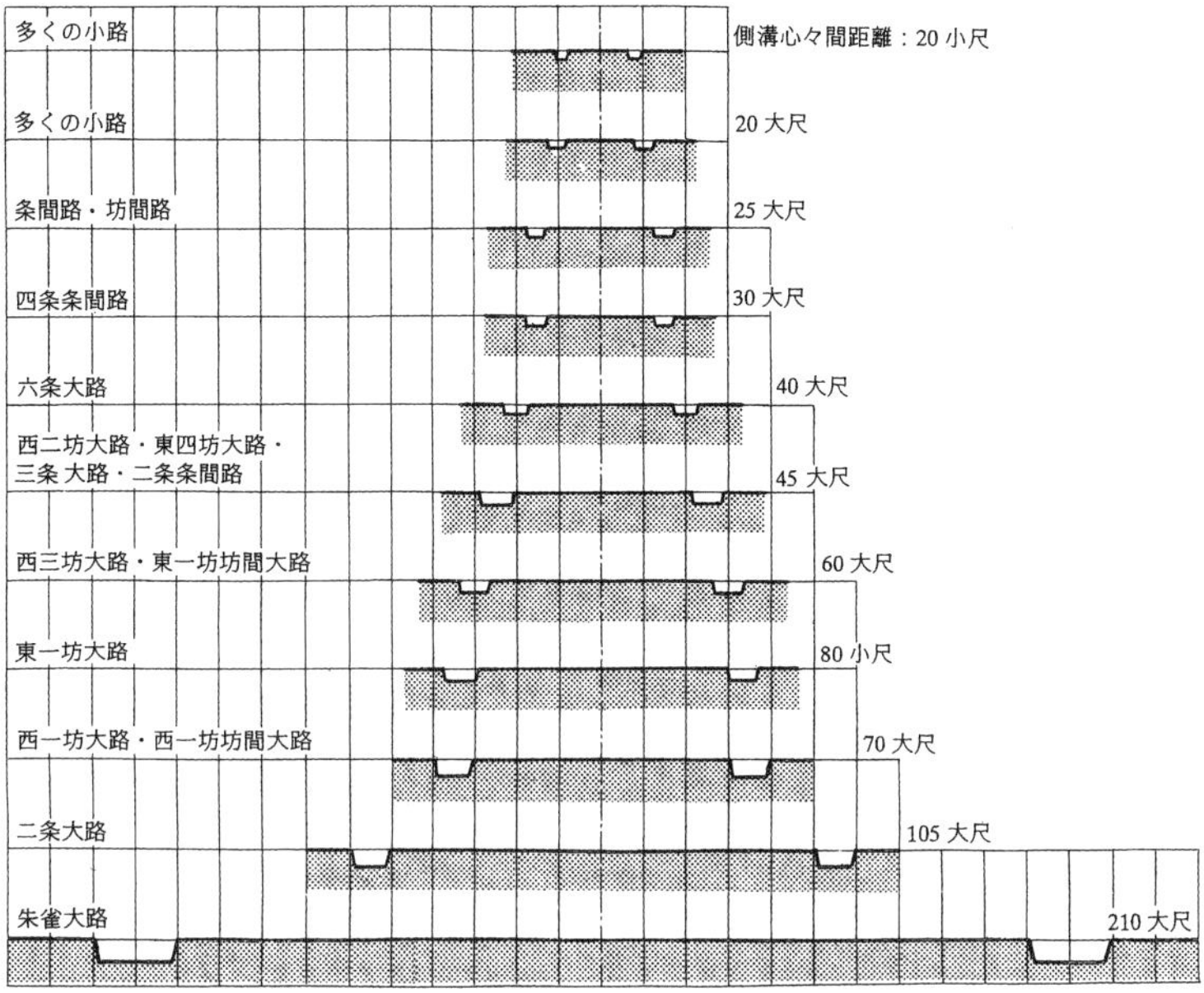

図 3　平城京条坊道路の規模と規格（奈良文化財研究所『日中古代都城図録』より転載）

一八・七五%。方形部分は四坪、張り出し部分は〇・七五坪）、平城京外京で五六対一〇（但し、宮域部分を除いた京域で比較。方形部分の一七・八四%。方形部分は六七・二五坪、外京は一二坪）で、両者がきわめて近接した数値を示すのは偶然ではないだろう。一方、右京北辺の三坊は当初のものではなく、七六〇年代以降の西大寺《さいだいじ》・西隆寺《さいりゅうじ》造営にともなう広大な敷地の確保を目的に、新たに設計・付加されたとみられる。

各坊内は東西・南北の三本ずつの小路で十六の坪（町）に分割した。現在これに番号を付けて三条二坊十五坪のように呼ぶが、八世紀には坪番号を付した事例はない。小路の多くは七・一㍍（二〇大尺）または五・九㍍（二〇小尺）で設計されている（図3）。坊の中央の小路はやや幅広の八・九㍍（二五大尺）が一般的で、これを条間路《じょうかんじ》（坊間路）と呼び、その南北（東西）の条間北（南）小路、坊間東（西）小路と区別している。

坊は五三二㍍四方、坪は一三三㍍弱四方というのが設計寸法だが、周囲から道路部分を削り取られる形になるから、坊の大きさは四周の道路の幅によって一定ではなく、幅の広い道路に面した部分ほど狭くなることになる。長岡京《ながおかきょう》以降はこうした不具合を改良して坪の大きさが一定になるよう、道路部分を別に設計するようになった。なお、土地の測量は大尺によるのが大宝令の規定だったが、和銅《わどう》六年（七一三）に小尺を基準とするように変更されたので、小尺による設計はその年代決定の重要な手がかりとなる。

宅地の班給と居住者

坪の周囲は基本的に築地《ついじ》塀《べい》や掘立柱塀《ほったてばしらべい》（特に大路は築地塀の場合が多かった）によって囲まれ、各坪は掘立柱塀などで区画され宅地班給の基本単位となった。平城京の宅地の具体的な班給基準はわからないが、京としての規模が近いことから、藤原京の班給基準が準用されたとみてよく、概ね一坪（約一万五〇〇〇平方㍍）が五位の貴族に相当する班給単位とみられる。基本的には藤原京の宅地をそのまま平城京に移す形で宅地を班給したのだろう。班給基準が伝わらないのはむしろそのためと考えられる。

近江俊秀氏の整理によると、発掘調査でわかった一坪を占める宅地は二七例で、概ね五条以北に分布する（以下、図2参照）。遷都当初五位以上の貴族は一〇〇人はいたはずだが、当初に遡る一坪宅地の発掘事例はまだ少ない。一坪規模だと官衙《かんが》の可能性も考慮する必要がある。同じく近江氏によると、遷都当初の二坪宅地は六例あり、四坪以上の宅地は推定も含めると長屋王《ながやおう》邸（左京三条二坊一・二・七・八坪）・藤原不比等《ふじわらのふひと》邸（法華寺《ほっけじ》下層。左京一条二坊十一〜十四坪、二条二坊九・十六坪）・新田部親王《にいたべしんのう》邸（唐招提寺《とうしょうだいじ》下層・右京五条二坊九・十・十五・十六坪）・舎人《とねり》親王邸（左京三条三坊三〜六坪。ただし佐保川《さほがわ》以東を想定か）・左京二条四坊一・二・七・八坪（居住者不詳）など五例に上る。これらは当初小路を設定していないものが多く、京の設計段階から宅地の規模と居住者を予定していたとみられる（なお、宅地以外で大規模な敷地を占めた施設に、寺院と東西の市がある）。

　これらの大規模宅地に特徴的なのは、必ずしも宮近傍に集中していないことで、むしろある程度距離をおいて配されているようにも見える。地形の影響だけでなく、微妙な政治的バランスが影を落としているのかも知れない。また、三条一坊北半は宮南面に接する一等地だが、宅地としては班給されていない。貴族の邸宅を宮正面に置くのを避け、官衙や離宮《りきゅう》（左京三条一坊十五・十六坪）など公的施設用地として留保したのだろう。

　一方、下級官人など一般の宅地は、坪を分割して二分の一、四分の一、八分の一、一六分の一という単位で支給されており、文献からは三二分割した事例までが知られるが、発掘調査ではさらにその半分の六四分の一坪の宅地も見つかっている。個々の宅地は板塀や溝で仕切られるだけで、二、三棟の家屋と井戸が一件ごとの構成単位となっていた。

　居住者の特定は困難を極める。木簡《もっかん》など遺物によって住人がわかったのは長屋王が唯一である。左京三条三坊三〜六坪の舎人親王邸（最低三坪の占地や出土瓦の供給元などから遷都当初三位以上の者に絞った上で消去法による）の事例は居住者推定に新しい可能性を開いたが、この方法を援用できる事例は限られよう。居住者がわかるのはむしろ下級官人が圧倒的に多い。たとえば、天平《てんぴょう》五年（七三三）の右京計帳《うきょうけいちょう》は、右京三条三坊と八条一坊の計一三戸二五〇人以上の存在を伝える。また、優婆塞貢進解《うばそくこうしんげ》の被貢進者には本貫地《ほんがんち》の戸主名が記され、平城京を本貫とする者が少なくない。写経所《しゃきょうしょ》や造石山寺所《ぞういしやまでらしょ》の下級官人の出自を一覧する史料もわずかだが存在する。また月借銭解《げっしゃくせんげ》に担保として自身の土地や家屋の所在を明記する事例も多い。こうして左京・右京とも八〇人前後の人々の居住を確認できるのである。ただし、わかるのは坊までで坪は特定できない。居住者を特定できるに越したことはないが、宅地の規模と構造について、今後なお地道な事例の積み重ねが必要である。

羅城門・羅城・朱雀大路

次に注目すべき事例を個別に紹介しておこう。一つは朱雀大路の南端に位置する平城京の正門羅城門が、平城京内最大の隔絶した規模の門だったことである。羅城門の遺構は佐保川の新しい流路によってその大部分を破壊されていたため明瞭でなかったが、一九七〇年前後の発掘調査成果をその後の周辺での調査成果をふまえて再検討した井上和人氏の研究によって、朱雀大路の推定中軸で折り返すと東西方向の柱間は七間で、中央五間が一七尺等間、両端の間は一五尺、計一一五尺の幅に復元できることがわかった。建設年代については問題が残るものの、平城京の羅城門は、他の大路と隔絶した規模をもつ朱雀大路の南端を扼するに相応しい規模の門だったのである。

もう一つは羅城の存在である。これまで平城京に羅城はなく周囲に対してオープンな都であることがその特徴とされてきた。しかし、一九八九年の左京九条四坊南側の九条大路に関わる発掘調査成果を再検討した井上和人氏の研究によって、九条大路南側に築地塀の遺構が存在することが判明した。確認されたのは長大な平城京の周囲からすれば南面のごく一部だが、羅城はないとする見解は根本的に再検討を迫られることになった。

左京「十条」条坊の発見

最近の平城京の発掘調査成果で特に注目を集めたものに、南北九条とされる平城京の常識を覆したいわゆる十条条坊（以下、「十条」と表記）の発見がある。一連の左京南辺部分の調査で明らかになったのは、a この部分には九条以北と同時に設計・施工された「十条」条坊が存在すること、b「十条」条坊は七三〇年頃までの比較的短期間のうちに埋め戻されていること、c 羅城門から東へ一坊分の京南辺には、二条の掘立柱塀からなる単廊《たんろう》状で瓦葺《かわらぶき》・木製とみられる羅城が存在したこと、などである。

このうちcの成果は、左京九条四坊南辺での築地塀による羅城の発見と合わせると、少なくとも京南辺に羅城が存在し、しかも羅城門から一坊分とその外側三坊分とで構造を違えてアクセントをつけたものだったことになる。羅城の存在そのものはもちろんだが、このような変化をもたせた構造は、平城京の南面重視の思想の端的なあらわれとみてよい。

一方a・bについては少し説明が必要だろう。平城京の朱雀大路は下ツ道の位置を踏襲しこれを拡幅して設計されたが、この下ツ道を境に、西側の添下《そうのしも》郡の路西《ろせい》条里と東側の添上《そうのかみ》郡の路東《ろとう》条里とでは、もともと南北に一条と一町分のずれがあった。東西方向は下ツ道の道路幅部分をあらかじめ除外して連続しており、しかも井上和人氏の研究が明らかにしたように、平城京によって分断されてはいるが、京の北側の条里《じょうり》とも一連の設計であった。つまり、平城京の条坊がそれより古い大和盆地の条里を壊して施工された事実はまず動かない。

「十条」条坊と京南辺条条里

さらに今回「十条」条坊が発見された左京南辺地域には、もともと京南辺条条里と呼ばれる、路東条里とも平城京条坊とも異なる特殊な地割が存在することが知られていた（図4）。岩本次郎氏の指摘のように、京南辺条条里が平城京の条坊に規制されており、それに上書きする形で新しく施工されたことは明らかである。今回「十条」条坊が京南辺条条里の遺構の下から発見されたことによってもこれは裏づけられたが、このことは京南辺条条里が「十条」条坊の存在と深く関わる可能性を想起させる。

では「十条」条坊はなぜ消されたのか。莫大な労力をかけて地割を変更するだけでなく、わざわざ特殊な条里で上書きする必要があったのはなぜか。しかも「十条」部分すべてを特殊条里とするのではなく、南端部分に統一条里を復旧する必要があったのはどうしてか。

京南田・越田池の存在と右京「十条」の可能性

この点を考えるヒントは、京南辺条条里の地が、光明皇后《こうみょうこうごう》の一周忌に際して興福寺と法華寺に施入された計五〇町の京南の田の想定地であることにある。こうした由緒ある田地であれば、統一条里と

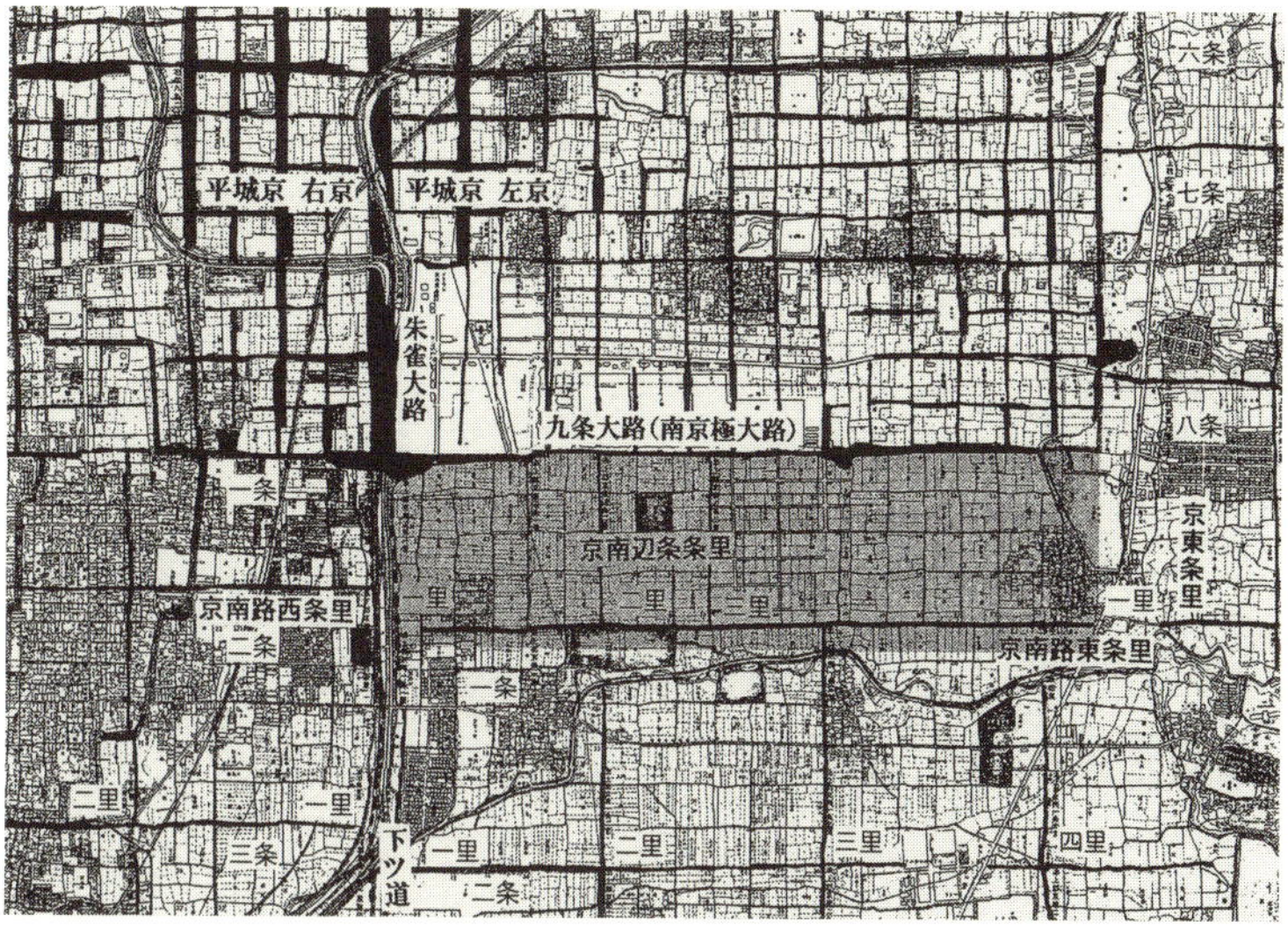

図4 平城京左京南辺の条坊地割と条里地割（網目は左京「十条」の範囲，小澤毅 2008より転載）

は隔絶した施工がなされたとしても不思議はない。南限に統一条里を復旧する一方、平城京側からここに整然と規制された地割を創出した結果が、左京南辺の特殊な地割なのであろう。その際、この地域東端の京東南隅に位置する現在の五徳池《ごとくいけ》（越《こし》田池《だいけ》）の存在も大きかったと思われる。

越田池は、長安城東南隅の芙蓉池《ふようち》に相当する苑《えん》地《ち》をともなう離宮の想定地で、二条大路木簡に越田瓦屋《かわらや》の進上状《しんじょうじょう》が含まれることからわかるように、光明皇后と所縁の深い土地でもあった。ここに興福寺と法華寺に施入された五〇町の所在を求めた岩本次郎氏の指摘はまさに卓見で、京南辺条がこの京東南隅の離宮や苑地に深く関わって形成された耕地であることを示す。これは「十条」条坊が七三〇年頃までに耕地化したとする調査所見とも合う。

京南辺条条里の特殊性が今回発見された左京

成された可能性があり、のちに京南辺に特殊な条里として京南辺条条里を生む遠因となったのである。(補注)

されていた可能性はきわめて小さい。左京「十条」条坊は、京東南隅の離宮や苑地に深く関わって形

「十条」条坊と深く関連するとすれば、全域に統一条里の地割が残る右京南辺に「十条」条坊が造成

左京「十条」の施工と九条の定着・平城京の完成

さて、「十条」条坊が左京南辺のみ、しかも七三〇年頃までには耕地化していたとすると、「十条」条坊があったことよりも、それが早い段階で廃絶し、現在知られる九条を南限とする平城京が成立したことをこそ重視すべきだろう。「十条」条坊の機能停止時期については、朱雀大路の九条部分に設けられた京の正門にあたる羅城門の造営年代が大きなメルクマールとなる。これを七五〇年代まで降らせる見解があるが、出土した所用瓦の評価に疑義が呈されていて、積極的に造営年代を降らせる根拠にはならない。海外使節を出迎えたという三橋《みはし》が羅城門のすぐ外側ではなく、金子裕之氏の指摘のように下ツ道と佐保川渡河点に掛けられた橋の可能性があり、当初「十条」条坊に基づいて設計された朱雀大路がここまで通じていたかも知れない。しかし、文献史料の羅城門の初見が天平十九年（七四七）まで降るからといって、それ以前の羅城門の存在を疑うのは早計だ。三橋での迎接と羅城門の存在とは両立し得るだろう。

平城宮では大極殿《だいごくでん》でさえ遷都直後に完成していたわけではない。宮の大垣も和銅《わどう》四年（七一一）九月、遷都から一年半を経てなお未完成だった。遷都当初から完成された姿で平城京をイメージするのは誤りで、一通りの都の体裁が整った時点としては、七一五年の大極殿の初見時が目安となろう。大

極殿儀式は大極殿・大極殿院だけでなく、朱雀門、朱雀大路までを南北に細長く一体の空間として利用し挙行される。最初に三椅（橋）で新羅使を迎えたのは七一四年一二月末である。平城宮大極殿は翌年の元日朝賀《ちょうが》が初見で、この時点で完成していたことは間違いない。とすれば、右のような空間の延長上に位置する朱雀大路、そしてその南端を扼する羅城門に至る京の南北軸がこの時完成している姿を描くのもあながち荒唐無稽ではない。外国使節を迎える舞台装置としてこれ以上のものはないだろう。

3 平城宮の構造と変遷

平城宮の二つの中枢部

平城京は遷都とともに完成したわけではなかった。これは京の中枢である平城宮についてもあてはまる。しかも、平城宮の場合、一旦完成した形態が、八世紀後半に大きく変化していることを発掘調査の成果は明らかにしている。長岡宮・平安宮へと受け継がれていく形態は、平城宮の時代を通じて徐々に形作られていくのである。平城宮は日本古代都城中枢部形成のための試行錯誤の場であったといってよいだろう。平城遷都によって律令国家は完成したのではない。それは律令国家建設の再出発の舞台であった。国家中枢を担う平城宮の変遷は、まさに律令国家建設そのものの体現といってよい。

平城宮の最大の特徴は、中枢部が朱雀門北と壬生門《みぶもん》北の二ヵ所に存在することである（以下、図5

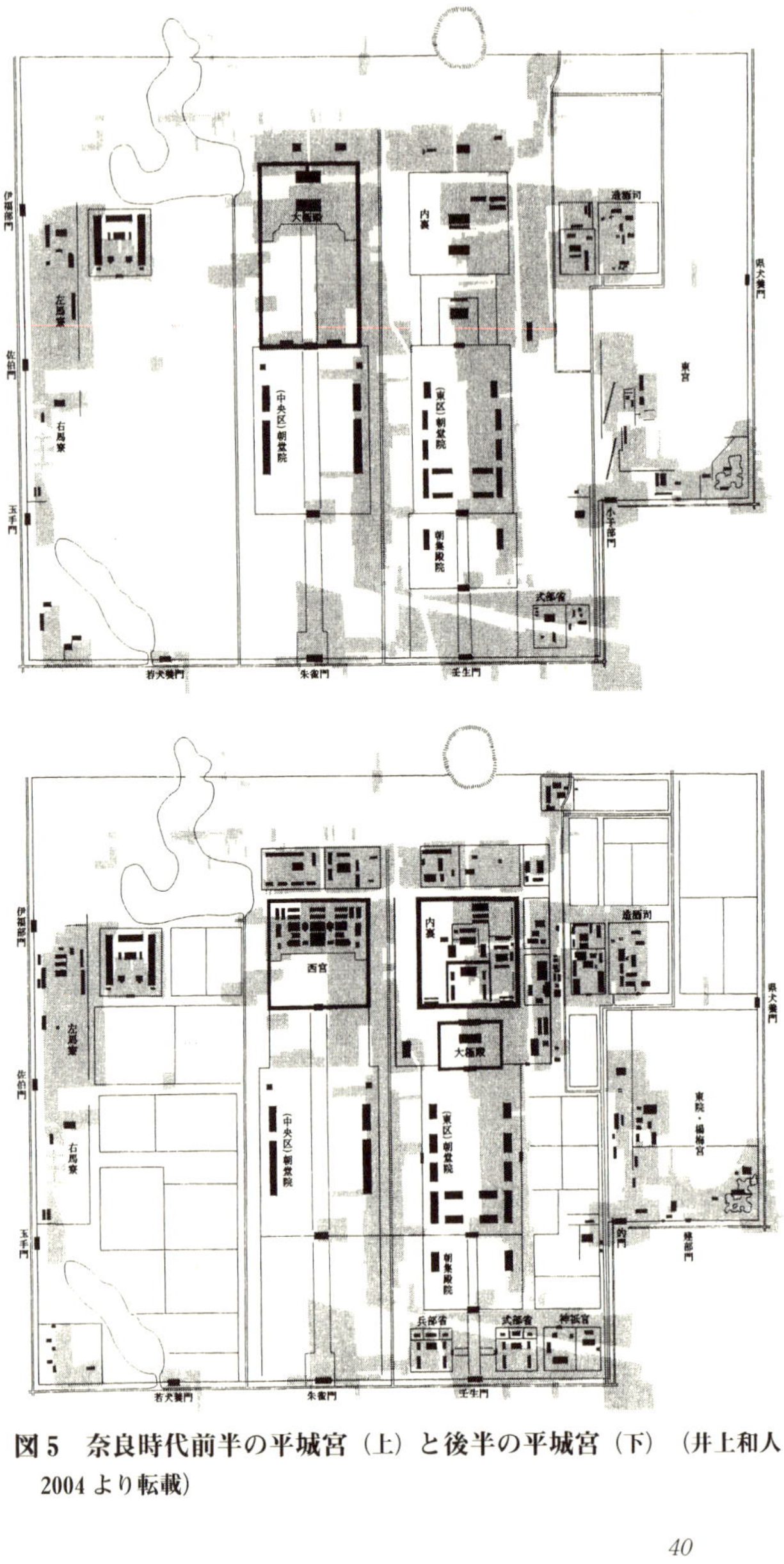

図5　奈良時代前半の平城宮（上）と後半の平城宮（下）（井上和人2004より転載）

参照)。当初は朱雀門北を第一次地区、壬生門北を第二次地区と呼び、奈良時代前半の朱雀門北の大極殿院・朝堂院《ちょうどういん》・内裏《だいり》を含む中枢施設全体が、奈良時代後半に東側の壬生門北に移転したと考えた。伊勢《いせ》神宮《じんぐう》の式年遷宮《しきねんせんぐう》のようなイメージだったかと思う。

しかし、発掘調査の進展は、新しい事実を明らかにした。右のイメージでは奈良時代前半の壬生門北は将来の中枢施設予定地として確保された空間ということになろうが、実態はそうではなかった。奈良時代前半にもほとんど同じ構造の中枢空間が存在していたのである。壬生門北で奈良時代前半の掘立柱建物から後半の礎石《そせき》建物への建て替えが行われていた。平面的には二ヵ所だけれども、空間的には三ヵ所の中枢空間が平城宮には存在したことがわかったのである。すなわち、大極殿は移転しており第一次大極殿・第二次大極殿と呼ぶのが相応しいが、朝堂院は奈良時代を通じて併存しており、第一次・第二次の呼称は不適当である、また内裏は奈良時代を通じて壬生門北地区の北端部に建て替えを繰り返しながら掘立柱建物の空間として存在し、第一次・第二次という見方が誤りであることが明らかになった。そこで、最近では、大極殿(院)を第一次・第二次と呼び分ける以外は、朱雀門北を中央区、壬生門北を東区と称するのが一般的である。

大極殿機能の分割

さて、平城宮は方形ではなく、東に張り出す他の都城にない不整形な形状をとる。その理由はさまざまに説明されてきたが、最大の要因は第一次大極殿の存在といってよいだろう。大極殿は、天皇の即位式や元日朝賀、外国使節の謁見などの儀式の舞台であり、いわば君臣秩序確認の場である。大極殿が日本で最初に導入されたのは飛鳥浄御原宮《あすかきよみはらのみや》で、次の藤原宮では天皇の日常政務のための内裏外郭の出御《しゅつぎょ》空間と一体化させ、しかも中国風の礎石建物として建設された。律令制に基づく国家建設を目指した天武・持統朝の都城建設の、それは到達点だったともいえるだろう。

律令国家建設の再出発を目指して平城に遷都するに際し、この藤原宮大極殿はそのまま平城に移築された。しかし、天皇の日常政務空間はふたたび分離し、しかも日本古来の掘立柱建物で建てることになる。内裏南の第二次大極殿下層の正殿大安殿《だいあんでん》である。なぜ一旦統合した施設を再度分割したのか。それを解くカギは中央区・東区の二つの中枢部の構造そのものにある。内裏の南に掘立柱建物の政務空間を復活させ、藤原宮から移築した大極殿を西に独立させたのは、中国風の大極殿が担う機能と、日本風の大安殿が担う機能を容易には統合できなかったためだろう。非日常的な前者の機能を独立させ政務中枢から外す一方、朱雀門北の宮中軸に配置してその意義づけを明確にし、両立を図ったのである（図6）。

すべては第一次大極殿から

こうして平城宮の大極殿・大極殿院は、ごく限られた用途にしか用いない特別の空間として成立したが、朱雀門の真北（中央区）と、南面東門壬生門の真北（東区）の二ヵ所に中枢部が設けられた結果、平城宮全体としては敷地が不足することになった。その結果設けられたのが、東面北四分の三の東への張り出し部である。面積にして一坪の四分の三、一二坊分に相当する。南端に接する現在東院南方遺跡と称する左京二条二坊五～八坪をわざわざ切り欠いたのは、宮南面の対称性を維持するためと考

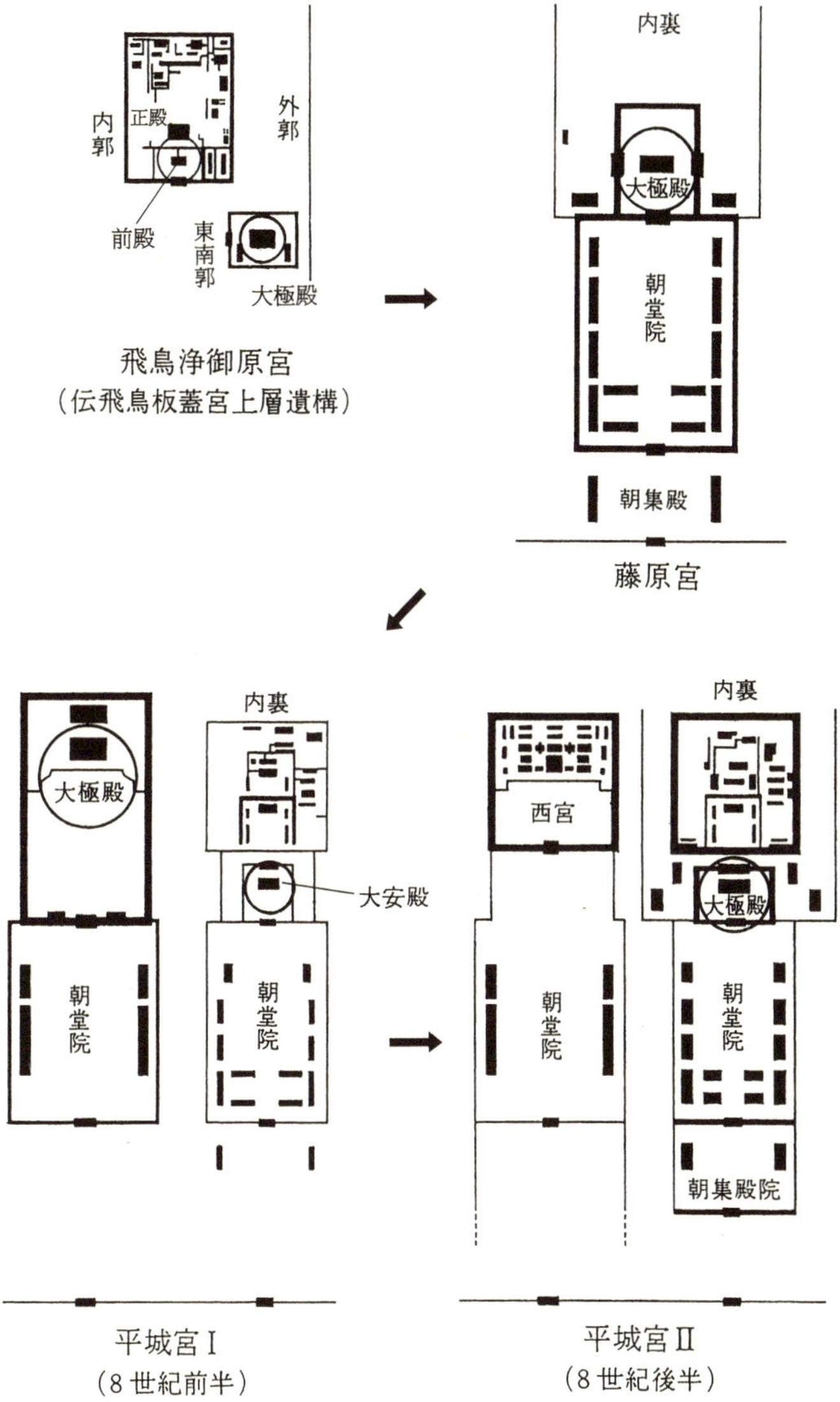

図6　宮中枢部の変遷概念図

えられる。そして宮東張り出し部の存在が、二条から五条の七坊までの拡張に連動しているならば（部分的な張り出しは、南面の対称性を確保した上で敷地を確保する手段として共通）、平城京の特異な形態も第一次大極殿院の存在に起因するといっても過言ではない。

すべては第一次大極殿に始まるわけである。この平城京の構造のキーともいえる中心建物大極殿が完成して最初に使用されたのは、和銅八年（七一五）の元日朝賀だった。その意味で、和銅八年（七一五）という年は、平城京建設の一つの画期といえるだろう。

第二次大極殿の成立とその時期

第一次大極殿は天平十二年（七四〇）の恭仁京《くにきょう》遷都によって恭仁宮に移築される。七四五年に平城京に還都した時、平城宮に大極殿はなかった。第一次大極殿跡地に大極殿を再建せず、東区の大安殿をしばらくは大極殿としても代用することになったとみられる。しかし、掘立柱建物の大安殿は日常政務の空間には相応しくとも、律令国家の中枢を担う大極殿としては著しく格が落ちる。そこでこれを大極殿に相応しい礎石建物に建て替えるとともに、南の朝堂院もすべて礎石建物化して空間を再構築する。これが東区に現代まで一部に基壇《きだん》の痕跡を留めた第二次大極殿・朝堂院である。

形の上では、藤原宮で一旦成立した中国風の大極殿と日本風の日常政務空間を再統合したことになる。藤原宮が半世紀先取りして挫折したことを、ようやく実現できたのである。日常政務の空間として中国風の大極殿を利用できる環境が整ったことを意味するが、一方で、天皇の日常政務空間が次第に大極殿を離れ内裏に移行していくことも見逃せない。奈良時代後半になって、朝堂院を太政官院と呼ぶようになるのは、あるいはこれと関係するかも知れない。遷都にともなう大極殿の移転という外的要因と、律令国家機構そのものの確立・展開という内的要因により、平城宮は八世紀後半に大きく変貌することになる。

東区の下層掘立柱建物から上層礎石建物への建替時期については、神亀《じんき》元年（七二四）の聖武《しょうむ》天皇即位を目指したものとする理解もあった。しかし、恭仁宮大極殿が第一次大極殿を移築したものであることが考古学的に明らかになったため、奈良時代末まで存続する第二次大極殿が第一次大極殿の存続期間中に成立することはまずあり得ないことや、所用瓦の年代検討などによって、少なくとも七四五年の平城還都以後であることが明らかになってきた。それが還都直後か、天平勝宝《てんぴょうしょうほう》年間（七四九〜七五七）まで降るかはなお未確定だが、この直後には官名を変更するなど唐風化の著しい時期を迎え、中心建物の中国風礎石建物化を中心とする宮殿・官衙の再編時期として相応しい。藤原恵美押勝《ふじわらのえみのおしかつ》の中国趣味に帰せられることの多い施策だが、時代の流れそのものの現れといってよいだろう。

こうした唐風化の流れを考える上で見逃せないのは、天平前半期である。神亀六年（七二九）に長屋王を自害に追い込んで成立した藤原四子の政権は、天平九年（七三七）の天然痘《てんねんとう》流行による四子全員の死去という結末を迎えるため、あまり高く評価されないことが多い。しかし、たとえば聖武天皇が初めて中国風の冕服《べんぷく》（冕冠と礼服）を着して元日朝賀に臨んだのは七三二年のことだった。また、七三四年の官稲《かんとう》混合という律令国家の財政基盤確立のための施策一つをとっても、律令国家建設の到達点をこの時期に認めることが可能である。官制の点でも同様で、たとえば律令国家を支える役人の人事を式部省《しきぶしょう》(文官)・兵部省《ひょうぶしょう》(武官)で分掌する体制が完成したのもこの間の七三一年のことだった。中国風の律令制の日本的な咀嚼にようやく成功し、二つの中枢部を統合する準備はすでにこの段階で整っていたとみられる

平城宮東区朝堂院南方官衙の変遷

後者は平城宮の構造にも大きな変化をもたらした。奈良時代前半には式部省は東区朝堂院の東南に掘立柱建物からなる空間を構成していた。一方、兵部省は奈良時代前半にはまだ武官の人事権を確立しておらず、式部省に匹敵する規模の役所ではなく、その位置も確認できていない。しかし、奈良時代後半になると、東区朝堂院南面の壬生門と朝集殿院との間に東西対象に配置された官衙として、式部省(東側)と兵部省(西側)が成立する(式部省はすぐ西隣に新しい区画を構成したことになる)。両者はいずれも一辺七四・五㍍(二五〇小尺)の空間に、礎石建物のみを配置した格式の高い官衙で、正殿と東西各二棟の脇殿とからなる南三分の二を占めるミニ朝堂院ともいうべき儀式空間と、三棟の建物からなる北三分の一の実務空間からなるコンパクトな構成をとる。いずれも南に開いた官衙配置をとるが、正門を壬生門から朝集殿院に向かう道路に向かって開く変則的な構成で、東区中枢部の全体構成を踏まえた構造といえる。

礎石建物からなる格式の高い、しかも東区の中軸線を意識して配置された双子の官衙式部省・兵部省の成立が、東区中枢部の礎石建物化と何らかの形で連動しているのは間違いない。それがもし式部省・兵部省が対等化した天平初年に実現していなかったとすれば、その原因は藤原四子政権の瓦解と

恭仁京遷都に起因する部分が大きいだろう。東区の礎石建物への建て替えが平城還都後に降るのも、あるいはそうした事情があるのかも知れない。

もう一つ複雑な要因として、東区朝堂院と双子の官衙式部省・兵部省の間に位置する朝集殿院の様相がある。朝集殿院が北側の朝堂院と一体ならば、掘立柱建物から礎石建物への建て替えがあるのが自然だが、発掘調査は朝集殿も朝集殿院南門も当初から礎石建物だったことを明らかにした。そこには双子の官衙式部省・兵部省との一体性を読み取ることもでき、そもそも宮南面と朝集殿院の間に藤原宮にはない空間を設けた理由は何かなど、朝集殿の機能自体の理解ともあわせて、なお今後の議論を俟たなくてはならない。この部分に平城宮中枢部を解くカギが隠されている可能性はなお否定できない。

平安宮官衙の原形の成立

なお、式部省・兵部省が宮中枢部南面に東西対象におかれる配置は、平安宮と同じである。むしろ、平安宮の原形が奈良時代半ばにできあがったとみるべきだろう。そして、双子の官衙式部省・兵部省の成立が、平城宮中枢部の東区への統合と軌を一にしているとすれば、中枢部の構造の改造をともなう試行錯誤の結果が、周辺の官衙配置にも影響を及ぼし、徐々に平安宮の原形を形作っていったと評価することができよう。

式部省が壬生門内東側の地に移転した後、跡地はそのまま式部省の実務空間として機能したらしい。しかし、七七〇年代に入り、神祇官《じんぎかん》という宮中の祭祀と全国の神社行政を担当する役所が移転してくる。平安宮の神祇官図とそっくりな官衙配置をとること（東西二院から構成、両院とも井戸の存在に至るまで建物配置が共通、しかも西院は北が正面など）と、井戸から出土した木簡によって証明された。平安宮の神祇官は宮東南隅ではなく一つ北の区画に位置したが、平安宮に近い位置に移動してきたことは間違いない。平城宮において官衙のダイナミックな変遷が起きた結果、平安宮に類似した官衙配置が成立したといえ、平城宮が律令国家建設の試行錯誤の場であったことを如実に物語るといえよう。

4　京戸の実態と編制

京戸の実態

平城宮・京の構造について、主として最近の発掘調査の成果を中心に述べてきた。最後に、平城京の住人はどんな人たちだったのか。彼らはどこからやってきたのか。平城京という都市の住人について、文献史料に帰って若干のイメージを述べてみたい。

都城の住民を表す京戸《きょうこ》という言葉がある。京戸は京に本貫《ほんがん》（本籍）をもつ人々のことで、おおむね一〇万人程度と考えられている。京戸がすべて日常的に平城京に居住していたのではないし、京戸だけが平城京の住民なのでもない。ことに下級官人は京外に本貫を残したまま勤務する場合が多かった。運脚《うんきゃく》で京にやってきた人々も相当数に上ったと思われる。かれこれ差し引きして、結局平城京の活動人口はやはり一〇万程度というのが無難なところだろう。

ところで、一度京戸となった戸は、京内での移貫はあり得たものの、永続的に京戸としての資格が認められた。というより、本人の意志の如何にかかわらず、京戸として把握し続けられたといった方がよいかも知れない。そしてそれは京が遷っても引き継がれていくものだった。貞観《じょうがん》二年（八六〇）、左京の絶戸《ぜっこ》七一三烟が戸籍から削られるそうになったが、四四烟は除籍免除を願い出て認められた。しかし、このとき除籍された戸もなお諦めず、大和国を通じて京戸としての再編附を願い出て、八六二年になって六一二烟の京戸としての復活が認められることになった（『日本三代実録』貞観四年四月十一日己酉条）。

絶戸というのは、計帳手実《しゅじつ》を提出せず、逃亡したと見なされた戸のことで、平城宮から都が離れて七〇年以上が経過したこの時点での左京は平安京の左京である。ちょうど不法な京畿内への附貫《ふかん》が問題となりはじめ、実態のない京戸の整理（除籍）が課題になっていた時代である。その除籍処分になった京戸が、復籍を大和国を通じて願い出ているということは、彼らが実際には大和国に居住していたことを示す。しかも大和国へ逃亡したことを示すのではなく、長岡・平安遷都後も平城京の地に留まって、近傍の口分田《くぶんでん》を糧としながら生活していたことを示すのだろう。つまり、国家の事情によって京が移転してしまったため、旧京に取り残された住民なのだが、彼らはいまだに京戸として把握されていたわけである。市川理恵氏が指摘するように、これは平城京の京戸はそのまま長岡京、平安京の京戸でもあり続け、遷都にともなって新しい都の京戸が設定されるわけではなかったことを示すとみてよい。京戸とは、基本的に都とともに移転すべく定められた人々なのである。

にみえる平城京の居住者

出典(巻―頁)	新撰姓氏録	備　　考
8-590	左京神別	河内神別に氷連。
22-371	左京皇別	和泉皇別にも。
4-228	左京皇別	姓氏録は丈部のみ。和泉皇別に丈部首。
8-138	左京神別	
3-080	左京皇別	
平安遺文 1-18	左京皇別	家地が存在。右京皇別にも。
4-181	左京神別	山城神別にも。
4-181	右京皇別	摂津皇別にも。
3-079、10-265	左京諸蕃	右京・大和・摂津諸蕃にも。
3-135、24-526	右京皇別	左京神別に小治田宿祢、右京神別に小治田連。
24-526	右京皇別	
24-299	左京諸蕃	
平安遺文 1―2	右京皇別	
4-181	左京皇別	山城皇別にも。
3-513	左京皇別	阿倍広庭の子。
8-135	左京諸蕃	
1-502	右京神別	山城神別にも。
19-315	左京皇別	家地が所在。姓不詳。姓氏録は石川朝臣。
3-259	左京皇別	
5-477、5-613	左京皇別・神別	山城神別にも。
13-220	左京未定雑姓	右京未定雑姓にも。
3-078、10-265	右京神別	
24-300	左京皇別	
4-520	右京皇別	
5-276，15-239	右京皇別	
24-129	左京諸蕃	
24-129	左京諸蕃	
6-567	左京神別	家地が所在。右京神別にも。
22-215	左京皇別	河内・和泉皇別にも。
25-166	左京皇別	
22-040	左京諸蕃	
5-275，15-239	左京皇別	姓氏録は阿倍志斐連。
5-517，17-005	左京神別	

表　対応する氏族が『新撰姓氏録』

左右	条	坊	姓　名	位階	官職・身分など
左京	一条	一坊	氷宿祢広万呂	従八位下	戸主
左京	一条	二坊	坂本朝臣松麻呂		校生
左京	一条	二坊	丈部臣葛嶋	少初位上	画師、戸主
左京	一条	三坊	県犬養宿祢忍人		戸主
左京	一条	三坊	新田部真床		戸主
左京	二条	五坊	紀朝臣勝長	従三位	
左京	三条	一坊	阿刀宿祢田主	大初位下	戸主
左京	三条	一坊	山辺少孝子		戸主
左京	三条	三坊	日置造男成		戸主
左京	三条	四坊	小治田朝臣藤麻呂		戸主
左京	四条	三坊	小治田朝臣弟麻呂		戸主
左京	四条	四坊	丹波史東人		戸主
左京	五条	一坊	小治田朝臣豊人	正六位上	戸主
左京	五条	二坊	小野朝臣近江麻呂	正八位下	戸主
左京	五条	三坊	阿倍朝臣嶋麻呂	従五位上	戸主
左京	五条	四坊	丹波史東人		夫人？
左京	五条	四坊	鳥取連嶋麻呂	大初位下	戸主
左京	五条	七坊	石川宮衣		
左京	六条	一坊	犬上朝臣真人		戸主
左京	六条	二坊	間人宿祢鵜甘（養）	従七位上	戸主
左京	六条	二坊	後部高笠麻呂	正六位上	金工、戸主
左京	六条	二坊	海犬甘連万呂		戸主
左京	七条	一坊	池田朝臣夫子		戸主
左京	七条	二坊	息長丹生真人広長		戸主
左京	七条	二坊	息長丹生真人常人		仏工
左京	八条	二坊	高史橘		
左京	八条	二坊	高史千嶋		
左京	八条	三坊	大宅首童子		経師
左京	八条	四坊	道守朝臣三虎		
左京	九条	一坊	布師首麻知麻呂		戸主
左京	九条	一坊	陽胡史乙益		経師，戸主
左京	九条	三坊	志斐連公万呂		仏工
左京			依羅連国堅	大初位下	経師，散位

14-319	右京神別	
2-321	右京神別	左京神別・和泉神別にも。
5-572	右京皇別	左京・山城皇別にも。
5-572	右京皇別	左京・山城皇別にも。
1-490	右京神別	
1-483 他	右京神別	左京・山城・大和神別にも。
8-133	右京皇別	
25-093	右京諸蕃	
4-227	右京皇別	山城皇別にも。
平安遺文 1-2	右京未定雑姓	
二条大路木簡	右京諸蕃	摂津諸蕃に台直。
1-493	右京皇別	
8-153	右京諸蕃	左京諸蕃・摂津諸蕃にも。
3-321	右京諸蕃	左京諸蕃にも。
4-228	右京諸蕃	左京・摂津・和泉諸蕃にも。
1-484	右京諸蕃	右京未定雑姓にも。
4-228	右京皇別	
15-132	右京皇別	姓氏録は高橋朝臣。左京皇別にも。
15-133	右京諸蕃	左京諸蕃にも。
15-134	左京神別	
4-050	左京皇別	
1-503	左京皇別	
5-517、17-005	右京神別	姓氏録は高市連。
15-133	右京皇別	河内未定雑姓にも。
15-133	右京皇別	
5-516、17-004	右京神別	姓氏録は若倭部連。

平城京の京戸のその後

平城京に居住したことがわかる人々は、左京・右京各八〇人前後に上る（ただし、右京計帳は氏族ごとにカウント）。一方、氏族の出自をまとめた『新撰姓氏録《しんせんしょうじろく》』によって平安京に居住した氏族名を確認できるので、比較が可能である（表）。まず、平城京の左京に居住した人々のうち三四人二九氏が『新撰姓氏録』でも京の氏族として確認でき、うち左京が二三氏七九％を占める。一方、右

左京			神門臣諸上	従八位上	散位
右京	一条	三坊	曾祢連伊甘志	正五位上	戸頭
右京	三条	三坊	三国真人磯乗		戸主
右京	三条	三坊	三国真人国継		戸主
右京	三条	四坊	箭集宿祢石依		戸主
右京	三条		尾張連牛養	大初位下	坊令
右京	五条	一坊	小治田朝臣比売比		戸主
右京	五条	二坊	岡連泉麻呂	正六位上	戸主
右京	六条	三坊	茨田連豊主		画師，戸主
右京	六条	三坊	尋来津首月足	従七位上	戸主
右京	七条	二坊	台忌寸千嶋		
右京	八条	一坊	八多朝臣虫麻呂		戸主
右京	八条	四坊	大原史足人		戸主
右京	九条	三坊	文伊美吉広川		中宮舎人・戸主
右京	九条	四坊	上村主牛甘	従七位下	画工、戸主
右京	九条	四坊	高向主寸人成		戸主
右京	九条	四坊	息長丹生真人人主		戸主
右京			高橋益占	正八位上	
右京			秦忌寸秋主	従八位上	散位
右京			伊香連田次麻呂	従八位下	経師
右京			秦祖父		仏工
右京			路真人井於	従七位上	戸主
右京			高市水取連老人	従八位上	経師、散位
右京			佐自努公美豆太	従八位上	経師
右京			若桜部朝臣梶取	従八位上	校生
右京			若倭部国桙	従八位上	式部書生

京居住の人々は二五人二三氏が『新撰姓氏録』に確認でき、うち右京が二一氏九一%を占める。京内の移動は右京計帳にも例があるが、全体としてみれば対応する氏族は多くないものの、平城京で左京に住んでいた氏族は平安京でも左京に、右京の氏族は右京に移り住んでいる様子を読み取れよう。

この点は、七四〇年に恭仁京に遷都した際も基本的には同じことがいえよう。恭仁京域の旧住民は賜物を受けているが、京戸として京内に居住を許されたのではなく、恭仁京の京戸が新たに設定されたわけではない。賜物は要するに立ち退き料といってよいだろう。恭仁京に宅地の班給を受けたのは、五位以上の貴族、官人、そして平城京に本籍をもつ京戸であったとみられる。もっとも、恭仁遷都の場合は、平城宮留守《るす》が置かれたことにも明らかなように、平城宮・京の機能が停止したわけではないから、五位以上の貴族は国政運営の上からも迅速な移住を強制されたが、それ以外は生活の本拠地を平城京に残したままの者も多かったようだ。ただ、都が恭仁京である以上、「恭仁京百姓」と表現されるように、平城に住んでいても、建前としては恭仁京の京戸であった。

なお、七四四年に難波《なにわ》に遷都した際は、たびたびの遷都でもあり、また難波が京として京戸の受け皿としては狭小であったためか、もう少し扱いが緩く移住は限定的で、希望者にのみ移住を認め、京戸に居住地選択の自由を認める形になっている。

京戸の創出

京戸の実態が、必ずしも特定の京に密着したものではなく、このようないわば抽象的な存在であるとすると、彼らはいつどのようにして京戸となったのかをふたたび問う必要がある。日本最初の戸籍、六七〇年の庚午年籍《こうごねんじゃく》にも京の戸籍が存在したとする記述があるが、実態としての京のない時点に京戸の戸籍が存在したとは考えにくい。京域をともなう日本最初の都城藤原京の造営が契機としては重要で、住民をともなう京が登場するのが持統《じとう》朝以降であるのとも符合する。とすれば六九〇年の庚寅年《こういんねん》籍が最初の機会として浮かび上がる。しかし、より大きな契機として、大宝令施行にともなう官制の整備を重視したい。京戸の設定は当初やはり官人の集住という点に主眼があったと考えるからである。庚寅年籍、大宝二年籍、和銅元年籍により藤原京段階で京戸の設定はかなりの程度進んだものと推定したい。かつての岸説藤原京では、平城京の三分の一の面積であり、平城京段階での大々的な設定を考える必要があったが、藤原京の規模が明らかになった今日、その必要はなくなった。基本的に、藤原京の京戸が平城京の京戸としてそのまま移動したと考えるのである。

平城京の京戸の実態を示す著名な史料に、天平五年（七三三）の右京計帳がある。そこには数人の官人がみえる一方、むしろ官人がいない戸が多いとの判断から、京戸は官人の戸ばかりでなく、労働力確保を目的に京戸に編制された非官人戸が多いといわれている。しかし、右京計帳には戸として完全に残るものは少なく、官人がこのほかに存在しなかったとは断言できない。また、仮に官人がいなかったとしても、出庭徳麻呂《いでわのとくまろ》の戸のように同姓の親族に官人がいる例もある。つまり、現存する部分だけで、まったく官人と無関係な戸と断定するのは危険だと思う。そして、右京計帳が七三三年のものであることも考慮する必要がある。京戸の京内での移貫はあっても諸国との交流は厳しく制限されていたから、京戸の設定が藤原京に遡るならば、それから半世紀近くを経て、官人がいなくなった戸があっても不思議はない。下級役人の家から下級役人が再生産され続けるとは限らない。

官人戸としての京戸

まったく官人と無関係な戸を京戸として設定したとすれば、いつ、どうやって、どういう基準で、どこから一般の戸を集めてきたかの説明は難しい。たとえば、恭仁京の造営に際しては、畿内の雇役《こえき》の徴発が行われている。労働力を確保しようと思えばいつでもそれは可能だった。そうであれば、在地との結びつきを断って、官人でない一般民戸を労働力保持だけのために京に附貫する事態はますますイメージしにくい。

　そうではなく、現実に畿外も含めた諸国から出仕する人々を京戸として編制したと考える方が遙かに自然だろう。もちろん、前述のように、八世紀には諸国に本貫をもったまま、官人として出仕している者が多くいたし、山背国《やましろのくに》愛宕郡《おたぎぐん》出雲郷《いずもごう》のように、官人村のような様相を呈する京外の地域もあった。官人を含めた氏族の全構成員を京に附貫することは行っていない。しかし、平城京に住んだことがわかる氏族には、『新撰姓氏録』により京内居住がわかる一方、畿内にも本拠地をもつ例が多く知られる。これらは畿外に本貫を残したまま官人として出仕した部分が見えているのであり、彼らの氏族全体が諸国に本貫を残したままだったわけではないのではないか。たとえば、出雲臣にも山背国の出雲臣の他に、京内にも出雲臣の存在したことが『新撰姓氏録』からわかる。つまり、京に附貫されて純粋に官人として奉仕する成員を含む戸、官人として出仕しながら本拠地に附貫されて氏族として在地との結び付きを保持する成員を含む戸、官人を含まず純粋に在地に結びついた戸とに氏族ごとに区分けがなされたと考えればよい。京に附貫された官人戸も、必ずしも全員が京に住んだわけではなく、官人と身近な家族以外は在地で耕作に従事するという居住形態もあり得るだろう。こうしたいずれにしても在地との結びつきを色濃く残した官人の存在形態が、氏族ごとに展開していたのではないだろうか。

下級官人の場合、官人を再生産できずに非官人戸となる場合も多かっただろう。その場合もなお京戸として附貫され続けはしたけれども、そこには当然在地への回帰の指向が生まれることが予想される。一方、官人戸も右に見たような氏族単位での住み分けが実現していても、在地性をまったく失うような契機は見いだしがたく、都市住民化するプロセスは俄には描きにくい。すなわち、平城京においては、貴族層は別として下級官人が在地から切り離されて都市住民化するのは難しかったのではないか。それは大倭国《やまとのくに》に設けられた平城京の限界だったといえるかも知れない。都市としての成熟を迎える前に機能を終えたことが、逆にその遺構を良好な状態で地中に埋もれさせる結果となったのは皮肉といえば皮肉なことである。純粋な都市、都市民の成熟は、やはり大倭を離れた平安宮段階を待たなければならなかったようである。

おわりに

繰り返しになるが、平城京は日本の律令国家建設の場であった。だから、平城京の解明は、日本の律令国家の解明そのものといってよい。そのための厖大なデータが一二〇〇年にわたって地中に守られ続けてきている。今後も発掘調査の成果は既存文献史料の再検討と相俟って豊かな平城京像をもたらし、日本の律令国家の解明に大きく寄与するに違いない。

（補注）

京南辺条条里の南端は、形の上では大和盆地の統一条里に一部上書きされ壊されているようにも見えるが、その施工の前後関係はこの部分の状況だけではそう簡単には決められない。まして、この部分だけを見て大和統一条里全体の施工年代を議論するのは早計だろう。むしろ現在の研究状況では、大和統一条里全体を見据えた議論がまず大前提にあるべきで、個人的には「十条」が放棄された後、統一条里北限の復旧と京南辺条条里の施工とは一体の工程で行われたと理解するしかないのではないかと考えるが、まず拠って立つべき報告書刊行前のことでもあり、註記するに留めたい。

参考文献

浅野　充　二〇〇七年『日本古代の国家形成と都市』校倉書房

飯田剛彦　二〇〇三年「「太政官院」について」笹山晴生編『日本律令制の構造』上巻、吉川弘文館

市川理恵　二〇〇九年『古代日本の京職と京戸』吉川弘文館

井上和人　二〇〇四年『古代都城制条里制の実証的研究』学生社

井上和人　二〇〇八年『日本古代都城制の研究』吉川弘文館

今泉隆雄　一九九三年『古代宮都の研究』吉川弘文館

岩本次郎　一九八〇年「平城京京南特殊条里の一考察」『日本歴史』三八七

近江俊秀　二〇〇八年「平城京における宅地班給と居住者に関する予察」奈良県立橿原考古学研究所『平城京左京三条三坊五・十五坪』（奈良県文化財調査報告書一三一）

小澤　毅　二〇〇三年『日本古代宮都構造の研究』青木書店
小澤　毅　二〇〇八年「平城京左京『十条』条坊と京南辺条条里」菅谷文則編『王権と武器と信仰』同成社
金子裕之　一九八五年「平城京と祭場」『国立歴史民俗博物館研究報告』七
狩野　久　一九九〇年『日本古代の国家と都城』東京大学出版会
岸　俊男　一九八八年『日本古代宮都の研究』岩波書店
北村優季　一九八四年「京戸について―都市としての平城京」『史学雑誌』九三―六
鬼頭清明　一九七七年『日本古代都市論序説』法政大学出版局
鬼頭清明　一九九二年『古代宮都の日々』校倉書房
鬼頭清明　二〇〇〇年『古代木簡と都城の研究』塙書房
佐藤　信　一九九七年『日本古代の宮都と木簡』吉川弘文館
武田和哉　二〇〇七年「平城京―都城の発展」吉村武彦・山路直充編『都城　古代日本のシンボリズム』青木書店
舘野和己　二〇〇一年『古代都市平城京の世界』（日本史リブレット七）、山川出版社
田中　琢　一九八四年『平城京』（古代日本を発掘する三）岩波書店
田辺征夫　一九九二年『平城京を掘る』吉川弘文館
田辺征夫　一九九七年『平城京　街とくらし』東京堂出版
寺崎保広　二〇〇六年『日本古代の都城と木簡』吉川弘文館
中村順昭　二〇〇八年『律令官人制と地域社会』吉川弘文館
仁藤敦史　一九九八年『古代王権と都城』吉川弘文館

保坂佳男　一九八四年「朝堂院の変遷について」慶應義塾大学大学院国史研究会『国史研究会年報』五
町田　章　一九八六年『平城京』（考古学ライブラリー四四）ニュー・サイエンス社
宮本長二郎　一九八六年『平城京』（日本人はどのように建造物をつくってきたか七）草思社
森　郁夫　一九九六年『奈良』光文社文庫
山川均・佐藤亜聖　二〇〇八年「平城京・下三橋遺跡の調査成果とその意義」『日本考古学』二五
山中　章　一九九七年『日本古代都城の研究』柏書房
渡辺晃宏　一九九五年「兵部省の武官人事権の確立と考選制度―平城宮東区朝堂院南方官衙の発掘調査の成果をめぐって」奈良国立文化財研究所『文化財論叢Ⅱ』同朋社出版
渡辺晃宏　二〇〇六年「平城京中枢部の構造―その変遷と史的位置」義江彰夫編『古代中世の政治と権力』吉川弘文館
渡辺晃宏　二〇〇一年『平城京と木簡の世紀』（講談社版日本の歴史〇四）講談社

二　奈良の都を復元する

田辺征夫

はじめに

二〇一〇年（平成二十二）、平城京遷都一三〇〇年に合わせて、平城宮第一次大極殿《だいごくでん》の復元建物が完成した。これは奈良の都、平城京復元の象徴である。

これまで長年わたって、研究、発掘、保存に多くの人々がかかわり、埋もれた平城京の再現に取り組んできた最大の成果ともいえよう。こうした研究、発掘、保存の歴史をたどることなしに、平城京という都の復元図を描くことはできない。そこで、この章では、どのように平城京が調査研究され、保存され、そして復元まで到達したのか、その経過をたどりながら、現在、「あおによし奈良の都」がどのような姿で描かれるのかを見てみよう。

1　平城京の研究と保存

平城京に光を当てた人々

平城京の研究は、幕末に始まる。伊勢国津藤堂藩《いせのくにつとうどうはん》が山城《やましろ》、大和《やまと》にある所領を支配するため奈良の古市《ふるいち》においた城和《じょうわ》奉行所に勤務する手代《てだい》であった北浦定政《きたうらさだまさ》は、奈良の水田や畦畔《けいはん》に平城京の条坊《じょうぼう》の痕跡が残ることに気づき、自製の測量車で丹念に測った成果をまとめて、一八五二年（嘉永五）、「平城宮大内裏跡坪割之図《へいじょうきゅうだいだいりあとつぼわりのず》」を著した。これは、その後の平城京研究の基礎となったものである。よほど自信があったのか、北浦は、この図の写しをいくつも作って、江戸幕府や御所に献上した。

五〇年後、北浦の業績を受けて、平城京の研究を推し進めたのは奈良県技師であった関野貞《せきのただし》である。関野は、東京帝国大学卒業後、奈良県に赴任し、寺社の調査と修理にたずさわるかたわら、平城宮と平城京の研究を進めた。とくに、平城宮跡では、「大黒《だいこく》の芝《しば》」の字名がある土壇《どだん》や、その南に点々と続く高まりが、大極殿と朝堂《ちょうどう》の跡に違いないと確信した。こうした研究の成果は、一九〇七年（明治四十）、『平城京及大内裏考』として出版された。その後、平城京の範囲や規模、周辺条里《じょうり》との関係をどう考えるかなどをめぐって、関野と喜田貞吉《きたさだきち》とのあいだに活発な議論が交わされたりして、平城京の研究が進んだが、なんといっても北浦定政と関野貞の研究成果が平城京の解明と復元の大きな基礎となった。

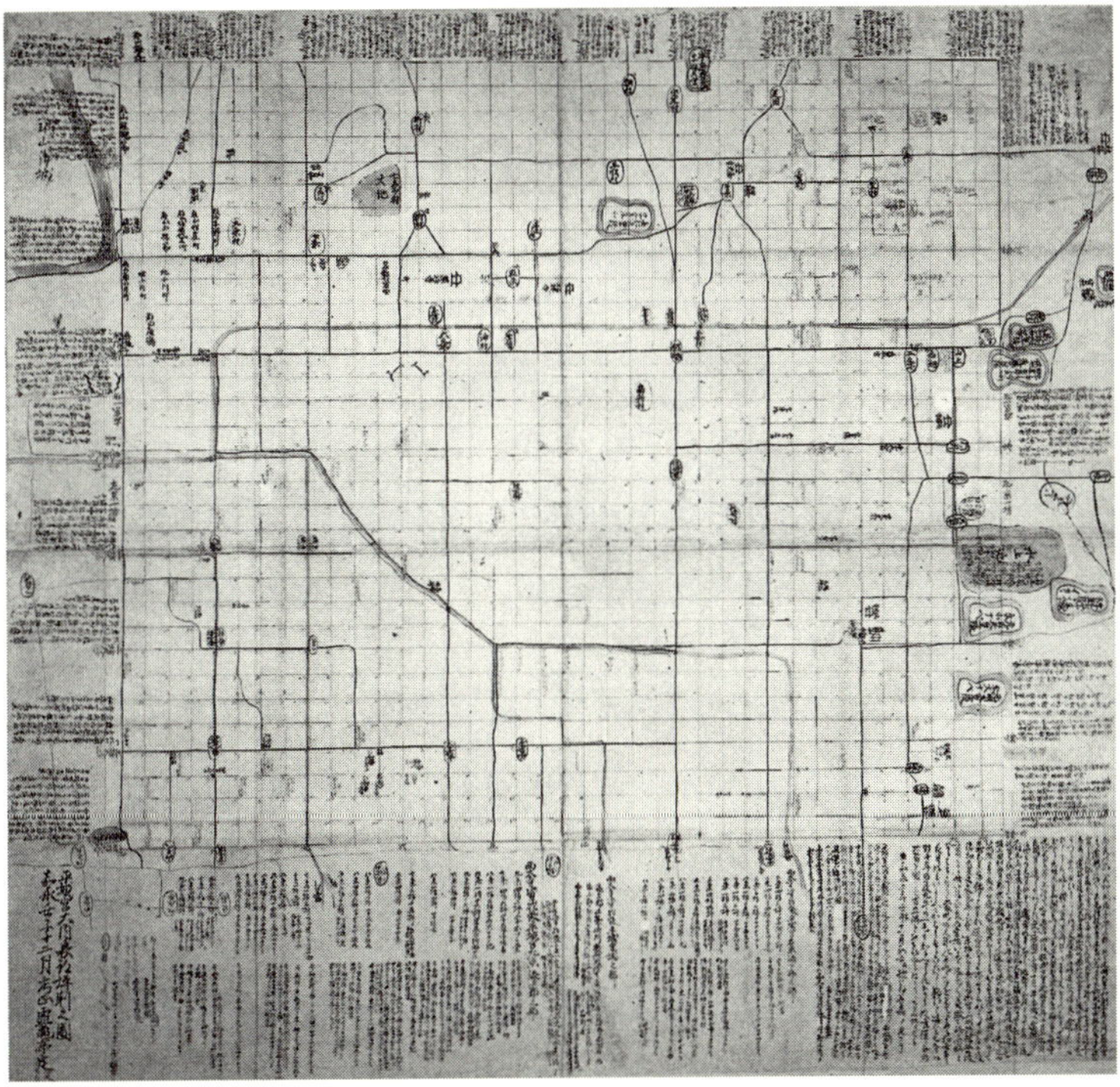

図1　北浦定政「平城宮大内裏跡坪割之図」

平城宮の研究は、保存と一体に進んできた

平城京の研究は、まずその中枢である平城宮跡の研究、調査、保存が先行して進む。そして平城宮跡にとって、看過できないことは、早い段階から研究と保存が一体として進んだことである。関野貞は、調査研究の成果を地元の新聞や講演会などを通じて、一般市民にも知らしめた。その新聞を読んだ人の中に、奈良公園の植木職人をしていた棚田《たなだ》嘉十郎《かじゅうろう》らがいた。棚田は、北浦家と親交があり、平城宮跡の重要性を考え定政の坪割り図を増し刷りして配ったりしていたが、関野の記事に接して感激

図２　関野　貞

図３　棚田嘉十郎

図４　昭和初年の発掘風景

し、平城宮跡への思いをいっそう強めた。また少し前に京都の平安宮を顕彰して平安神宮が建設されたことなどにも触発され、平城宮跡を保存し、それを顕彰する平城神宮の建設をしたいという強い希望を抱いた。神社の建設は成功しなかったが、志を同じくする溝辺《みぞべ》文四《ぶんし》郎《ろう》ら地元の有志と全国から募金を募るなど積極的な保存活動をはじめ、徳川頼倫侯爵を会長とする「奈良大極殿阯保存会」の結成に至った。保存会は、今の第二次大極殿と朝堂院を中心とする一部を購入し、保存整備事業に乗り出した。そして一九一九年の史蹟名勝天然紀念物法が制定されたとき史蹟として指定される運びとなったため、保存会は以後の保存整備事業を国にゆだねることとし、所有地を国に寄贈して解散した。棚田自身は、保存募金活動が匿名の寄付団体に悪用されたと思い、その責任を痛感してか、失意の上に無念の自殺を遂げるが、彼の保存顕彰への思いはその後の平城宮跡保存に結びつき、連綿として今日までつながっている。

棚田の保存への意識は、第二次大戦後の遺跡保存とは違って、当時の天皇制ナショナリズムに裏づけられた思想ではあったが、早い段階から、研究と保存が一体となって進んだ遺跡が、その後の日本の大規模遺跡保存の先がけとなりモデルケースともなった平城宮跡であった点で歴史的意義は大きいものがある。

史蹟整備にともなって、一九二三年、朝堂院の一画で発掘が行われ、内務省から技師上田三平《うえださんぺい》が発掘調査のために派遣されてきた。平城宮跡の発掘第一号として記念すべき出来事であった。その後、少しづつ指定地は拡大され、一九四五年の第二次大戦集結前までに、史蹟指定地は約六〇万平方㍍に達していた。

国民が守った平城宮跡

第二次大戦中幸いにも奈良は戦火を免れたが、戦後は奈良にも米軍が進駐してきた。法華寺町《ほっけじちょう》の現在自衛隊基地となった場所や、平城宮跡の朱雀門《すざくもん》脇（現在の民間工場）あたりには米軍キャンプや関連施設が置かれた。軍用車両を通すために一条通りの拡幅工事が始まった。すると指定地外からも柱根《ちゅうこん》や遺物が多数見つかりだし、急きょ文化財保護委員会が調査を行った。そして平城宮跡の遺構が広範囲に残ることが明確となり、本格的な発掘調査の必要性が痛感されることとなった。

そこで、当時、誕生してまもない奈良国立文化財研究所に発掘を担当させることとなり、体制づくりがはかられたのである。奈良国立文化財研究所は、一九五二年に、文化財の宝庫ともいえる奈良に拠点を置き、寺社の文化財を総合的に研究する学際的な研究機関として設置された。そのきっかけとなったのは、一九四九年の法隆寺金堂《ほうりゅうじこんどう》の火災による壁画の焼失と翌年の文化財保護法の制定であった。新たに整備された保護法のもと、実物に即した文化財の調査研究の必要が痛感され、美術研究所を引き継いだ東京国立文化財研究所とは別に、京都か奈良に新たな研究所の設置が検討されたが、結果的に奈良に置かれることとなった。

この研究所には、美術工芸、建築、庭園、歴史、考古の専門家がいて、まさに学際的に文化財を研究する体制になっていた。すでに一九五八年には、飛鳥寺《あすかでら》や川原寺《かわらでら》の発掘によって新しい発掘方法も開拓しつつあった。

一九六三年、新たに奈良国立文化財研究所の中に平城宮跡発掘調査部が設置され、調査員の大幅増員があった。本格的な平城宮跡発掘の始まりである。当初の発掘の主要な目的は、平城宮の範囲を確認することと、中枢部分の解明であった。発掘が始まってまもなく、平城宮跡は大きな問題に直面する。それは、民間鉄道の操車場が宮跡推定範囲の西南隅に計画されたことで、大きな問題となった。全国的な保存運動が起こり、結局、当時方八町といわれる約一キロ四方が、保存されることとなった。

しかし、問題はこれにとどまらなかった。奈良市内を通る国道二十四号線が、人口の増加にともない渋滞が激しくなってきていたため、迂回のためのバイパス道路が建設されることとなった。この迂回路は、保存された平城宮跡をぎりぎり避けて、宮跡に東接して通されることとなった。そこで宮跡の東を正確に確定するために発掘したところ、案に相違して、平城宮は東に張り出すことがわかった。このときも全国的な保存運動が起こり、道路は大きく東に迂回することとなった。

この二度にわたる大保存運動によって、平城宮跡は全域の保存が確保され、今日見る姿となった。もしこのときの保存運動がなければ、その後世界遺産に登録されることもなかったであろう。かつて棚田嘉十郎は、恐れ多くも天皇がお住まいになられた宮跡をこのままにしていてよいであろうか、という考えから保存に立ち上がり、戦後の人々は、天皇にかかわる史跡ではあるが、むしろ日本の歴史を証明する国民の貴重な共有財産として保存に立ち上がった。その保存に対する考え方に違いがあっても、平城宮跡がきわめて重要な遺跡であるということの認識では一致しているのである。遺跡の持つ力であろうか。

2　平城宮の解明

平城宮の範囲と門

奈良国立文化財研究所が本格的な発掘を開始してから、当初、調査の主眼は大きく以下の二点におかれていた。まず、その第一点は、平城宮の大きさを確定して保存の範囲を明確にすることである。先述のように、二度の保存運動ともかかわる調査をへて、平城宮跡は方八町と呼ばれる約一キロ四方の正方形の東に、張り出しのある平面形であることが判明した。宮殿を囲む施設は、当初一部に掘立《ほったて》柱《ばしら》の板塀《いたべい》が作られたが、やがて、基底幅三㍍、高さ五㍍と想定される築地塀《ついじべい》が取り囲むことがわかった。また、宮の四方に開く門については記録から十二門が想定されるが、そのうち、南の朱雀門、壬生門《みぶもん》、若犬養門《わかいぬかいもん》、東の的門《いくはもん》（小子部門《ちいさこべもん》）、建部門《たけるべもん》、西の佐伯門《さえきもん》が確認されている。的門と建部門は、東院の南に開く門である。

中枢部の調査

調査の主眼の第二点は、平城宮の重要性を明確にする上でも、中枢部分を解明することであった。調査の早い段階で、航空写真を使った一〇〇〇分の一の精細な地形図の作成をしたことは大変重要で、平城宮跡内に関野貞の発見した大極殿・朝堂院とは別に西側に土壇の点在することがわかった。関野は、「大黒の芝」の土壇が、宮跡想定地の東に片寄ることから『平城宮及大内裏考』では、朱雀門を入った中央部には記録にある「南苑《なんえん》」を想定していた。しかし、地図作成の過程で現地を検討した奈良国立文化財研究所では、中央部にも同じように朝堂院と思われる土壇が点在することに気づき、第一次大極殿・朝堂院と第二次大極殿・朝堂院という仮説をたてた。すなわち、朱雀門を入った中軸線上に造られた中枢部が当初のもので第一次とし、聖武《しょうむ》天皇が天平《てんぴょう》年間に恭仁京《くにきょう》、難波宮《なにわのみや》、紫香楽宮《しがらきのみや》を転々として、ふたたび還都した時に、東に移して造られたのが第二次であるとした。その後の平城宮跡内での発掘は、ある意味でこの仮説の証明をめざして進められたともいえる。

一九五九年から二〇一〇年までの約五〇年間の発掘で、平城宮跡は、その三〇％強の発掘が終了している。とくに第一次、第二次とした中枢部分の発掘もそれぞれ各地区の東半分の調査がほぼ終了し、中枢部の変遷が解明された。その結果、当初の予想よりもかなり複雑な変遷であることがわかった。ごく概略的に述べると、朱雀門を入った中央には四堂の長大な基壇《きだん》建物が二棟づつ左右対称に配置され、奈良時代全体を通して存続する。また、東の壬生門を入った北側には、基壇をもつ掘立柱建物による十二堂が、六棟づつ左右対称に配置される。東の十二堂は、同じ位置で礎石《そせき》建ち基壇建物に建て替えられ、以後奈良時代を通して続く。すなわち、中央と東に形の違った朝堂《ちょうどう》型式の建物が同時に存在することがわかったのである。

これに対し、朝堂の北に位置する大極殿は、朱雀門の北側では、聖武天皇が都を平城京から恭仁京に移したときに、恭仁京の大極殿として移築された。ふたたび平城京に還都したときには、東の朝堂の北に建っていた掘立柱建物（これは大安殿《だいあんでん》と考えられている）のあとに、あらたに第一次大極殿より は規模をやや縮小して造られたことがわかった。

『続日本紀《しょくにほんぎ》』によれば、恭仁宮の大極殿は、平城宮の大極殿を移築したこと、また、その後、山城《やましろ》国分寺《こくぶんじ》の金堂となったことが記されている。第一次大極殿と山城国分寺金堂跡の発掘により両者が規模や構造など基本的に一致することが判明し、記録どおり恭仁宮に移築された大極殿が第一次大極殿であることが証明された。

大極殿が東に移ったあとの奈良時代後半には、ここには、巨大な掘立柱建物が軒《のき》を接して建つ宮殿となった。西宮《さいぐう》と考えられている。

このように、大極殿については、奈良国立文化財研究所が当初考えた仮説のように、第一次から第二次へと変遷するが、朝堂については、棟数や配置の違うものが中央と東に併存することとなった。現在、この二ヵ所の朝堂は、中央区と東区と呼び分けているが、どちらも『続日本紀』にたびたび登場する朝堂に当たるとされ、奈良時代には両者を区別する名称はなかったと解釈されている。ただ、平安宮では、四堂型式の朝堂は、「豊楽院《ぶらくいん》」と呼ばれており、奈良時代にそれぞれを区別する名称がなかったという解釈でよいのか疑問が残る。いずれにしても、関野が想定した、「南苑」が課題として残った。

内裏地区の発掘

天皇の日常の住まいである内裏は、第二次大極殿の北方に奈良時代を通して存在したことがわかった。建物はすべて掘立柱建物で構成されており、大別すると五期の変遷が認められる。これらは、おおむね元明《げんめい》・元正《げんしょう》の両女帝時代、聖武天皇、孝謙《こうけん》天皇、光仁《こうにん》天皇、桓武《かんむ》天皇の時代にあてられ、内裏中枢部がどのように変遷し、また、後宮《こうきゅう》部分がどのように形成されたかをたどることができる。とくに当初の女帝時代には後宮に当たる部分が見られず、光仁・桓武の時代に充実してくることなど興味深い変遷である。

官衙（役所）の発掘

大極殿や朝堂院の中枢部周辺には、二官八省といわれる律令制下の役所があった。図面などの残る平安宮と異なって、まったく記録のない平城宮跡では、発掘調査によって解明していくしかない。これまでの発掘によって、建物配置や変遷が判明し、かつ出土文字史料から確実視されている官衙《かんが》は、宮内省《くないしょう》、式部省《しきぶしょう》、兵部省《ひょうぶしょう》、大膳職《だいぜんしき》、馬寮《めりょう》、造酒司《ぞうしゅし》など一部に限られている。

官衙地区の変遷でこれまでにわかっていることで特徴的なことは、どの官衙も頻繁な建て替えが行われていることである。少なくとも三〜四回の建て替えはあり、細かく見れば、六〜七回の建て替えが認められる。これは通常考えられる掘立柱建物の耐用年数である二〇〜三〇年よりはるかに短期間の建て替えで、理由は別に求めなければならない。内裏も頻繁な建て替えがあるが、これは天皇の代替わりによって説明できる。しかし、一般の役所はそれだけではなく、組織替えや政治改革などの要因が絡みそうである。

また、当初は、掘立柱建物が主体で、のちに主要殿舎が基壇建物に変えられていることもわかってきた。平城宮跡の発掘では、大量の瓦が出土し、その使用量は数百万枚とも推計されているが、実際には、瓦屋根の礎石建ち基壇建物は、中枢部以外の各役所では、限定されている。当初が掘立柱であったというのは、前の都の藤原宮において、役所の建物が基本的には掘立柱建物であったことを踏襲しているといえる。

3　平城京の発掘

平城京での発掘が本格化したのは、一九七〇年代からである。高度経済成長期の開発の進展により、文化財保護法で義務づけられた事前調査が、全国的に急速に増加した。平城京を抱える奈良でも事態は同様であった。平城京の範囲でつぎつぎと大規模な開発が計画されその事前調査が実施されると、皮肉なことに遺跡の破壊とは裏腹につぎつぎと平城京を解明する資料が増えていった。そして平城京の都市計画、道路計画の実態が解明され、街区《がいく》のあり方、宅地の様子が詳しくわかってきたのである。

実際には、平城京全域に対して現在までに発掘された面積は、概略三％にも満たない。とても全体が解明されたとはいいがたいが、それでも平城京がどのような都であったかを知る上では、相当の成果が上がっているといえる。

平城京の範囲、大きさ、そして外京と北辺坊

平城京は、東西四・三キロ、南北四・八キロの長方形を基本として、その東の五条以北に外京《げきょう》と呼ばれる張り出し部、また、北には、北辺坊《ほくへんぼう》と呼ぶ張り出し部がつく。

なぜ外京が設けられたのかは、諸説あるが、なかでも外京に建設された興福寺《こうふくじ》との関係が考えられている。すなわち平城京遷都の立役者であった藤原不比等《ふじわらのふひと》の氏寺《うじでら》であった興福寺を京域に入れるための措置であったとする説である。またこれに関連して、外京には元興寺《がんごうじ》、紀寺《きでら》、葛城寺《かつらぎでら》など飛鳥から移転してきた寺を集めたとする説もある。興福寺や元興寺など、寺々の以外の宅地部分でのこれまでの発掘成果を見る限り、奈良時代当初までさかのぼる宅地の発見はなく、興福寺をはじめとする寺のための区域であったとする考えを裏づけている。

平城京の外郭

平城京に唐長安城のような周りを囲う城壁、すなわち羅城《らじょう》があったかどうかは、はやくからの問題

であった。とくに地形的にもそれらしい痕跡がなく、平城京では羅城はなかったのではないかとする説も強かった。かって羅城門付近の発掘により、羅城門の東西に羅城に当たる築地塀の続くことが確認され、また地形の観察から、約一キロほどで途切れると推定された。

これに対して、平安京では、南面全体には羅城が作られた可能性が高く、平城京も同じではないかとの説もあった。近年の発掘調査によって、当初の推定どおり南面全体に羅城は及ばない可能性が高まった。羅城の存在については、理念としては、計画された可能性もあるが、現在の段階としては、平城京を囲繞《いにょう》する羅城を積極的に証明する材料はない。

平城京の道路計画

平城京は、いわゆる碁盤目の都市計画といわれる方格地割に基づく整然とした都市である。大路《おおじ》が、約五三〇メートル間隔で通り、その間を三本づつの小路《こうじ》が通る。都の中央を南北に通るメインストリートは朱雀大路《すざくおおじ》で、路面幅は約七三メートルあり、両側には幅約三メートルの側溝《そっこう》をともなう。朱雀大路に限らず平城京の道路は、石やレンガ等による舗装はなく、土のままである。大路は、道路の大きさに幾種類かあり、朱雀大路に次いで大きいのは平城宮の前面を東西に通る二条大路で、路面幅約三二メートルを測る。その他の大路は、おおむね二〇メートル前後である。小路は、坪の中央に当たる小路がふつうは大きく、路面幅で一二メートル前後ある。その他の小路は六〜八メートルである。

平城京の街区

大路で囲まれた約五三〇メートル四方が「坊《ぼう》」、小路で囲まれた約一三〇メートル四方が「坪《つぼ》」と呼ばれ、坪一

表　藤原京と難波京の宅地割当基準

藤原京	右大臣	直広弐以上				大参以下	勤～(上戸)	(中戸)	(下戸)～無位
	4町	2町				1町	1町	1/2町	1/4町
難波京	–	1位	2位	3位	4位	5位	6位以下		
	–	1町以下			1/2町以下		1/4町以下		

注　藤原京は，『日本書紀』持統天皇5年12月8日の詔，難波京は，『続日本紀』天平6年9月13日条による。

区画の面積を「町《ちょう》」であらわす。しかし、平城京の都市計画の基本は、方格の区画が心心割《しんしんわり》のため、坪の大きさは、道路幅の違いによって大きく異なる。当然ながら朱雀大路に面する坪の実面積は、小路に囲まれる坪の半分近くになる。

ちなみに平安京の方格地割は、街区である坪の面積が、道路幅に左右されず、同じになるように計画されている。

平城京の宅地と分布

律令制国家では、土地は、公《おおやけ》のものであり、各自は必要に応じて配分された。平城京の宅地も、位階に応じて班給《はんきゅう》されたことがわかっている。平城京の班給基準は、残されておらず、藤原京と聖武天皇時代の難波京の記録がある。平城京の宅地は、基本的には、藤原京の班給基準が踏襲されたと考えられる。それは、表の通りである。

また、正倉院文書などの史料から、おおよその住所と位階のわかる住民が一〇〇名ほど知られている。こうした史料と、実際に発掘で見つかった宅地とをあわせてその分布を見てみると、平城宮を中心とした地域に位の高い貴族が住み、また大規模な宅地が集中する。とくに一町以上の宅地、すなわち五位以上の貴族の宅地は、おおむね五条大路以北に集中することがわかる。これに対して、比較的小規模な一六分の一町から三二分の一町の宅地は、八条や九条といった京の端に多いことがわかる。

平城京の住人と人口

平城京の人口は、かって二〇万人と推定されていた。これは沢田吾一《さわだごいち》が戦前に推定したもので、正倉院の戸籍《こせき》をもとにし、よく似た面積の金沢市の当時の人口を参考に算出したものであった。しかし、発掘調査が進むと、街区の宅地のありようからどの宅地もかなり空閑地《くうかんち》があり、建坪率から考えると、とうてい二〇万人もの人々が住んでいた様子には見えない。現在は、そうしたこともあって五万からせいぜい一〇万人ぐらいが適当ではないかと考えられている。

平城京が、基本的には平城宮に勤務する貴族や役人が生活するための街であることから考えると、大宝律令に規定された貴族役人の定員数約一万人が基準になろう。当時は、大家族制であった。もちろん高級貴族の邸宅には、使用人も含めて数百人の人々が暮らしていたことがわかっているが、全体の平均家族数を考えると一〇人程度と見ることができる。とすれば一〇万人という数字が魅力を帯びてくる。

4　平城京の復元と景観

平城京の全体模型と平城宮跡の整備復元

平城京の条坊の復元は、一九六二年（昭和三十七）に、奈文研が航空写真から作成した一〇〇〇分の一の地形図をもとに、岸俊男氏らが中心になって進めた遺存地割の調査図が、一九七四年（昭和四十九）に完成し、朱雀大路発掘調査報告書の付図として公表された。幕末の北浦定政以来の平城京の復元図であるが、かなり精細な検討による平城京の条坊復元で、これをもとに平城京条坊図が作成された。こうした成果をもとに奈良市では、一〇〇〇分の一の平城京復元模型を製作し、平城京の往時の姿が、かなり大胆な想定も交え、ビジュアルな形にあらわされた。この模型は現在も奈良市役所一階ロビーに展示されている。

一方、平城宮跡は、発掘調査の進展に平行して、整備復元事業が少しずつ進められていたが、宮跡の範囲が確定した一九七〇年代になって、本格的な整備構想の検討に入った。そして、一九七八年、文化庁によって「平城宮跡保存整備基本構想」としてまとめられた。この構想の骨格は、平城宮跡を遺跡博物館とし、出土遺物や発掘遺構を展示物として考えるだけでなく、発掘調査そのものも展示の一部と考える。調査研究の拠点である研究所の作業や、発掘成果の一般向け現地説明会なども包括されるもので、当時としては、全国の遺跡の保存と活用の方向性を示すモデルとなる構想であった。

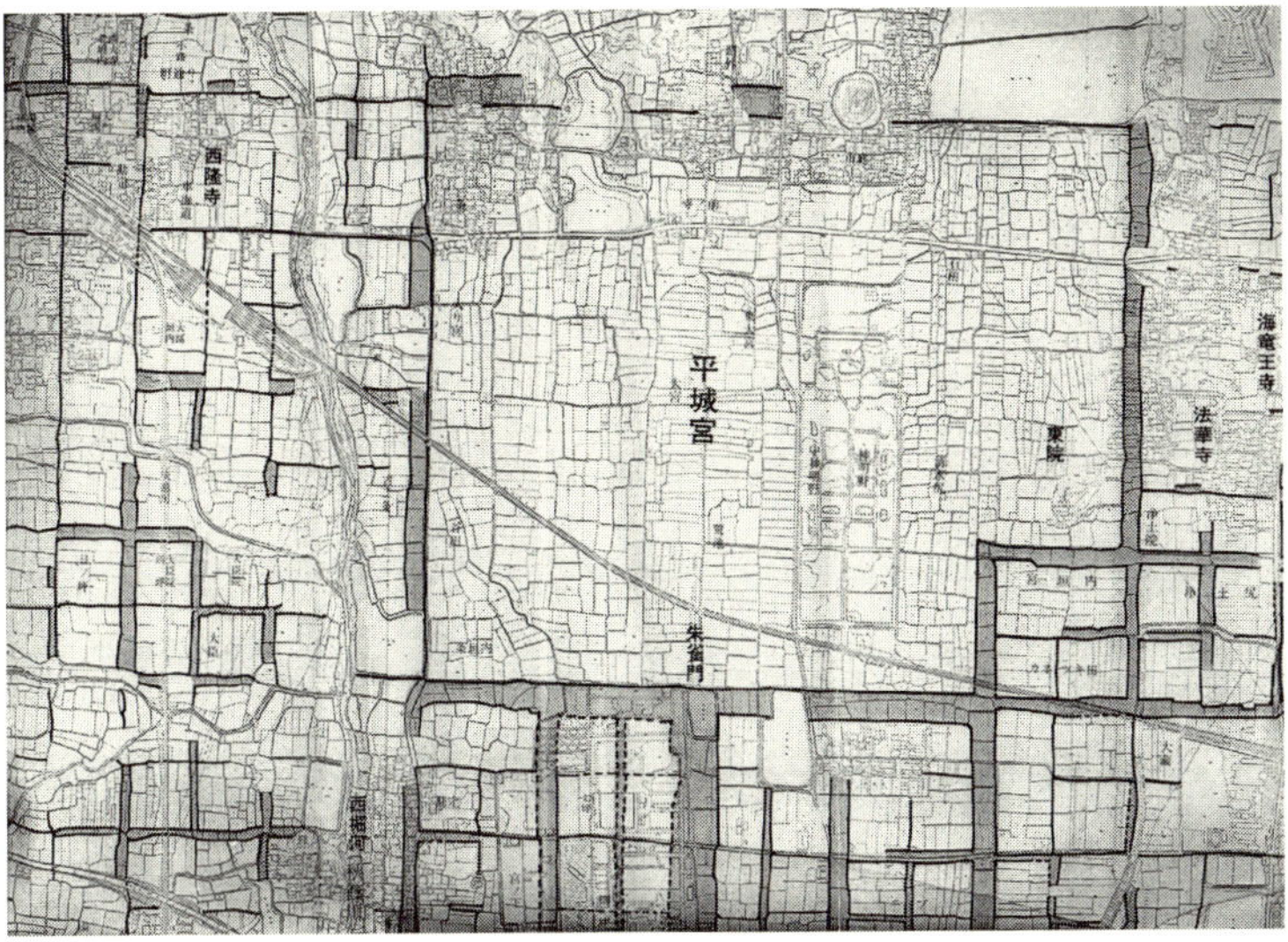

図5　平城京遺存地割図（部分）

ここでは、遺跡の表示についても建物遺構の基礎部分表示や遺構を発掘した状態で見せる露出展示のほか、往時の平城宮を実体感できるように、平城宮の特色をあらわす四ヵ所で発掘成果をもとに実物の大きさに建物を復元する、という計画であった。その四ヵ所は、朱雀門、推定宮内省、東院《とういん》庭園、そして宮殿の中枢に当たる一画で、当初は奈良時代後半の殿舎群である「西宮」に考えられていたが、これはのちに第一次大極殿に変更された。すでに、これらの実物大での復原は、大半が終わり、現在、第一次大極殿の復元によって一段落する。

これらの実物大復元によって、平城宮跡は、誰にでも、そのスケールが実感できる遺跡となったことは確かである。朱雀門と東院庭園の復元が完成した一九九八年、平城宮跡は「古都奈良の文化財」の一部を構成する資産として世界遺産に登録された。この登録時の議論で欧米の委員からは、実物大復元についての疑問が呈されたという。しかし、木造建造物が主体の日本の遺跡においては、廃墟となった遺跡の大半が土に埋もれて地上に形を残さない。平城宮跡のようにおよそ一三〇ヘクタールもの広大な遺跡が、ただの野原の状態では、一部の専門家をのぞいて誰も価値を理解できないことも事実である。世界遺産への登録の実現に、実物大に復元された朱雀門や東院庭園が目の前に存在したことが、結果的には好影響を及ぼしたのではないかとも思えるのである。

都市景観としてみた平城京

最後に、これまでの、平城宮跡や平城京での発掘成果の蓄積によって、あおによし奈良の都の景観や風情がどのように復元されるか、考えてみたい。

平城京の都市計画は、直線の道路計画である。きわめて整然とした方格地割そのものは無機質な感を与える。道路は、舗装されることなく、土のままで、両側には側溝がある。道路脇には、柳や槐《えんじゅ》の街路樹が彩りを添える。しかし、大路に門を開くことができないため、大路の両側はどこまでも築地塀の続く殺風景な景観であったに違いない。朝の通勤時間や昼に仕事が終わって帰宅したり、市場に出かける人々が大路に出てくれれば、にぎわいがあったかも知れない。遣唐使《けんとうし》などの使節団一行が行列を連ねて行き来するときは見物人があふれかえり、朱雀門前で歌垣《うたがき》が行われるようなときは老若男女が繰り出して歌や踊りに興じることもあったようだ。おそらく東西の市場は、人の集まるところであり、たいていはにぎわっていたことだろう。

数多くある寺々は、大きな屋根に甍《いらか》の波を見せていたであろうが、高位高官の邸宅であっても、瓦屋根は少なく、檜皮葺《ひわだぶき》の屋根も、高い塀に遮られて辛うじて見える程度であったのではなかろうか。各地から労役《ろうえき》にかり出されたり、建設作業に従事する庶民は、麻生地の白い作業着を汚れたまま着ていたであろうが、宮殿に勤務する貴族や役人は、位に応じて赤や緑、水色といった朝服《ちょうふく》を着ていたに違いない。案外、服装は華やかだったのかもしれない。

おわりに

奈良時代の歴史を知る上で、基本的な原典である『続日本紀』には、政治や経済にかかわる出来事や時折おもしろい巷《ちまた》の出来事なども記されている。通観すれば、奈良時代についてかなりくわしく知ることができる。また、『万葉集《まんようしゅう》』や『懐風藻《かいふうそう》』、そして正倉院文書、さらには正倉院宝物や奈良の寺々に残る数多くの文化財からは、奈良時代がどういう時代であったかを知る手がかりは数多くある。しかし、平城京そのものがどういう形をし、どういう道路が通り、どういう家が建ち並び、人々はどのように日々を過ごしていたのかなど、これらは、具体的なイメージとしてはなかなか浮かんでこない。それは、やはり伝世して残されたものには、階層的にもその範囲も限りがあるからであろう。

奈良時代は、現在と比べて比較にならない階級社会であり、階層社会であった。地下には、階層の別なく、奈良時代の資料が埋もれている。発掘は物理的に残らないものをのぞき、すべて取り出してしまう。地下から浮かび上がってきたその実態は、それ以前にわれわれが知り得たものとはまったく異なる、豊かなものである。

これらの成果は、平城宮跡の発掘が、宮域の約三〇%終了することによって得られたものである。しかし、平城京域に目を向ければ、まだ、三%程度しか発掘されていない。九七%の未発掘の地下には、一体、どれほどの歴史が眠っているのか。将来、発掘が進むことで、どのように平城京が復元されていくのか興味はつきないであろう。それにしても、平城宮跡のほぼ全域の保存に尽力され、地下に残る豊かな歴史の宝物をわれわれに残してくれた先人たちに感謝の気持ちを抱かざるを得ない。

参考文献

岩永蓮代　一九八七年『文化財保護ありのまま』六興出版
喜田貞吉　一九七九年『喜田貞吉著作集第五巻　都城の研究』平凡社
関野　貞　一九〇七年『平城京及大内裏考』東京帝国大学
奈良国立文化財研究所編　一九九七年『史料第四十五冊　北浦定政関係資料』奈良国立文化財研究所
文化庁　二〇〇八年『特別史跡平城宮跡保存整備基本構想推進計画』文化庁
文化庁文化財部監修　二〇一〇年『月刊文化財一月号　特集平城遷都一三〇〇年』第一法規出版

三　平城京の寺々

舘野和己

はじめに

一九九八年に世界文化遺産に登録された「古都奈良の文化財」は、東大寺《とうだいじ》・興福寺《こうふくじ》・春日大社《かすがたいしゃ》・元興寺《がんごうじ》・薬師寺《やくしじ》・唐招提寺《とうしょうだいじ》・平城宮跡《へいじょうきゅうせき》・春日山《かすがやま》原始林の八資産からなる。そのうち六つが、奈良時代以来の寺院である。これらのほかにも、大安寺《だいあんじ》・法華寺《ほっけじ》・海龍王寺《かいりゅうおうじ》・西大寺《さいだいじ》・喜光寺《きこうじ》（菅原寺《すがわらでら》）、京外ではあるが新薬師寺・秋篠寺《あきしのでら》など、平城京以来の法灯《ほうとう》を今に伝える寺は多い。『続日本紀《しょくにほんぎ》』養老《ようろう》四年（七二〇）八月壬午（二日）条には「都下卌八寺」という語が見える。遷都《せんと》後一〇年で、このように多数の寺院が京内に造られていたことは驚きである。当時の仏教信仰の篤さをうかがわせる。本章は奈良の諸寺の概要と、それらが造られた背景をみていく。寺院造営の時期は、和銅《わどう》三年（七一〇）の平城遷都当初に遡るものと、それ以後に下るものとがある。前者には飛鳥《あすか》や藤原京《ふじわらきょう》から新都へ移転してきたものが多い（なお史料は『日本書紀』『続日本紀』を多く用いるので、いちいち断らないこともある）。

1　平城遷都にともなう寺院建立

大安寺

『続日本紀』霊亀《れいき》二年（七一六）五月辛卯（十六日）条に、「始めて元興寺を左京六条四坊に徙《うつ》し建つ」という記事がある。しかし左京六条四坊にあるのは大安寺であり、その移転を語るものととらえるべきである。天平《てんぴょう》十九年（七四七）『大安寺伽藍縁起《がらんえんぎ》并《ならびに》流記資財帳《るきしざいちょう》』と『日本書紀』『続日本紀』によれば、同寺は聖徳太子《しょうとくたいし》の熊凝《くまごり》村の道場に始まり、ついで舒明《じょめい》天皇の百済大寺《くだらのおおでら》、天武《てんむ》天皇の高市《たけち》大寺（のちに大官大寺《だいかんだいじ》と改称）と引き継がれ、文武《もんむ》天皇の時には九重塔と金堂を造ったという。また大宝元年（七〇一）以降、大安寺の名も見えるようになる。それが平城京に移ってきたのである。

百済大寺は舒明天皇がその十一年（六三九）に百済川のほとりに大宮《おおみや》とともに造り始めたもので、十二月には九重塔を建てた。この百済大寺は桜井《さくらい》市吉備池《きびいけ》の南岸で、大規模な金堂《こんどう》跡と塔《とう》跡が見つかった吉備池廃寺にあたるとみられる。塔基壇《きだん》は三二㍍四方もあり、九重塔であった可能性が高い（奈良文化財研究所〈以下、奈文研と略記〉『吉備池廃寺発掘調査報告』二〇〇三）。また明日香《あすか》村小山《こやま》に残る大官大寺跡の塔基壇も二四㍍四方と大規模だが、同寺は建設途中で焼失している。それは出土瓦や土器などからみて文武朝造営の大官大寺（大安寺）にあたるものであり、天武朝の高市大寺の位置はわかっていない。『資財帳』によれば文武天皇は九重塔を建てたと伝えるが、右の基壇規模はそれにふさわしい。

初めて天皇によって発願《ほつがん》された百済大寺の系譜を引く寺々は、いずれも大規模な伽藍を有していた。大官大寺という名も、大規模な官寺、国家寺院を意味するものであった。文武朝の大官大寺は藤原京内にあり、同京の規模が十条十坊であったという説によると、左京八条二坊に位置する。この寺院が平城遷都とともにいち早く新京に移ったのである。

大安寺の造営について『扶桑略記《ふそうりやつき》』は、天平元年（七二九）に大官大寺を改造しようした聖武《しょうむ》天皇が、唐《とう》から帰朝した道慈《どうじ》が唐都長安《ちょうあん》の西明寺《さいみょうじ》の伽藍の様子を密かに描いてきたことを知り、彼に改造させたが、西明寺は祇園精舎《ぎおんしょうじゃ》をモデルにしたものであると伝える。天平十六年十月の道慈の卒伝《そつでん》や「大安寺碑文」も、彼が大安寺造営を主導したことを記す。先の平城移転記事は移転工事の開始を示すものであろうが、長期を要した造営途中で伽藍の設計に計画変更があったのであろう。

大安寺は左京六条四坊から七条四坊にかけて、一五町に及ぶ広大な寺地を有した。中心伽藍や僧房《そうぼう》は左京六条四坊の南西部にあり、東西両塔からなる塔院は、前者とは六条大路を挟んで南側の七条四坊の北西部を占めた。塔が二基あり七条に塔院として独立していることが、道慈の計画変更によるかと推測されている（太田博太郎　一九七九）。

六条大路の北側に南大門《なんだいもん》が開き、その北に中門《ちゅうもん》と金堂が複廊《ふくろう》で結ばれ、さらに北に講堂《こうどう》が位置する。『資財帳』によれば僧房は一三棟もあり、講堂の三方のみならず、中門・金堂の東西にも置かれた。そして東西の大房は長さ二七丈四尺五寸（約八二・三㍍）もあるように、いずれも大規模であり、多数

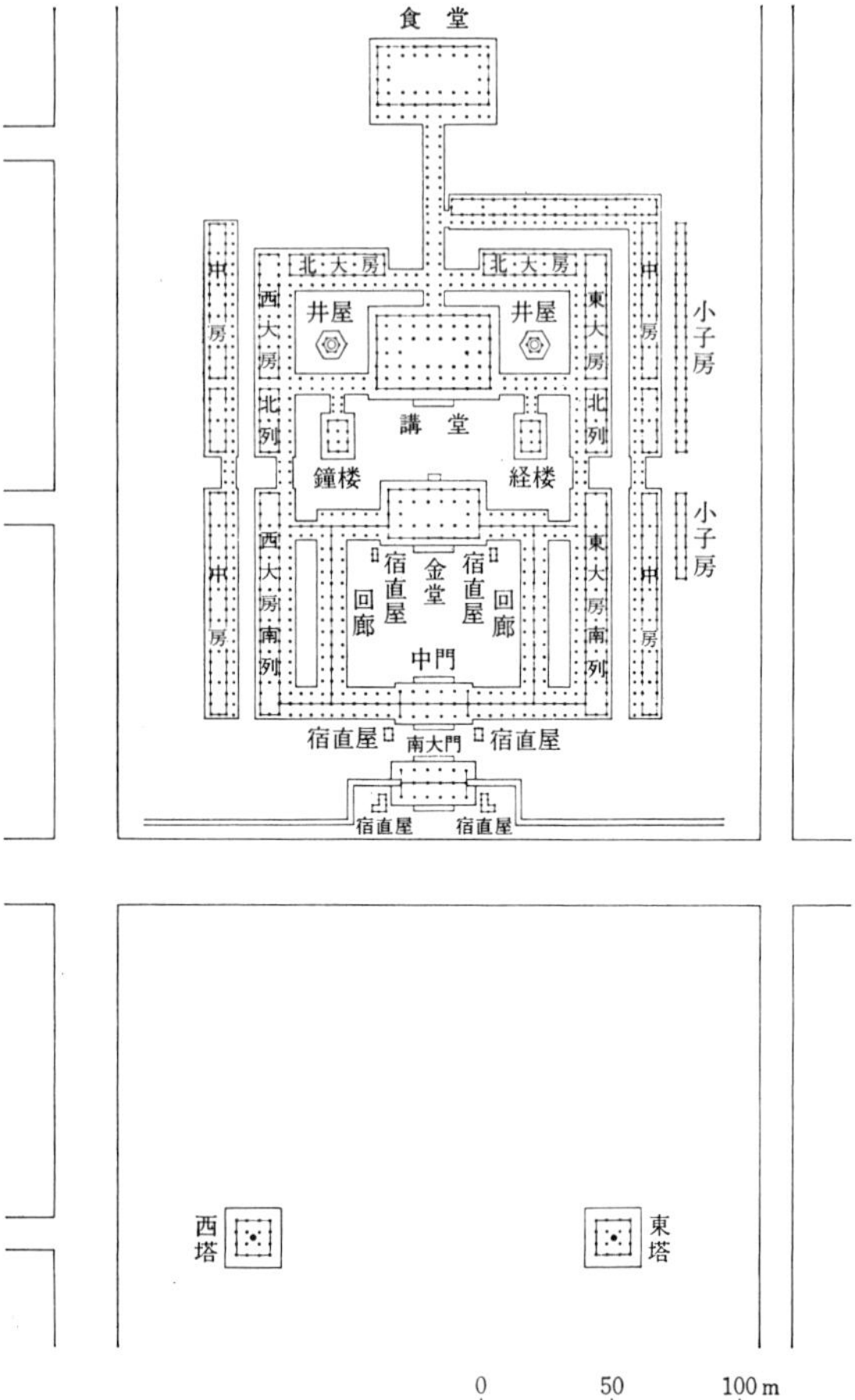

図1　大安寺伽藍復原平面図（太田博太郎　1979）

の僧侶のいたことがうかがえる。東西両塔の基壇が今に残る。『資財帳』には「塔院」の名はあるが、具体的な規模などは書かれていないので、天平十九年当時未完成とみられる。平安後期成立という『七大寺《しちだいじ》巡礼私記《じゅんれいしき》』によれば、当時残る東塔は七重であったが、発掘調査によると西塔初層は約一二㍍四方もあり、七重塔にふさわしい。ただ瓦からは西塔の創建時期は、東塔（八世紀中頃）よりかなり遅れ、八世紀末から九世紀初頭まで下るようである（奈良市教育委員会『奈良市埋蔵文化財調査概要報告書　平成一四年度』二〇〇六年）。この大規模な七重塔は百済大寺・大官大寺以来の伝統を引き継ぐものであり、国家寺院にふさわしい。平城遷都後いち早く移転してきたのも、その性格からして当然のことであった。

興福寺

藤原《ふじわら》氏の氏寺《うじでら》である興福寺は、もと鎌足《かまたり》の病気平癒《へいゆ》を願い、鎌足造立の釈迦三尊像《しゃかさんぞんぞう》を安置するため、妻の鏡女王が天智《てんち》天皇八年（六六九）に山背《やましろ》国山階《やましな》に建立《こんりゅう》した山階寺に始まる。都が飛鳥に移ると、寺も高市の厩坂《うまやさか》に移り厩坂寺となり、さらに平城遷都にともない、鎌足の子の不比等が春日に造営して興福寺になったという（『興福寺流記』〈『大日本佛教全書　興福寺叢書第一』〉所引「宝字記《ほうじき》」）。

興福寺が造られた年次については、昌泰《しょうたい》三年（九〇〇）の『興福寺縁起』が和銅三年（七一〇）に「都を平城《なら》に定む。是に太政大臣《だいじょうだいじん》（藤原不比等）先志を相承《あいう》け、春日の勝地《しょうち》を簡《えら》び、興福の伽藍を立つ」とし、また『扶桑略記』も同年三月建立と伝える。しかしその年紀は平城遷都のものであり、遷都にともなって興福寺を営んだということを意味し、その時に造営が開始されたとは必ずしもいえまい。

興福寺の寺地は左京の東への張り出し部、いわゆる外京《げきょう》の中に位置し、左京三条七坊にあたる。同寺中金堂《ちゅうこんどう》における発掘調査では、三条条間南小路をこわして伽藍を造営していることがわかり、まずは条坊道路が施工された後に興福寺の伽藍が設定されたことを物語っている。しかも小路で用いられている尺度が小尺《しょうしゃく》であることから、和銅六年（七一三）年以後の敷設であると理解されている（奈文研編『興福寺　第一期境内整備事業にともなう発掘調査概報』Ⅱ　興福寺　二〇〇〇年）。おそらく不比等最晩年の事業として、遷都時から平城京を見渡せるような小高い外京の「勝地」での造営を計画し、遷都にやや遅れて造営が始まったのであろう。

ところで養老四年（七二〇）十月には造興福寺仏殿司《ぞうこうふくじぶつでんし》が置かれた。その年八月に不比等は死去しており、それを受けて国家が関与するようになったのであろう。藤原氏の氏寺でありながら、国家によってその仏殿が造営されているところに、その特殊性をみてとることができる。この仏殿については、北円堂《ほくえんどう》説が有力である（太田博太郎　一九七九）。伽藍は次に述べるように順次整備されていった。

興福寺の寺地は左京三条七坊を中心とするが、その面積については『興福寺流記』所引の「宝字記」は十六町、「延暦記」は二十町とするが、どこまでを寺地の中に含むかで違いが出た可能性がある。中心伽藍は三条七坊の南西部にあった。三条大路から少し北に入って南大門が開き、中門と中金堂が回廊《かいろう》で結ばれ、その北に講堂が置かれ、その周囲に三面僧房が並ぶ。中金堂の東には、東金堂とその南の五重塔が、西には西金堂があり、その北に北円堂が位置する。

このように金堂が三棟あるが、その規模や配置が整然としたものでないのは、当初からの計画ではなく順次追加して造られたからである。当初計画された中金堂の本尊は山階寺《やましなでら》以来の丈六の釈迦像だが、そこに安置された弥勒浄土変《みろくじょうどへん》の群像は、不比等の妻の橘三千代《たちばなのみちよ》が、養老五年八月の不比等一周忌に向けて造ったものである。

他の建物はいつか。北円堂は元明上皇《げんめいじょうこう》と元正《げんしょう》天皇が右大臣長屋王《ながやおう》に勅して、やはり不比等の一周忌に造らせたものである。造仏殿司の造営殿舎を北円堂とみる説も、この時期的近似による。次に東金堂は、神亀《じんき》三年（七二六）七月に聖武天皇が元正上皇の病気平癒のために作成した薬師三尊像を本尊とする。したがって東金堂自体もその頃の造営であろう（太田博太郎　一九七九）。五重塔は天平二年（七三〇）四月二十八日に光明皇后《こうみょうこうごう》が発願したものである。そして西金堂は、そこに安置された丈六《じょうろく》釈迦三尊像などは、天平五年正月に亡くなった母の橘三千代の菩提《ぼだい》のために、翌年正月十一日の一周忌に間に合うように光明皇后が作ったものである。したがって西金堂自体、その時の建立である。いま興福寺に残る仏像の中で最もよく知られている阿修羅《あしゅら》像は、西金堂に置かれた八部衆《はちぶしゅう》の一つである。

図２　興福寺中金堂跡と五重塔・東金堂

興福寺の伽藍はこのように、藤原不比等と妻の橘三千代、娘光明子《こうみょうし》、それに孫の聖武天皇、および聖武への中継ぎとして即位した元明・元正天皇が建立に関わっている。それに国家が造仏殿司を設置してもいる。すなわち藤原氏の氏寺と国家寺院の両方の性格をあわせもっており、両者をつなぐのが不比等につながる天皇・皇后らであった。

平安時代になると弘仁《こうにん》四年（八一三）に藤原冬嗣《ふゆつぐ》が南《なん》

円堂《えんどう》を造営し、いっそう伽藍が整備されたが、その後たびたび火災に遭った。とりわけ治承《じしょう》四年（一一八〇）十二月の平重衡《たいらのしげひら》による南都焼き討ちによる被害は大きく、完全に焼失したところである。たび重なる被災を受けた興福寺だが、中金堂は七度の火災に遭いそのつど再建されているところに、藤原氏の力を見ることができよう。現在中金堂の伽藍復興計画が進行中である。

なお三条大路を挟んで興福寺の南に位置する猿沢池《さるさわのいけ》は、平城京出土木簡《もっかん》に「山階寺南花薗池」と見える。したがって四条七坊の北辺は、花薗《はなぞの》として興福寺に属する地であったことがわかる。

元興寺

『続日本紀』で大安寺と間違われた元興寺だが、その移転については養老二年（七一八）年九月に「法興寺《ほうこうじ》を新京に遷す」と記される。法興寺は飛鳥寺のことである。飛鳥寺は蘇我馬子《そがのうまこ》によって造られたわが国初の寺院であり、推古《すいこ》天皇四年（五九六）にできあがった。蘇我氏の氏寺ではあるが、大化《たいか》元年（六四五）の蘇我蝦夷《えみし》・入鹿《いるか》討滅後も衰えず、天武天皇九年（六八〇）四月には、二、三の国の大寺を除いて官司《かんし》が治めてはならないとしながらも、飛鳥寺はこれまでも官司が治めてきたという実績と功績により、特に官治の寺となった。

さて養老二年移転であれば大安寺におくれること二年だが、法興寺の移転はほかの諸寺より遅くなったようである。貞観《じょうがん》四年（八六二）年八月二十五日太政官符《だいじょうかんぷ》（『類聚三代格《るいじゅうさんだいきゃく》』）は、「去る和銅三年、帝都平城に遷りし日、諸寺随《したが》いて移」ったが、「件《くだん》の寺独り留まる」とする。件の寺とは本元興寺《もとがんごうじ》、すなわち元興寺の前身である法興寺である。官符は続けて「朝庭更に新寺を造り、其の移らざる闕《けつ》に備う。所謂《いわゆる》元興寺是なり」と説明する。移転の遅延はもとは蘇我氏の氏寺であったことによるかもしれないが（太田博太郎　一九七九）、元興寺は国家によって造営されたのである。

さて元興寺の寺地は記録を欠くが、中心伽藍は外京の左京四条七坊から五条七坊にかけて広がる。四条七坊では北辺は先述のように興福寺の花薗の地であり、それ以南と五条七坊北辺の西半部の八町を占めたとみられる（太田博太郎　一九七九）。南大門は五条の条間北小路に開き、中門から伸びる回廊は講堂に取りつき、金堂を囲いこむ。僧房は講堂の北に、東西方向に建つ。塔は敷地東南隅にあり、五重塔であった。

現在の元興寺極楽坊《ごくらくぼう》の本堂と礼堂《らいどう》は、東室南階大房《ひがしむろのなんかいだいぼう》という僧房が鎌倉時代に改造されたものである。奈良時代に智光《ちこう》が夢に感得して描かせたという浄土図《じょうどず》（智光曼荼羅《ちこうまんだら》）が、彼の住んだと伝える東室南階大房に納められ、そこが平安時代後期には極楽房と称され、浄土信仰の念仏道場として、元興寺とは別の独立した寺院になったのである（太田博太郎　一九七九）。

薬師寺

薬師寺はもと天武天皇が九年（六八〇）十一月に、皇后の病気平癒を願い発願したものである。したがって国家寺院である。持統天皇二年（六八八）正月には薬師寺で無遮大会《むしゃだいえ》を行っているから、天武天皇の死後になってある程度できあがり、文武天皇二（六九八）年十月には構作がほぼ完了した。それは橿原《かしはら》市城殿《きどの》町の本薬師寺であり、天武朝に造営工事の始まった藤原京の右京七条二坊にあたる。金堂と東西両塔の基壇・礎石《そせき》が残る。

図3　薬師寺東塔

薬師寺の藤原京から平城京への移転について『続日本紀』は何も語らないが、醍醐寺本『諸寺縁起集』の引く「薬師寺縁起」は、元明上皇が養老二年（七一八）に移したと伝える。しかし平城京の薬師寺境内の井戸跡から出土した「千字文《せんじもん》」の習書《しゅうしょ》木簡には、「霊亀二年三月」の年紀があり、すでに霊亀二年（七一六）には造営が始まっていたことがうかがえる。造営は造薬師寺司が担った。『扶桑略記』には天平二年（七三〇）三月二十九日に東塔の建造が開始されたとある。舎利《しゃり》は西塔に安置されていたから、その建立は東塔より早かったであろう（太田博太郎　一九七九）。

ところで藤原京からの移転は、伽藍や仏像自体の移転なのか、それとも寺格の移転であり平城京で新造されたのかという論争が長く続いた。平城京薬師寺の東塔や薬師三尊像などは白鳳《はくほう》文化の遺産か天平文化の成果かという、建築史・美術史にも関わる議論であった。しかし一九九〇年代に行われた本薬師寺での発掘調査は、金堂や東塔が平城京薬師寺の金堂や西塔とほぼ同じ規模・構造であったのに対し、両寺の中門や回廊は異なっていること、両寺の創建瓦が異なっていること、本薬師寺では奈良時代の瓦も出土し移築の痕跡がないことなどの重要な事実を明らかにした。藤原京の薬師寺（本薬師寺）は奈良時代以後も存続したのであり、平城京の薬師寺は本薬師寺を範に新築されたものであった（花谷浩「本薬師寺の発掘調査」『仏教芸術』二三五、一九九七。大橋一章「薬師寺の創立と移転」大橋・松原

智美編著『薬師寺千三百年の精華』二〇〇〇、里文出版)。

平城京薬師寺の寺地は「薬師寺縁起」によれば、右京六条二坊の東辺を除いた一二町を占める。そのうち中心伽藍は西南隅の四町である。六条大路に開く南大門のすぐ北にある中門から左右に伸びる回廊は講堂に取りつき、その中に金堂と東西二基の塔が配される。各層に裳階《もこし》のつく三重塔である東塔は創建以来のものであるが、ほかはいずれも天延《てんえん》元年(九七三)二月をはじめとするたび重なる火災や地震により失われた。近年の再建事業により伽藍が復元されている。

諸寺の京内配置

若干の時期的先後はあるが、ほぼ遷都にともなって造営された寺院を見てきた。大安寺・薬師寺・興福寺・元興寺である。そこには共通点を見て取れる。第一にその起源を見ると、大安寺と薬師寺は天皇による発願で造営された国家寺院であり、興福寺と元興寺はそれぞれ藤原氏と蘇我氏が創建した氏寺に起源をもつが、ともにそれにとどまらず国家が関与するようになっている。つまり四寺ともに国家寺院の性格を有していたのである。

第二にいずれも平城京で新造されたのではなく、藤原京や飛鳥に前身寺院があるということである。有力な藤原京十条十坊説に従えば、飛鳥寺も京内に含まれ、左京十条三坊の地にあたる。また興福寺の前身である厩坂寺は、明確な位置は不明だが右京の九条二坊ないし三坊付近にあたろう。すなわちいずれも藤原京内にあったとみられる。

次に各寺院の京内での位置を見ると、その起源にしたがって違いが見えてくる。すなわち国家により創建された寺院を前身とする大安寺は左京六・七条四坊、薬師寺は右京六条二坊であり、ともに六条大路に南大門が開く。すなわち宮の南方に、ほぼ左右対称に配置されている。藤原京においてもそれぞれの前身寺院は、左京八条二坊、右京七条二坊というように宮の南方の左右に置かれ、その位置をほぼ踏襲するような形で平城京に移転されたのである（岸俊男「飛鳥から平城へ」『日本古代宮都の研究』一九八八、岩波書店）。それによって伝統的国家寺院が左京・右京にそれぞれ置かれ、京内を鎮護したわけである。

それに対し氏寺に起源する興福寺と元興寺は、左京三条から五条の七坊といういわゆる外京に位置する。ここに先の二寺との大きな違いを見て取れる。他の都城にない外京の存在理由については、両寺を置くための区域であるとの説が魅力的である（山中章「律令国家形成過程の古代王権」広瀬和雄・小路田泰直編『日本古代王権の成立』二〇〇二、青木書店。井上和人「古代都城建設の実像」『日本古代都城制の研究』二〇〇八、吉川弘文館）。

2　その後の寺院建立

東大寺

まず聖武天皇の時代には、東大寺と法華寺が造られた。聖武天皇は天平十五年（七四三）十月に滞在中の紫香楽宮《しがらきのみや》において盧舎那仏《るしやなぶつ》造立の詔《みことのり》を出し、近くに開いた甲賀寺《こうかでら》で造営が開始された。そして翌年十一月には盧舎那仏の体骨柱を立てるまでに至り、翌天平十七年正月に紫香楽宮が新京と位置づけられたが、その年の五月にふたたび平城京に都を戻した。これにより紫香楽での大仏造営は中止され、改めて平城の地で再開されることになった。

平城京の東郊に広大な寺地を有する東大寺の地には、その前身となるいくつかの寺院があった。その主要なものが山房《さんぼう》である。神亀五年（七二八）年十一月に智努王《ちのおう》を造山房司長官に任じ、智行僧《ちぎょうそう》九人を選んで山房に住まわせたことに遡る。聖武天皇と夫人光明子との間に前年閏《うるう》九月に誕生し、十一月には早くも皇太子になった皇子基王《もといおう》が、この年九月に亡くなったことを受け、その菩提を弔うための山房、山林寺院である。それは後に金鐘《こんしゅ》（鍾）寺《じ》といわれるようになった。

東大寺境内には他にも、天平十年頃に皇后宮職《こうごうぐうしき》により造営が始まった福寿寺《ふくじゅじ》があった。また『東大《とうだい》寺《じ》要録《ようろく》』巻四には、和銅元年（七〇八）に行基《ぎょうき》が創建した天地院《てんちいん》、天平五年造営の羂索院《けんじゃくいん》、辛国行者《からくにぎょうじゃ》のいたという辛国堂などが見える。さらに天平勝宝《しょうほう》八歳（七五六）「東大寺山堺四至図《さんがいしいしず》」には香山堂《こうざんどう》や破損により寺名が見えないが大伴寺《おおともでら》という山林寺院が描かれている。吉川真司氏によると、金鐘寺は、二月堂の北方、丸山の西斜面に作られた平坦地、福寿寺は現在の三月堂付近、辛国堂は戒壇院《かいだんいん》地区にあった。そして天平十四年七月、金鐘寺と福寿寺は統合され、金光明寺《こんこうみょうじ》となったという（吉川真司「東大寺の古層」『南都仏教』七八　二〇〇〇）。それは大和国《やまとのくに》の国分寺《こくぶんじ》として位置づけられたことを意味する。そして平城還都後、盧舎那仏はこの金光明寺で造営されることになり、天平十九年九月に鋳造《ちゅうぞう》が始まった。天平二十年には造東大寺司が設けられたように金光明寺は東大寺と改称され、ほかの前身寺院も編入して大規模な寺地の整備が行われたのである。

南大門を入ると左右に、高さ三三丈余（約一〇〇㍍）もある七重の東塔と西塔がそびえ（『東大寺要録』巻二所引「大仏殿碑文」）、正面の中門から出た回廊は金堂（大仏殿）につながるとともに、さらに北へも伸びて金堂を取り囲む。その北に講堂と三面僧房が位置する。金堂は東西二九丈、南北一七丈、高さ一五丈六尺と大規模で、その中に五丈三尺五寸の大仏が鎮座していた（同上）。大仏殿の西には戒壇院が、その北には正倉院《しょうそういん》が位置する。

図4　東大寺大仏殿

東大寺は治承四年の兵火で二月堂や正倉院など、ごく一部の堂宇《どうう》を除き、灰燼《かいじん》に帰した。その後の俊乗房重源《しゅんじょうぼうちょうげん》による復興事業はよく知られているところである。しかしその後も幾度か火災に遭い、永禄《えいろく》十年（一五六七）の兵火で大仏殿は焼失し、大仏も大きな被害を受けた。その後公慶《こうけい》による再建が進められ、現在の大仏は元禄《げんろく》五年（一六九二）に開眼供養《かいげんくよう》を迎え、大仏殿は宝永《ほうえい》六年（一七〇九）に落慶《らっけい》供養が行われたものである。

法華寺

法華寺は天平十七年（七四五）五月に聖武天皇が都を平城京に戻した時、旧皇后宮を宮寺としたことに始まる。それは平城宮に東接する旧藤原不比等邸である。旧皇后宮とあることから天平元年の立《りつ》后《ごう》以来、光明皇后の宮がそこにあったと考えられてきたが、二条大路木簡の出土により皇后宮は左京三条二坊の長屋王邸跡地に営まれていたことが判明した。したがって右の記事は現在の皇后である光明子が、かつて立后前に住んでいた所を宮寺にしたと、読むべきである（奈文研編『平城京左京二条二坊・三条二坊発掘調査報告』一九九五）。彼女は霊亀二年（七一六）に一六歳で首《おびと》皇子（のちの聖武）と結婚して以来、不比等邸に住み続けていたが、天平元年に皇后になるとそこから出て左京三条二坊の地に皇后宮を営んだ。そして還都後にふたたび旧不比等邸に入ったとみられるのである。

図5　法華寺本堂

こうして天平十七年に旧不比等邸を宮寺にし、皇后宮も置かれたが、そこは正倉院文書によれば同十九年正月までには法華寺と呼ばれるようになった。そして天平勝宝元年（七四九）七月には『続日本紀』に「大倭国《やまとのくに》法華寺」と見えるように、大倭国の国分尼寺《こくぶんにじ》の位置づけを与えられたのである。当然国家寺院であり、特に皇后宮職も関与したであろうが、その造営には造法華寺司があたった。

ところで建長《けんちょう》五年（一二五三）の修造の際に金堂三尊の台座下から、金の札や鏡・剣・金銀の宝物・水晶・真珠などが見つかった。金の札には天平宝字三年（七五九）十二月二十三日の日付と、光明子が聖武と父母のために「居宅を捨て以て伽藍を建」てた旨の銘文が書かれていた（『法華滅罪寺縁起《めつざいじ》』及び『法隆寺旧記類聚《きゅうきるいじゅう》』第六所収「金版銘」、いずれも『大和古寺大観　五　秋篠寺　法華寺　海龍王寺　不退寺』一九七八、岩波書店）。これは金堂造営の鎮壇具《ちんだんぐ》であるから、造営時期を物語る。光明皇太后は翌四年六月に亡くなる。金堂は創建からはかなりおくれ、光明子最晩年に造られたのである。

また法華寺の西南には、天平宝字《ほうじ》五年六月に行われる皇太后の一周忌の法会《ほうえ》をめざして、阿弥陀浄土院が造られた。付近には「浄土院」「浄土尻」の小字が残り、水田中に立石も見える。発掘調査では池が見つかっており、浄土庭園を有する寺院であった（奈文研『奈良国立文化財研究所年報』二〇〇〇—Ⅲ　二〇〇〇）。

法華寺の寺域は平城宮東院に東接する左京一条二坊から二条二坊にわたり、西南部の二条二坊十坪が阿弥陀浄土院になる。十坪と十五坪の間の南辺で、阿弥陀浄土院を含めた法華寺全体の南門跡が見つかっている（奈文研『同右』一九九八—Ⅲ　一九九八）。奈良時代の正確な伽藍配置は不明だが、現在の南門のすぐ南に講堂、その南に金堂があったとみられる。中門の南の東西に二基の塔があった（菅家本『諸寺縁起集』中の「法花寺」）。なお法華寺東辺では東二坊大路がカギ状に東へ曲がっている。これはそこに海龍王寺（角寺《すみでら》・隅寺）が平城遷都以前から位置していたため、条坊道路を通せなかったためと考えられている。同寺は旧不比等邸の東北隅に取りこまれたため、隅寺と呼ばれるようになった（福山敏男　一九七八）。

新薬師寺

新薬師寺は天平十九年（七四七）三月に光明皇后が病気の聖武天皇のために創建し、七仏《しちぶつ》薬師像を造立したものである（『東大寺要録』巻一本願章第一）。それは平城京の東の京外、東大寺の南方にあたる。別名を香薬寺《こうやくじ》といい、仏殿《ぶつでん》（金堂）は九間で七仏浄土七軀がおかれた（『同右』巻六末寺章第九）。この仏殿の姿は天平勝宝八歳（七五六）「東大寺山堺四至図」にも描かれ、「新薬師寺堂」と記されている。それに先立つ同三年十月には聖武太上天皇の病気平癒を祈り、新薬師寺で四九人の賢僧に続命法《ぞくみょうほう》によって行道《ぎょうどう》させているから、その頃には完成していたことがうかがえる。なお「同図」で山中に描かれた香山堂、「延暦僧録《えんりゃくそうろく》」（『東大寺要録』巻一本願章第一所引）の光明皇后伝に皇后が造営したと伝える香山寺と、香薬寺（新薬師寺）との異同については諸説ある（西川新次「新薬師寺の歴史」『大和古寺大観四　新薬師寺 白毫寺 円成寺』一九七七、岩波書店）。

図6　新薬師寺本堂

右の光明皇后伝によれば、香薬寺には九間の仏殿のほか、二基の塔、一〇〇余人の僧の住む僧房などがあった。しかし西塔は宝亀十一年（七八〇）正月に落雷のため焼失している。現本堂は右の仏殿ではなく、奈良末から平安時代初頭頃の創建とみられる。なお近年の調査で、奈良教育大学の敷地内で大規模な基壇が見つかり、九間仏殿跡かとみられている。

図7　唐招提寺講堂

唐招提寺

唐招提寺は鑑真《がんじん》の寺である。鑑真は苦難の末に天平勝宝五年（七五三）に薩摩《さつま》に来着し、翌年二月に入京、四月には東大寺大仏殿の前に戒壇を築き、聖武・光明子・孝謙《こうけん》らに授戒《じゅかい》した。その後大仏殿の西に戒壇院を造営し授戒師として活躍したが、故新田部《にいたべ》親王の旧宅を与えられて唐招提寺を創建し、天平宝字三年（七五九）八月にはそこに移った（『唐大和上東征伝《とうだいわじょうとうせいでん》』）。

「招提寺建立縁起」（醍醐寺本『諸寺縁起集』）は、寺地を右京五条二坊の四町とする。しかし金堂・講堂を中心として、その東の塔跡、西の戒壇院の両方を含むと四町では納まらなくなり、問題が残る。南大門の北に中門、金堂、講堂が並び、中門と金堂が回廊で結ばれる。講堂の東西に僧房、北に食堂《じきどう》がある。金堂・講堂は奈良時代以来のものが今に残り、宝蔵《ほうぞう》・経蔵《きょうぞう》の二棟の校倉造《あぜくらづくり》の倉も奈良時代に造られたものである。経蔵は新田部親王旧宅以来のものとみられる。また講堂は平城宮朝集殿《ちょうしゅうでん》を施入《せにゅう》したものである（「招提寺建立縁起」、『扶桑略記』天平宝字三年八月三日条）。解体修理によってもとは南北棟であったこと、壁・扉・連子窓《れんじまど》を付け加えたことや、現在の屋根は入母屋造《いりもやづくり》だが以前は切妻造《きりつまづくり》だったことなどがわかり、東朝集殿を移築したものであることが確認された。

また金堂は鑑真弟子の如宝《にょほう》が建立したが（『招提寺建立縁起』）、その時期は諸説あった。しかし二〇〇〇年以来の解体修理の際、部材の年輪年代測定により天応《てんのう》元年（七八一）伐採との結果が出、かなり時期の下がることが明らかになった（前園実知雄「考古学から見た唐招提寺の創建と金堂の建立」『仏教芸術』二八一　二〇〇五）。塔は弘仁元年（八一〇）年四月に江沼臣小並らを派遣して建立させたので（『日《に》本紀略《ほんきりやく》』）、国家による創建である。

西大寺

西大寺創建の事情は宝亀《ほうき》十一年（七八〇）『西大寺資財流記帳』が語るところによると、天平宝字八年（七六四）九月十一日に孝謙上皇が金銅四王像と寺院の造営を発願したことに始まる。恵美押勝《えみのおしかつ》の乱勃発の日であり、乱の鎮圧を四天王に祈るものであった。翌天平神護《じんご》元年（七六五）から造営が始まり、二年十二月には上皇が重祚《ちょうそ》した称徳《しょうとく》天皇が西大寺に行幸《ぎょうこう》しているので、四天王を納める四王院は完成したとみられる。

しかるにその後、神護景雲元年（七六七）二月に造西大寺長官佐伯今毛人《さえきのいまえみし》らを任じ、造西大寺司が発足している。これは寺地の拡大を図ったものとみられる。そして同三年四月に称徳が西大寺に行幸し、佐伯今毛人らへの叙位を行っているのは、造営が一段落したことを示す。西大寺には薬師金堂と弥勒金堂という二つの金堂があり、称徳死後の宝亀二（七七一）年十月に造営にともなう授位が行われた兜率天堂《とそつてんどう》は弥勒金堂のことだから、今毛人らの叙位は薬師金堂の完成によるとみられる（太田博太郎　一九七九）。また宝亀三年四月には西塔への落雷が記録されているので、その頃には伽藍が一応できあがったようである。

西大寺の寺地は『流記帳』によると、右京一条三坊・四坊の三一町を占める。二つの坊なら三二町だが、一町少ないのは東北角の一町分（一条三坊一坪）を喪儀寮《そうぎりよう》が占めていたからである。さらに「山陵八町を除く」との記載もある。これでは二つの坊だけでは三一町を確保できなくなるため、北に右京が張り出すいわゆる北辺坊へ寺地が広がっていたとの説もある。しかし三一町は前述の寺地拡大時点でのものであり、山陵はその後『流記帳』が作成された宝亀十一年までの間に築造され、その結果寺地から除かれたと考えられる。そうであるなら山陵は、西大寺を発願し宝亀元年に死去した称徳天皇のものである。山陵の場所は右京一条四坊の北半部から北へ広がっていたのであろう（舘野和己　二〇〇五）。

さて、西大寺の中心伽藍は右京一条三坊にあり、『流記帳』や鎌倉時代の「西大寺敷地図」などから、一条南大路に開く南大門を入ると東塔・西塔があり、その北に中大門を挟んで薬師金堂と弥勒金堂が南北に並ぶ金堂院、東には四王堂のある四王院、西には十一面堂院があったとみられる（太田博太郎　一九七九）。講堂はない。現在の四王堂は古代以来の位置を踏襲し、また東塔の基壇が残る。両塔の発掘で、径二六・七㍍（九〇尺）の八角形基壇が造営途中で、一辺一七㍍の四角形基壇に変更されたことが明らかになった。当初は東大寺の塔（径約八〇尺）に匹敵する規模で計画されたが、実際に造営されたのは高さ一五丈であった（『流記帳』）。『日本霊異記《にほんりょういき》』下巻三六縁に藤原永手《ながて》が「西大寺の八角の塔を四角に成し、七層を五層に減じき」と語られていることを裏づけたわけである。

西隆寺

現在はまったく痕跡を残していない古代寺院の一つに西隆寺《さいりゅうじ》がある。その造営の縁起を直接語る史料はないが、西大寺におくれること半年の神護景雲元年（七六七）八月に、恵美押勝の乱平定に関与したらしい伊勢老人《いせのおきな》が造西隆寺長官に任命されていること、西大寺の東に隣接していたこと、西大寺が僧寺であるのに対し尼寺であることなどから、両寺は一体のものとして造営されたとみられる（舘野和己　二〇〇五）。東大寺・法華寺と深い関係にあった恵美押勝の政策に対抗して、称徳天皇と道鏡によって両寺造営が推進されたのである（岸俊男『藤原仲麻呂』一九六九、吉川弘文館）。宝亀二年（七七一）八月には寺印を頒布されているから、その頃には一応完成したのであろう。

寺地は長安《ちょうあん》三年（一二三四）「大和国南寺敷地図帳案」（『平安遺文』二三〇二号）や、鎌倉時代の「西大寺往古敷地図」「西大寺敷地図」（『西大寺古絵図は語る』二〇〇二、奈良国立博物館）、それに発掘調査によって、右京一条二坊西北隅の四町を占めたことが判明している。伽藍配置はやはり鎌倉時代の「西大寺敷地之図」（同上）や元禄十一年（一六九八）「西大寺伽藍絵図」（同上）などに描かれ、後者では南大門の北に中門、金堂、講堂があり、中門から伸びる回廊が講堂に取りつき、その東南方に塔が位置する。しかし発掘調査によれば、複廊の回廊は金堂を囲んで閉じ、講堂は確認されていない。塔は図の通りの位置で、寺地の東北部に食堂院がある（西隆寺調査委員会『西隆寺発掘調査報告』一九七六）。しかし同寺は十三世紀中頃までには廃絶してしまった。

その他の寺々

以上、本節では奈良時代中頃以降に造営された寺院を中心に見てきたが、平城京には他にも多数の寺院があった。左京から見ていく。文人として有名な石上宅嗣《いそのかみのやかつぐ》の薨伝《こうでん》によると、宅嗣はその住宅を阿閦寺《あしゆくじ》とし、その一隅には漢籍を蔵した芸亭《うんてい》も造ったという（『続日本紀』天応元年六月辛亥条）。その時期は天平宝字五、六年のこととみられ、法華寺東方の二条三坊にあったらしい。宝亀七年（七七六）には、佐伯麻毛利《まもり》と今毛人の兄弟が左京五条六坊の土地を東大寺と大安寺から購入し、氏寺の佐伯院《さえきいん》（香積寺《こうしやくじ》）を造営している（延喜五年七月十一日「佐伯院付属状」〈『平安遺文』一九二号〉など）。その四至記事により、佐伯院の西には葛木寺《かつらぎ》があったことがわかるが、これは尼寺であった（『日本霊異記』中巻二三縁）。また左京五条七坊には紀寺があった。今も紀寺の地名が残り、璉城寺《れんじようじ》がその後身と伝える。なお紀寺《きでら》の前身は明日香村木寺の地で天智天皇頃に創建されたとみられる（福山敏男　一九七八）。また『日本霊異記』中巻四二縁には穂積寺《ほづみでら》の名が見え、九条四坊付近にあったとみられる（福山敏男　一九七八）。また同巻一四縁に見える服部堂《はとりどう》は服寺《はとりでら》ともいい（『七大寺巡礼私記』興福寺西金堂条）、左京九条三坊四坪付近に比定されている（福山敏男　一九七八）。

一方右京を見るとまず禅院寺《ぜんいんじ》があげられる。『続日本紀』に見える僧道照（昭）の薨伝によると彼は唐から帰朝後、法興寺（飛鳥寺）の東南禅院に住んだが文武天皇四年（七〇〇）三月に死去した。そして平城遷都にともない道照の弟や弟子が新京に禅院を移し造ったのが、平城右京の禅院であり、和上将来の多数の経論《きようろん》を有していたという。それは禅院寺ともいわれ（『日本三代実録』元慶《がんぎよう》元年十二月十六日壬午条）、右京四条一坊にあった（薬師寺「仏足石記《ぶつそくせきき》」）。三条三坊九・十・十四〜十六坪を占めた菅原寺（喜光寺）は行基によって養老六年（七二二）に起工された。行基は天平勝宝元年（七四九）二月に遷化《せんげ》したが、それは菅原寺東南院においてであった。同寺の西岡にはやはり行基建立の長岡院《ながおかいん》があったと伝える（以上、「行基年譜」）。また右京九条一坊辺りには観世音寺《かんぜおんじ》があり、奈良時代に重要な経典を蔵する寺の一つであった（福山敏男　一九七八）。長屋王家木簡にもその名が現れ、長屋王家との密接なつながりが想定される（奈文研編『平城京木簡二』一七三三・三四号木簡）。さらに藤原氏と関係が深い殖槻寺《うえつきでら》もある。その位置は九条三坊付近に比定される（福山敏男　一九七八）。

図8　秋篠寺本堂

　また右京北郊には秋篠寺《あきしのでら》があった。その初見は宝亀十一年（七八〇）六月である。大同《だいどう》三年（八〇八）七月に秋篠寺の木工長上一人を、西大寺・法華寺とともに停止しているから、国家によって造営された寺であるとわかる。大同元年四月には、三月に崩御《ほうぎょ》した桓武《かんむ》天皇の五七の斎《さい》を大安寺と秋篠寺で行っているから、寺格の高さがうかがえる。保延《ほうえん》五年（一一三九）撰とする「秋篠寺縁起」（史料纂集古文書編『福智院家文書一』）は、光仁・桓武という二人の天皇の勅願で、宝亀十一年の開基と伝える。

　二節にわたって見てきたように、平城京に造られた寺院の数は多かった。造営主体は国家、特定の氏、あるいは僧侶・知識（禅院寺・菅原寺）など、さまざまであった。またそれらの寺院の中には大安寺・元興寺・薬師寺・禅院寺や紀寺のように飛鳥・藤原から移ってきたものも多くあったのである。しかしそうしたいわれのわかるものは少ない。「はじめに」で述べたように、遷都後わずか一〇年ですでに都下四八寺といわれたように多数造られた寺院の大半は、史料がまったく残っていず名称さえわからないのである。

3　寺院の役割

七世紀の仏教

平城京に造られた寺院はどのような役割を果たしたのか。律令制下の仏教は国家仏教と評価されることが多い。そして国家によっていくつもの寺院が造られ、天皇、国家の安寧を祈る法会をそこで行っていることからすれば、その評価も妥当といえるであろう。

ところで七世紀の仏教を『日本書紀』によりふり返ってみると、推古十四年（六〇六）四月に法興寺に丈六金銅仏を安置した日に設斎《せっさい》（僧らに食事を供する法会）を行ったが、以後、諸寺でも四月八日の仏誕会《ぶったんえ》（灌仏会《かんぶつえ》）と七月十五日の盂蘭盆会《うらばんえ》に設斎が行われることが恒例となった。そもそも寺は同二年二月に三宝興隆《さんぼうこうりゅう》の詔が出された際に、諸臣らが君親の恩のために競って仏舎を造ったように、各氏が祖先と王権への追善《ついぜん》と報恩《ほうおん》を表すためのものであった。諸臣の祖霊供養と君主への報恩行為が同義に捉えられたのである（古市晃「四月・七月斎会の史的意義」『日本古代王権の支配論理』二〇〇九、塙書房）。そして大化三年（六四七）には新たに定めた七色十三階の冠を着する場として、重要な儀式や外国使臣への接待時とともに、四月と七月の斎会《さいえ》が定められている。中林隆之氏によると、七世紀後半以後右の二会により、天皇から地方豪族層にいたるまでの支配層全体が重層的に営み、君臣関係を確認する、王権を核とした追善儀礼体系が整備された。一方同時期に護国経典に基づく法会が、宮中・中央寺院・諸国で行われるようになったが、その基軸的位置を占めたのは、金光明経《こんこうみょうきょう》（のちには最《さい》勝王経《しょうおうきょう》）による正月斎会と仁王会《にんのうえ》である。そしてこの二つを基軸とする護国法会の体系は、律令制的な護国法会体系の原型として評価できるという（中林隆之「護国法会の史的展開」『ヒストリア』一四五　一九九四。上川通夫　二〇〇七も参照）。両会は金光明経（最勝王経）と仁王経により鎮護国家を祈る法会であり、奈良時代においても継続されて体制の安寧を祈願した。このように仏教はきわめて政治的な性格を有していたのである。

平城京寺院の役割

平城京寺院の役割を具体的に『続日本紀』に見ていくと、養老四年（七二〇）八月には、右大臣藤原不比等の病気を救うために、都下四八寺で薬師経を読経《どきょう》させている。数の多さからしてその多くは氏寺であり、国家の関与した寺院のみならず、京中の寺院を動員しての読経であった。翌年十二月には元明太上天皇の病気平癒のために、大赦を行うとともに、都下の諸寺に経典を転読《てんどく》させている。そして養老六年十一月には、十二月に京・畿内の諸寺で元明一周忌の斎会を行うよう命じている。このように寺院では、天皇や上皇、重臣の病気平癒祈願や追善供養が行われた。そもそも国家寺院の先駆け的存在である薬師寺は、天武天皇が皇后の病気平癒を願って建立した寺であったし、大官大寺でも、朱鳥《あかみとり》元年（六八六）七月に病気の天武天皇のために観世音経を説いていた。彼らの病や死は国家的危機であったから、これらは国家寺院にふさわしい法会であるが、注目されるのは国家寺院のみならず、それ以外の氏寺も動員したことである。これは寺は君臣関係を確認する法会を行う場であるという七世紀以来の性格が、奈良時代にも続いていたことを物語るのである。

聖武天皇の時代には神亀三年（七二六）八月に、病気の元正太上天皇のために釈迦像を造り法華経を写すとともに、薬師寺で法会を行っているように、前代同様の法会は行われていたが、それ以外の理由による法会も見えてくる。すなわち神亀二年七月、国家の平安のために、諸寺の清浄の維持と金光明経ないし最勝王経の読経を七道諸国に命じている。七道諸国に京は含まれないが、九月には左右京と大倭国の諸寺に、災異を除くために経典を転読するよう詔を出している。ここに「国家平安」「除災異」という抽象的目的が出てきたことは注目される。もちろん『続日本紀』に記録がないからといって、そうした目的の法会がなかったわけではなかろうが、このころからそれが目につくようになる。

天平七年（七三五）五月になると、宮中と京内の大安寺・薬師寺・元興寺・興福寺の四寺で大般若《だいはんにゃ》経《きょう》を転読させているが、それは「消除災害、安寧国家」のためであった。これは四寺という限定された寺院であることと、その目的とで注目される。前日の勅で聖武は、この頃災異が頻《しき》りにおこっている責任は自分にあると述べて、大赦《たいしゃ》と賑給《しんごう》を実施しているが、この年は不作であり、また豌豆瘡《えんどうそう》（天《てん》然痘《ねんとう》）がはやり死者が多数出ていた。経典の転読によって国家の安寧を図るというのは、鎮護国家の仏教にふさわしい。

そうした仏教の性格は、天平十三年三月の国分寺・国分尼寺建立の詔の中にも示される。そこでは『金光明最勝王経』には「若《も》し有らん国土に、この経王を講宣《こうせん》し読誦《どくじゅ》し、恭敬供養《きょうけいくよう》し、流通せんときには、我等四王、常に来たりて擁護せん。一切の災障も皆消殄《てん》せしめん。憂愁・疾疫も亦除差せしめん。所願心に遂げて、恒に歓喜を生ぜしめん」と書かれていると述べ、諸国に七重塔の造営と、『金光明最勝王経』『妙法連華経』の書写を命じるとともに、みずから金字の『金光明最勝王経』を書写することを述べ、それによって「冀《ねが》わくは、聖法の盛り、天地と与《とも》に永く流《つたわ》り、擁護の恩、幽明を被《こうむ》りて恒に満たんことを」と願っている。ここで天皇が仏教に求めたものは明らかであろう。天平年間は災異が続出した時期であり、除災とそれによる国家の安寧を天皇が主導的に祈願したのである。そして国家仏教の最大の現れというべき天平十五年十月の盧舎那仏造立の詔でも、普天の下に法恩を及ぼし、「誠に三宝の威霊に頼《よ》りて乾坤相い泰《ゆた》かにして、万代の福業を脩《おさ》めて動植咸《ことごと》く栄えむとす」という目的を述べているところである。

ところで右の盧舎那仏造営の詔により、紫香楽宮近くの甲賀寺で造営が開始されたが、その後の平城還都にともない大仏は東大寺で造られることになった。盧舎那仏は梵網経《ぼんもうきょう》の本尊であるように、当時梵網経が重視され始めた。上川通夫氏によると、同経では出家者とともに在家者が受持する大乗戒《だいじょうかい》を説いており、国家がそれを採用したのは、支配集団のみならず被支配者層をも仏教受容者に位置づけるという方針転換である。国分寺創建詔にも毎月六斎日《ろくさいじつ》に公私が漁猟殺生を行うことを禁じるという形で現れており、それは在家戒の受持によるいわば全公民の仏教徒化をめざすものであったという（上川通夫 二〇〇七）。ここに支配層による体制維持のためという、七世紀以来の仏教に性格変化が生まれた。聖武は盧舎那仏造営の詔の中で「一枝の草、一把の土を持ちて像を助け造らむ」とする人を知識に動員しようとし、民間で活動していた行基の活動を公認し造仏に協力させたのも、その現れであったのである。

おわりに

奈良の寺院は国家寺院を中心にしつつ氏寺なども国家仏教の中に包摂され、国家の安寧を祈る機能を果たしたのである。国家寺院の中では当初四大寺（大安寺・薬師寺・元興寺・興福寺）が大きな位置を占めたが、東大寺が創建されるとそれが主要な位置を占めるようになり、四大寺から七大寺（四大寺に東大寺・法華寺・新薬師寺か）へと拡大し、さらに時期が下ると唐招提寺・西大寺が加わった九寺が平城京の大寺と位置づけられていった。しかしもちろん、行基が創建した菅原寺のような知識によって造られた寺の果たした独自の役割も、見落としてはならない。特に聖武朝に全公民の仏教徒化をめざすようになると、それらの役割にも変化が出てきたのではなかろうか。後者について具体的に分析することはできなかったが、両者相まって平城京の仏教は展開したのである。

参考文献

太田博太郎　一九七九年『南都七大寺の歴史と年表』岩波書店
上川通夫　二〇〇七年『日本中世仏教形成史論』校倉書房
舘野和己　二〇〇五年「西大寺・西隆寺の造営をめぐって」佐藤信編『西大寺古絵図の世界』東京大学出版会
奈良文化財研究所編　二〇〇三年『奈良の寺』（岩波新書）岩波書店
福山敏男　一九七八年『奈良朝寺院の研究』（初刻は一九四八）綜芸舎
藤田經世　一九七二年『校刊美術史料　寺院篇　上巻』中央公論美術出版
『奈良六大寺大観』全一四巻　一九六八〜一九七三年、岩波書店
『大和古寺大観』全七巻　一九七六〜一九七八年、岩波書店

コラム

大極殿復元

小野健吉

奈良時代の都・平城京の政治の中心であり、また天皇の在所でもあった平城宮。そのなかで、元日朝賀《ちょうが》や外国使節との謁見《えっけん》など、天皇による国家的儀式の場となったのが大極殿《だいごくでん》である。よく知られるように、平城宮の大極殿は奈良時代の前半と後半で、その場所を変える。このうち、奈良時代前半の大極殿、すなわち平城宮の正門・朱雀門《すざくもん》の北方に位置する第一次大極殿の復元建物が二〇一〇年春、竣工した。

平城宮跡保存整備の歴史

平城宮跡の調査の歴史は、江戸時代末の北浦定政《きたうらさだまさ》による測量調査に始まる。明治時代になり、建築史学者の関野貞《せきのただし》が遺存地形から復元的研究を行い、触発された棚《たな》田嘉十郎《だかじゅうろう》など地元有志を中心に保存運動が始まる。そして、一九二二年に平城宮跡は史蹟名勝天然紀念物保存法による史蹟に指定。戦後には文化財保護法による特別史跡に指定される。奈良文化財研究所による平城宮跡の計画的な発掘調査は一九五九年に始まり、ほどなく発掘調査成果に基づいた整備も始まる。一九七八年には、文化庁が『特別史跡平城宮跡保存整備基本構想』をまとめ、「遺跡博物館」としての整備の方向性が示された。このとき、第一次大極殿を中心とする地区は、復元地区として位置づけられ、さらに一九九三年には当初想定した奈良時代後半の状況ではなく、まさに奈良時代前半の第一次大極殿を復元するという方向性が示された。

第一次大極殿復元事業

この方向性を受けて、奈良文化財研究所は、第一次大極殿復元に向けた精緻な建築学的復元考察を始める。実は、第一次大極殿の発掘調査によって得られた考古学的情報は、基壇《きだん》の大きさや階段の位置など、きわめて限られたものであった。建物の基本をなす柱の位置さえ、発掘調査では明らかでなかった。それは、この場所が奈良時代後半に称徳《しょうとく》天皇の西宮《さいぐう》など大極殿とは違う用途で用いられ、それにともなって基壇の撤去を含む地形の改変が行なわれていたからである。

図1　復元第一次大極殿の扁額

まず、柱の位置については、第一次大極殿を移築したとされる恭仁宮《くにのみや》（京都府山城《やましろ》町）の大極殿跡の発掘調査成果をもとに推定された。発掘調査では得られない基壇や建物の構造・意匠については、平安時代末の『年中行事絵巻』に描かれた大極殿の様子や、わが国に現存する古代建築、さらには中国や韓国などの古代建築に関する研究成果などを参考にした考察が進められた。たとえば、木部については、柱・梁《はり》・桁《けた》などの軸組《じくぐみ》（骨格的構造）は法隆寺《ほうりゅうじ》の金堂《こんどう》、柱の上部の組物《くみもの》などの細部は薬師寺《やくしじ》の東塔《とうとう》が参考にされた。とはいえ、建物の部分々々をモザイク的に組み合わせたものでは、決してない。奈良時代に第一次大極殿の建設にあたった計画者・技術者がどのような設計意図で、どのような大極殿を目指したか、今回の復元に関わった建築史研究者や建築技術者が可能な限り一三〇〇年前の彼らと同じ立場に身を置いて、復元考察を行い、設計・施工を進めたのである。

復元事業の実際

第一次大極殿復元は国費で実施される事業であり、基本設計から実施設計、そして施工へと進むコンセプトのディテール化の過程は、各種観点からの綿密な検討が求められる。

実施設計作成までの過程では、建物の強度確認のための土壁耐力試験、五分の一の構造復元模型の製作、屋根廻り瓦試し葺き実物大模型の製作、基礎の免震装置の検討などが行なわれた。これらは、復元される第一次大極殿の安全性・耐久性などの確認のために不可欠の作業であり、その成果は実際の復元に活かされた。

部材や装飾についても、詳細な検討がなされた。たとえば、瓦。大極殿の屋根の延べ面積は二五〇〇平方㍍に及び、そこに葺かれる瓦はおよそ一〇万枚になる。発掘調査で出土した第一次大極殿の瓦の色は、現在一般的な「いぶし銀」とは異なり、黒味を帯びていた。大面積ゆえ、外見上の影響が大きい瓦をおろそかにはできない。結論的にいえば、瓦本体よりも鉄分が多く黒味を帯びた粘土を水に溶き、瓦の表面に塗った後に焼成することで、その色味が実現できた。また、内部の塗装や彩色《さいしき》（壁画）についても各種観点からの検討がなされ、荘厳さを決定づける小壁《こかべ》の彩色には四神《しじん》・十二支の図像を描くことが決定された。このうち四神の具体的な配置については、高句麗《こうくり》の古墳壁画の壁画が参考にされた。

実施設計に基づく施工にあたっては、木組の工作や大工道具などで奈良時代に用いられたと考えられる技法・道具を取り入れる一方、工事は安全性や良好な施工環境確保の観点から、巨大な素屋根の中で、必要に応じてクレーンなどの機械を使用して実施された。

平城宮跡の中核として

第一次大極殿の復元建物が竣工し、公開される二〇一〇年は、折しも平城遷都一三〇〇年にあたる。訪れる人々が深い感銘を覚え、歴史の理解を深めることのできる施設として、この復元第一次大極殿は今後長きにわたって文字通り平城宮跡の中核となることであろう。

Ⅱ　都の生活

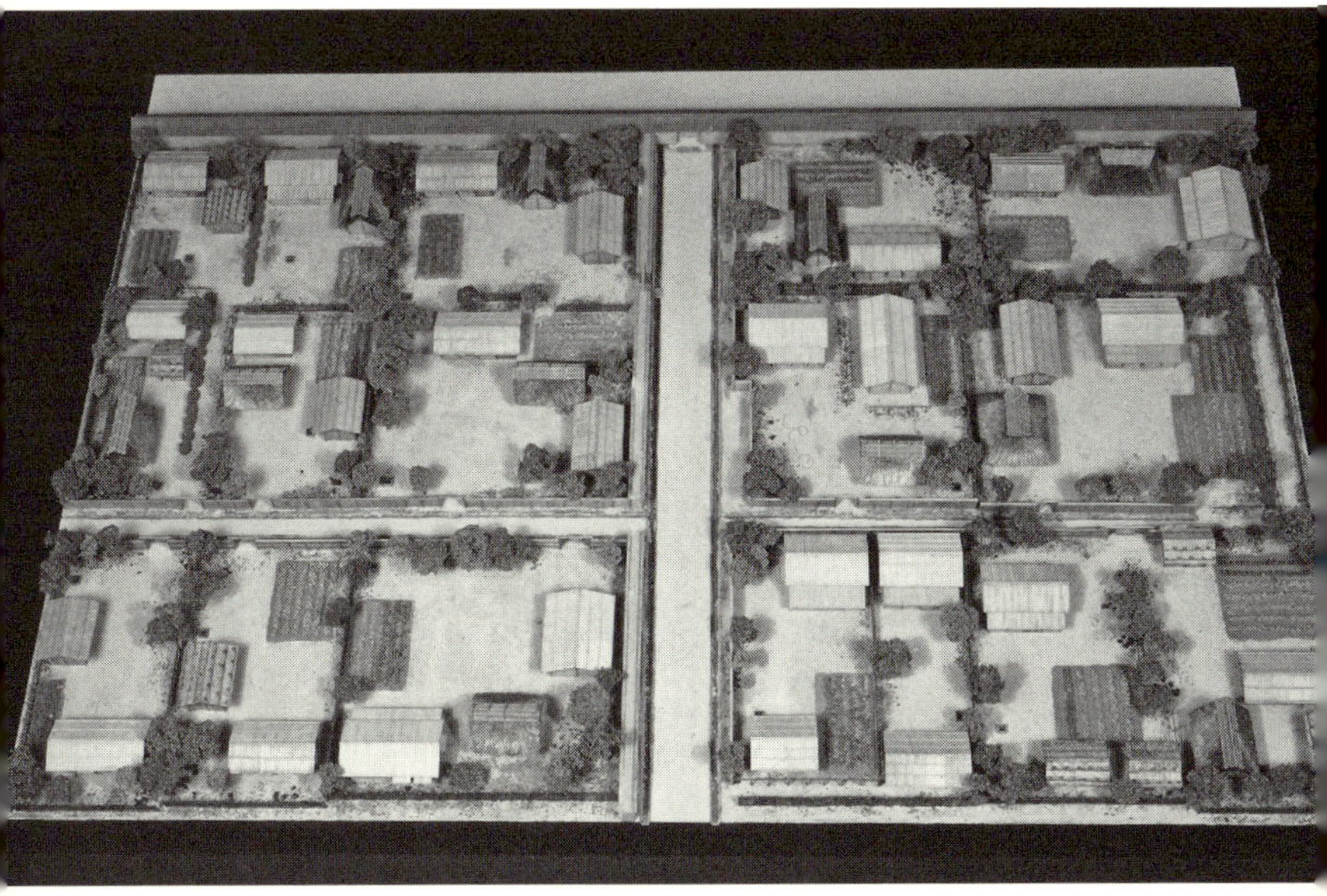

庶民の住居復元模型

一　貴族と庶民の暮らし

巽　淳一郎

はじめに

京には皇族、五位以上の貴族、六位以下の中下級官人、京を本籍とする一般庶民の京戸《きょうこ》、僧尼、官司や寺院、個人が所有する奴婢《ぬひ》も住んでいた。彼らは京の恒常的な住民であるが、他に短期間、平城京に住まいした人々もいた。各国から郡単位に徴発され京の守衛の任を負った衛士《えじ》、里ごとに集められ各官司の雑務に従事させられた二人一組の仕丁《しちょう》、そして毎年調庸《ちょうよう》の税物の運搬の任を負って上京する人や、各国が京に持っていた「調邸《ちょうてい》」に派遣され働く地方の人々もいた。そして、唐をはじめとする東アジア諸国の使節や商人も一時滞在した。

これまで、『正倉院文書《しょうそういんもんじょ》』の写経所《しゃきょうじょ》関連文書を資料として数多くの研究が行われ、写経所の実態とともに下級官人でもあった写経生の生活状況も明らかにされている。一方、貴族の生活実態に関する研究も、長屋王《ながやおう》邸宅と王家《おうけ》木簡《もっかん》の発見を契機として大きな転機を迎え、数多くの研究が行われている。

ここでは、できるだけ先行研究との内容重複を避け、歴史考古学的な立場から、今まであまり触れられていない事柄と考古資料を取り上げ、文献史料や木簡から想定されている平城京の住民の生活状況を検証し、肉づけしたいと考えている。

1 衣──装飾品と携帯品──

帯と身分

発掘調査で衣類が発見されることはまずない。幸いなことに正倉院には写経生の仕事着や楽装着《がくそうぎ》などの衣服類が伝来していて、当時の服装を知ることができる。官人の朝服《ちょうふく》は身分地位を問わず袍《ほう》と袴《はかま》の揃いであったが、服地の生地や服色には、身分よる規定があった。また、朝服を着用するさいに着ける皮製腰帯《かわせいようたい》（ベルト）を飾る金具や、手に持ち威儀《いぎ》を正すのに用いた笏《しゃく》にも身分的な区別があった。衣服令《えぶくりょう》では、一位以下、五位以上は金、銀製の帯金具で牙笏《げしゃく》、六位以下は黒漆塗りの銅製帯金具で木製の笏を用いることになっていた。平城宮・京からは銅製の帯金具（鉸具《かこ》・巡方《じゅんぼう》、丸鞆《まるとも》、鉈尾《だび》）が多数出土しているが、銀製の品は右京一条二坊十二坪で帯先金具が一点出土しているだけで、金製品は未発見である。宮や京から出土している銅製の巡方、丸鞆の規格は実にさまざまである。この大きさの違いに関しては、六位から初位までの各位階を表示する機能を果たしていたとする説と製作時の誤差と見る説に分かれる。位階は服の色で表されており、そんな必要はないはずで、仮に位階をさらに細

図1　帯金具

分して表わすための方策だとしても、数ミリ程度の違いで果たして視覚的に区分できたどうか、はなはだ疑問である。前者の説を採る松村恵司氏は、正倉院伝来の革帯《かくたい》の検討から、鉸具の幅＝巡方の長さ＝丸鞆の長さ＝鉈尾の幅という原則を見出し、身分表示は革帯の幅の違いでもあることを説いている（松村恵司　二〇〇二）。

正倉院には金属製帯金具の他に紺玉《こんぎょく》、犀角《さいかく》、貝製などの飾りの付いた帯が伝来している。このほか、『正倉院文書』の記載から金銅製帯金具、木に金箔を貼った帯飾りがあったことが知られる。木製の帯飾りに関しては、発掘調査でも確認されている。それは、左京三条二坊一・七坪の北、二条大路《にじょうおおじ》南辺の公道上に掘られた長大な東西方向の溝状土坑《どこう》から出土したもので、白木《しらき》の鉈尾と墨を塗った丸鞆が出土している。仕丁や庶民は銅製漆塗りの帯金具の代わりにこのような墨塗りの木製帯飾りを使っていたのかも知れない。唐《とう》の制では一般庶民の帯飾りは銅鉄製品を用いることになっていたが、わが国では採用されなかったようで、鉄製品は見られない。この溝状土坑からも大量の木簡が出土しており、「二条大路木簡」と称されている。出土木簡の総合的な検討から、北側の藤原麻呂《ふじわらのまろ》邸と長屋王没後、敷地を受け継いだ皇后宮職《こうごうぐうしき》の塵芥《じんかい》を処理していた土坑と考えられている。また、長屋王家では、要帯《ようたい》（腰帯）を製作していたことを示す木簡があり、有力貴族たちは、家政機関を運営する人たちの帯を自弁していたことが知られる。

また朝服の革帯や礼服の布帯《ぬのおび》（綺帯《きたい》）には、佩飾《はいしょく》が付けられた。巡方・丸鞆に長方形の透かしを開けるのは、その用のためであり、吊るす場合には当然革帯にも穴を開ける。佩飾と見られる遺物は、今のところ、右京二条三坊三坪の井戸から出土した金銅製の魚形装飾品（奈良市　一九九七）と左京三条四坊十二坪の琥珀玉《こはくだま》（礼冠飾《らいかんかざり》の可能性もある）のみであり（橿考研　二〇〇六）、これらの坪は五位以上の貴族の邸宅であった可能性が高い。

古代の笏

把笏《はしゃく》作法については、養老《ようろう》二年（七一八）末に帰朝した遣唐使《けんとうし》によって伝えられたとされる（関根真隆　一九七四）。養老三年二月三日には衣服の重ね方を右衽《みぎおくみ》にすることとともに、初めてこの制を設けている。同年六月には二回わたりこの制の適応範囲を下級官吏《かんり》・地方の官吏にまで広げている。この結果、笏は官吏必携の持ち物となった。笏の実物は正倉院に六枚（象牙製二、鯨骨製二、木製二枚）、法隆寺《ほうりゅうじ》に骨笏《こつしゃく》が一枚伝わるが、発掘調査ではなぜか、まだ一枚も発見されていない。ただ、先に述べた二条大路木簡の中には、折敷《おしき》の底板の片面に楼閣山水《ろうかくさんすい》の風景を、その裏面には習書《しゅうしょ》とともに笏を持ち版位《へんい》の前に就く役人を描いた絵画があり、天平《てんぴょう》初年代にはその制は定着していた様子がうかがえる。

履物と身分規定

履物についても身分規定があり、朝服では八位以上は、烏皮履《くりかわ》（底が一重の漆塗り皮製の靴）、無位は朝廷公事の場では漆を塗らない革靴と決められ、通勤には草鞋《そうかい》（藁鞋）を着けることが許されている。履物としてはほかに『正倉院文書』等から木履《きぐつ》、下駄《げた》・藁草履《わらぞうり》の存在が知られ、後二者は写経生ほかに支給されている。藁草履は遺存しがたいが、ほかは出土品でも確認できる。下駄は現在のそれとお

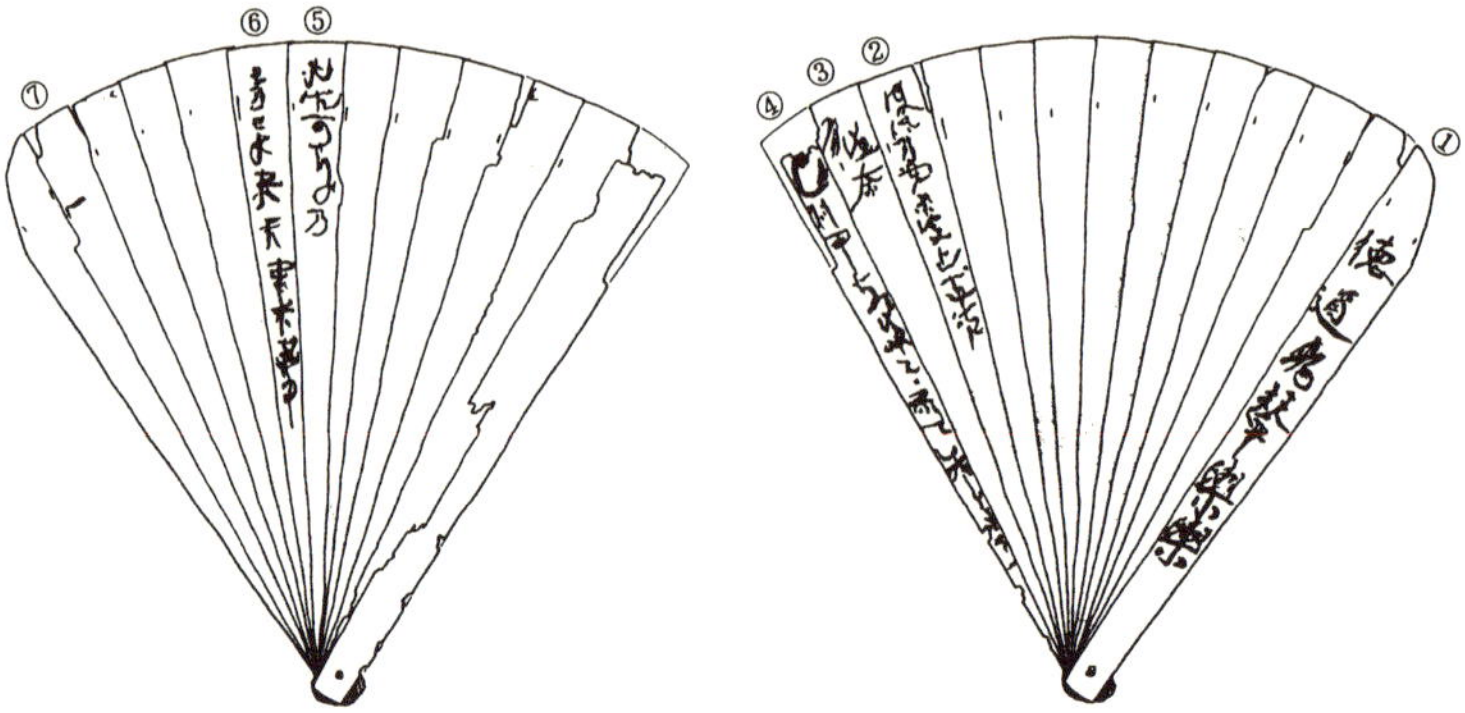

釈　文

檜扇　親骨 270 × 26 × 1.5
　　　　　270 × 29 × 1　061

①「徳道為葦輿輿。」

②「波□〔流ヵ〕乃□〔安ヵ〕〔米ヵ〕尓波止支□〔佐ヵ〕。」
（ははの□にはとき□）

③「□奈。」
（□な）

④「□□甲□□〻□□止羅尓〔　〕。」
（□□か□□〻□□とらに〔　〕）

⑤「比□〔佐ヵ〕可夕乃。」
（ひ□かたの）

⑥「己乃己米米米津米己甲〔乃ヵ〕。」
（このこめめめつめこか）

⑦「□。」
（□）

図2　檜扇（平城京右京二条三坊四坪出土，奈文研　1995）

なじであるが前紐孔《ぜんちゅうこう》（壺）は中心か大きく離れてあけられるのが特色で、小型で一本歯、いわゆる天狗《てんぐ》の下駄も出土している。庶民とっては下駄や藁草履は値段が高く、『隋書《ずいしょ》』倭国伝《わこくでん》にいうように、庶民の多くは跣足《せんそく》（はだし）であったと考えられている（関根真隆　一九七四）。

檜扇

衣服令には規定はないが、当時役人たちが携帯していたものに檜扇《ひおうぎ》がある。檜扇は柾目《まさめ》のヒノキの薄板で作った扇で下端を束ねて要でとめ、各板の中ほどにあけた孔に糸で綴じて開閉ができるようになっている。年代が分かる最も古い檜扇は、二条大路木簡と伴出した例で、天平初年代のものである。檜扇は日本で考案され、宋《そう》の時代に中国に伝わったと考えられてきた。正倉院蔵品には遊戯に使う弾弓《だんきゅう》（弾を飛ばす弓）本体に散楽《さんがく》（雑技）の風景を墨で描いたものがあり、その中に見物者と見られる男たちの一人が檜扇で涼を取っている様子が描かれている。雑技そのものが日本では存在したかどうか定かでなく、墨画の表現はきわめて優れた精緻もので、中国唐からの輸入品の可能性が高い。そうなると檜扇日本考案説は怪しくなり、逆に笏とともに唐から伝わったことになろう。檜扇は、笏と同様に上申《じょうしん》、奏上《そうじょう》のさいのメモや宴会などのさいに詠んだとみられる万葉仮名の歌などを墨書した発見例が多く、貴族たちの携帯品であったことは間違いない。

2　食と食器

下級官人の食生活

当時の食物品目については、正倉院文書や調の貢進物付札木簡《こうしんもつつけふだもっかん》から知られる。主食は米で、副食はほとんどが乾物や加工品で魚類や獣肉の干物と海藻類、野菜類であった。身分制は、食生活の方面でも徹底し、『延喜式《えんぎしき》』鎮魂祭雑給《ちんこんさいざつきゅう》条などから、五位以上の貴族と六位以下の下級官人に給された食物種類と支給量にも大きな差があったことが知られる（表1・2参照）。

下級官人の食生活は写経所関連文書から知ることができ、写経所内においても身分や職種によって支給される食物内容と量が違っていた（表3）。その支給品には動物性蛋白質《たんぱくしつ》、肉類の食物は含まれず、精進《しょうじん》料理的な献立《こんだて》であるが、『延喜式』鎮魂祭雑給条他では六位以下の下級官人にも、動物性蛋白質の食物は支給されている。したがって、写経生にあてがわれた精進料理の内容は、写経そのものが単なる業務というよりも仏に対する神聖な奉仕行為、宗教活動の一環とみなされていたことによると考えられている（栄原永遠男、一九八七a）。一般庶民の生活実態に関する情報は、『万葉集』に収められた山上憶良《やまのうえのおくら》の貧窮問答歌《ひんきゅうもんどうか》からうかがえるが、写経生よりも粗末な精進料理だったことは想像に難くない。米のほか、粟《あわ》や蕎麦《そば》が主食であった可能性も考えられ、使用した食器も廉価《れんか》な土師器《はじき》や須恵器《すえき》の小型品で種類も少なく、同じ形の食器が椀《わん》にも皿にも用いられたのであろう。

身分と食器

儀式の後の直礼《なおらい》や宴会の場では、身分に応じて支給される食物の種類、量の規定とともに食物を盛る食器に関しても、身分による規制があったことが『延喜式』の各条文から知られる。当時に使用されていた食器には金属製品（金銅製、銀製、銅製、銅と錫《すず》の合金である佐波理《さはり》製）、ガラス製品、漆器、白木《しらき》の器、葉っぱを編んだ食器（葉椀）、焼物食器があった。もっとも高級な食器は金属器とガラス器、ついで漆器であり、皇族や貴族たちのみに許された食器であった。これに関して付言すると、天平《てんぴょう》勝宝《しょうほう》四年（七五二）の新羅《しらぎ》使節の来朝時、五位以上の貴族に新羅の朝貢物を買うことを許し、必要物品と代価を関係官署に上申させている。「買新羅物解《ばいしらぎぶつのげ》」といわれる文書類で、「□五位下池邊王」の上申書には、金や東南アジア産の珍しい香類、薬のほか、大量の佐波理製品が上申されている。内訳と数量をみると、水瓶《すいびょう》四口（うち一口は軍持《ぐんじ》の付く浄瓶《じょうへい》）、飯椀《めしわん》二〇合、大盤三三口、小盤三〇〇口、鋺一〇口、小鋺一〇〇口、匙《さじ》一四などであり、彼のほかにも佐波理製品を上申した貴族が何人かいて、当

表1　新嘗祭宴会雑給に見る官位別食料支給

品目＼官位	親王以下三位以上四位参議	四位五位并命婦	大歌・立歌	国栖・笛吹
粳米	8合	4合		
糯米	8合	4合		
糯糒	3合	1合		
糖	2合6勺	1合5勺		
小　麦	4合	2合		
大　豆	2合	1合		
小　豆	2合	1合		
胡麻子	2合	1合		
油	1合	1合		
巃　酒	4勺	4勺		
酢	4勺	4勺		
醤	2合	1合		
鹽	4合	2合	2勺	2合
鼓	1勺	1勺		
東　鰒	2両	1両	1両	
隠岐鰒	2両1分	1両		
堅　魚	1両2分	1両		
烏　賊	1両1分	1両		
熬海鼠	2両2分	1両		
縄貫鰒	2両2分	1両		
押年魚	4両	2両		
與理刀魚	5両	2両2分		
鮭	2分隻の1	6分隻の1		6分隻の1
雑䱐粛	5両1分	3両		
楚　割	5両1分	3両1分		
雑　腊	2斤	1斤		
鮨	2斤	4両		
雑　魚		4両		
堅魚煎	2勺			
鮮　物	○			
紫　菜	2分	1分		
海　藻	2両	2両	2両	2両
生栗子	1升	5合		
搗栗子	4合	2合		
椎	4合	2合		
橘　子	10顆	5顆		
鯖			1隻	
雑　鮨			4両	4両

表2　鎮魂祭雑給料に見る官位別食料支給

品　　目	参議以上	五位以上	六位以上
糯　　米	1升4合	7合5勺	6合7勺
大　　豆	1合8勺7撮	7勺	4勺7撮
小　　豆	2合8勺	1合5勺	6勺
甕　　酒	1合	3勺	
酢	4勺	1合	
醬	3合	2合	5勺
滓　　醬	2合9勺		
鹽		2合9勺	1合7勺
東　　鰒	1両2分	1両2分	2両
隠 岐 鰒	5両	4両2分	
堅　　魚	2両1分2銖	2両1分2銖	2両1分2銖
烏　　賊	2両	2両	
熬 海 鼠	3両2分	3両2分	
與理刀魚	5両2分	5両	
鮭	2分隻の1	2分隻の1	
雑魚楚割	3両	3両	
堅魚煎汁	2両2分	1両2分	
鮨	2斤4両	2斤4両	2両
雑　　鮨	11両		
腊		10両	
鯖			3両2分
紫　　菜	3分	3分	
海　　松	3分	3分	
海　　藻	2両	2両	2両
青　　菜	2合	2合	2合
漬 蒜 房	2合	2合	
蒜　　英	2合	2合	
韮　　搗	2合	2合	
生 栗 子	1升4合	5合	3合
搗 栗 子	6合	2合5勺	
干 柿 子	3合	1合5勺	
橘　　子	33顆	15顆	5顆
木　　綿	2分4銖	2分4銖	

時貴族層がいかに金属器食器類を待望していたのかうかがい知れる。

焼き物としては、この他に鉛釉《えんゆう》の上薬《うわぐすり》を施した奈良《なら》三彩《さんさい》陶器（三彩・二彩《にさい》・単彩《たんさい》）も存したが、当初は日常生活用具ではなく、仏事や神事の道具として用いられた。正倉院に伝来する奈良三彩は、聖武《しょうむ》天皇の遺品ではなく、東大寺《とうだいじ》がもとから蔵していた仏具の一つであり、皿の底部外面に記された墨書《ぼくしょ》内容から聖武天皇の御母光明子《こうみょうし》の法要などで使われたことが知られる。京内で三彩の大型食器が出土するのは、寺院のみで貴族邸といえども出土しない。なお、京内各所から奈良三彩小壺や小型火舎《かしゃ》は出土しているが、地鎮《じちん》や井戸鎮めなどの祭祀に用いられたものである。長岡京《ながおかきょう》遷都に近い時期、椀・釜・風《ふ》炉《ろ》・甑《こしき》・高杯《たかつき》といった新しい器種構成の緑釉《りょくゆう》単彩陶器が出現し、寺院や貴族の邸宅から出土する。風炉や釜は実際に火にかけた痕跡があり、祭祀具というよりも実用器とみるべきである。新出の器種構成は中国唐の作法の採用と深く関わり、器種構成の特徴から、この

表3　造東大寺司解案による人別食料支給

食料＼職掌	経師	題師	装潢	校生	膳部	雑使	駈使
米	2升	2升	2升	1升6合	1升2合	1升2合	黒米2升
塩	5勺	5勺	5勺	2勺	2勺	2勺	2勺
醬	1合	1合	1合	6勺	6勺	6勺	6勺
末醬	1合	1合	1合	6勺			
酢	5勺	5勺	5勺	2勺			
糟醬	1合	1合	1合	1合	1合	1合	1合
芹子	2勺	2勺	2勺				
胡麻油	4勺	4勺	4勺				
漬菜	2合	2合	2合	2合	2合	2合	
青菜(直)	4文	4文	4文	2文			
海藻	2両	2両	2両	2両	1両	1両	1両
滑海藻	2両	2両	2両	2両	1両	1両	1両
布乃利	2両	2両	2両	2両			
大疑菜	2両	2両	2両	2両			
小疑菜	2両	2両	2両	2両			
糯米	1合	1合	1合	1合			
大豆	2合	2合	2合	2合			
小豆	2合	2合	2合	2合			
小麦	2合	2合	2合	2合			

頃、唐で一世を風靡していた陸羽《りくう》の団茶法《だんちゃほう》の茶道具と考えられる（巽淳一郎　一九九三）。

3　住──宅地と建物──

宅地の班給

宅地は身分に応じて国から班給《はんきゅう》された。藤原京と難波京については宅地班給史料が存在するが、平城京の宅地班給に関する記録はない。平城京の発掘成果と正倉院文書などから知られる有位者の住まいの場所などを総合して考えると、先の都藤原京と同じ基準で行われたようである。発掘調査や文献から八町・四町・二町・一町・二分の一町、四分の一町・一六分の一町・二四分の一町・三二分の一町・六四分の一町の宅地割りの諸例が知られている。一町以上の敷地は、多くは五条以北にあり、二町以上の敷地は、今のところ新田部《にいたべ》親王の邸宅（のちに唐招提寺《とうしょうだいじ》に寄進）を除くとすべて左京域に存在する。

建物の型式と居住者

当時の建物には、地面に掘った穴に柱を埋めて固定しながら上部構造を組み立てる型式の「掘立《ほったて》柱建物《ばしらたてもの》」と礎石《そせき》の上に柱を据え上部構造を組み立てる型式の「礎石建物」の両種があった。前者は縄文時代以来の日本の伝統様式の住まい建築であり、屋根には草・萱《かや》や檜皮《ひわだ》、板を葺く。後者は六世紀末、仏教の受容にともなう寺院建設を機に朝鮮半島から伝わったもので、上から重量を加えて柱を

表4　平城京大規模敷地

八町占地	左京四条二坊九・十・十一・十二・十三・十四・十五・十六坪（田村第推定地）
四町占地	左京三条二坊一・二・七・八坪（長屋王邸）、左京一条二坊十二・十三坪と左京二条二坊九・十六坪（藤原不比等邸）、左京二条四坊一・二・七・八坪、
	右京五条二坊九・十・十五・十六坪（新田部親王邸）
二町占地	左京一条三坊十五・十六坪（佐保楼）、左京三条二坊二・六坪（宮跡庭園）、左京三条二坊九・十坪、左京一条三坊十三・十四坪、左京三条一坊十一・十四坪、左京三条一坊十三・十四坪、左京三条一坊十五・十六坪、左京五条一坊十三・十四坪
一町占地	左京二条二坊十一坪、二条二坊十二坪、三条二坊三坪、左京三条二坊四坪、三条二坊九坪、三条二坊十五坪、三条二坊十六坪、三条四坊四坪、三条四坊七坪、三条四坊十二坪、四条二坊一坪、四条四坊十五坪、四条四坊十六坪、五条一坊一坪、五条一坊十六坪、五条二坊十四坪、五条二坊十六坪、七条一坊十六坪、八条一坊三坪、九条三坊三坪
	右京三条三坊一坪、三条二坊十五坪、三条三坊二坪、三条三坊三坪、三条三坊八坪

安定させるために屋根には瓦を葺《ふ》く。後者はもっぱら寺院建築に用いられていたが、七世紀末、藤原宮の造営のさいに初めて宮殿建物に採用された。礎石建物が採用された宮殿建築は、政治や儀式をとり行う大極殿《だいごくでん》・朝堂院《ちょうどういん》殿舎とそれを囲む回廊《かいろう》と門であり、役所の建物や天皇の執務と住まい場である内裏《だいり》の建物は依然として伝統的な掘立柱建物であった。前述の状況は平城京の場合も藤原京と大きな違いがなく、宮内はもとより京においても住まいにはもっぱら掘立柱建物が用いられていた。

『続日本紀《しょくにほんぎ》』神亀《じんき》元年（七二四）十一月八日の条には、「(前略) 万国の朝する所。是壮麗非ずんば、何を以って徳を表せん。其板屋草舎は、中古の遺制にして、営み難く破れ易くして、空しく民財を殫《つく》す。請はくは、有司に仰せて、五位以上及び庶人の営に堪える者をして瓦舎を構え立て、塗りて赤白を為さしむ」と奏上し許可されている。

太政官《だじょうかん》が国際的な対面上から、瓦葺き建物の建造を推奨しているわけであるが、板屋や草葺の家の不都合に対比して述べているので、瓦葺き建物とは礎石建ち建物と解してよい。ちなみに当時の太政官の主席は左大臣長屋王であったが、彼の邸宅でも礎石建物は採用されていない。今のところ、京内で礎石建物は三例知られているが、いずれも奈良時代後半時期の所産である。一つは左京四条二坊十五坪で検出されたもので、四面庇《しめんひさし》付き東西棟の主殿《しゅでん》とその西脇殿《にしわきどの》であり、後者の建物は西隣の十坪に近接する位置にあり、少なくとも二町占地の敷地であったと考えられる（奈文研　一九八三b）。十五坪を含む左京四条二坊の東半分の八町域は、藤原仲麻呂《なかまろ》邸（田村第《たむらてい》）に推定されている場所にあたり、礎石建物の存在とその占地状況から、その蓋然性はきわめて高い。孝謙《こうけん》天皇は、天平勝宝四年（七五二）の大仏開眼会《かいげんえ》の後、田村第を御在所《ございしょ》とし、また天平宝字《てんぴょうほうじ》五年（七六一）には宮の改作期間中にもここに移っている。また大炊王《おおいおう》が皇太子に就く以前に住んでいたところでもあり、礎石建ちの殿舎は孝謙天皇や大炊王のために用意された可能性も考えられよう。別の一例は、左京三条一坊十五・十六坪の二坪占地の敷地で発見されたもので、掘立柱建物の主殿と両脇殿をのちに礎石建物に改修したものである。この二町を占める敷地は邸宅ではなく、宮外官衙《かんが》（内匠寮《たくみりょう》）ではないかと見られている（奈文研　一九九三）。

瓦の使用の実態

これまでに行われた平城京の調査では、五位以上の宅地と考えられる一町占地の敷地は相当数確認されているが、この三例以外に礎石建ち建物の発見例はなく、瓦葺き建物の奨励政策は効を表さなかったようである。ただ、「二条大路木簡」には、藤原麻呂邸（兵部卿《ひょうぶきょう》宅）に「西瓦葺殿（坊）」と称する礎石建物が存在していたことを示す木簡があり、ほんの一部高級貴族たちだけが、この制に応えることができたのかも知れない。

　ところで、宮内京内を問わず掘立柱建物のみで構成される役所や宅地においても瓦類が相当量出土することがある。京内各坊の坪の四周には掘立柱塀あるいは築地《ついじ》がめぐらされるが、その内側の雨落ち溝や外側の道路側溝《そっこう》から瓦類が出土することが多く、塀や築地には瓦が葺かれたことは間違いない。瓦類は、また宅地や役所の建物周辺でも出土し、掘立柱建物に瓦が使われていたと考えざるをえない。出土量は、宮内の礎石建物周辺から出土する量に比べると少なく、とても屋根全面を葺いていたとは考えられない。また掘立柱建物の構造上の限界もあり、屋根を総瓦葺きにすることは無理であり、棟《むね》や下り棟、螻羽《けらば》に使われていたのではないかと考えられる。いつ頃から掘立柱建物の屋根に瓦を用いるようになったのは検討を要するが、先の瓦葺き建物の奨励策を契機として平城宮近隣に住した貴族たちの間で盛んに行われるようになったのではなかろうか。総瓦葺きの礎石建物に代わって掘立柱建物の屋根の一部に瓦を葺いて京の威容を創出していたのであろう。

　この制と関わりがあると考えられるものに施釉瓦《せゆうがわら》類・磚《せん》がある。平城宮でもそんなに出土しない施釉瓦（三彩・緑釉）が、京内各所から少なからず出土する。原田憲二郎氏の集計によると、京内では三八ヵ所の地点で施釉瓦の出土が確認できるという（原田憲二郎　二〇〇八）。出土場所は、寺院を除くと四条以北の坪である。多くの場合は一〇点未満であり、果たして屋根に瓦を上げていたかどうかは疑問であるが、左京二条二坊十二坪（六八〇点）、その北側の坪左京二条二坊十一坪（二二五点）では宮に勝る量の施釉瓦が出土しており、屋根に葺かれていたことは間違いない。前者の坪は一町占地の敷地で、中枢部は回廊で囲んだ内側に四面庇付き東西棟の正殿《せいでん》と苑池《えんち》を、回廊の南側に長大な東西棟、その東に南北棟を配している。坪内からは大量の三彩丸平瓦《まるひらがわら》とともに「相撲所《すもうどころ》」の墨書土器や唐三彩の陶枕《とうちん》、また租税あるいは封戸《ふこ》に関わる付札《つけふだ》木簡が南面する二条大路の北側溝から出土しており、皇族の離宮《りきゅう》、あるいは宮外に設けられた公的施設と目されている（奈良市　一九八四）。その北の十一坪では、坪の東西二等分線を中軸に東西棟の正殿を中心に「コ」の字、もしくは「ロ」の字形の建物配置が想定されている。いわゆる四合院《しごういん》風の配置で、斉明《さいめい》朝の饗宴《きょうえん》施設と考えられている石神《いしがみ》遺跡の建物配置と似ている。この坪では三彩の丸平瓦類は少なく、緑釉熨斗瓦《のしがわら》が大量に出土している（奈文研　一九九七b）。両者の坪では施釉瓦の使い方が違っており、後者の場合には棟に使っていたことは間違いない。前者では、おそらく建物ではなく屋根の面積が比較的狭い回廊の屋根に葺いていたのだろう。両坪で主体となる軒瓦は共通し、また十一坪でも「相撲所」の墨書土器が出土している。両坪は一体として使われ、離宮というよりも外国からきた使節、中でも主賓格の人たちを饗応する場所（十二坪）と宿泊施設（十一坪）の機能を持った公的施設であったと考えておきたい。

貴族の邸宅の特徴

長屋王邸の発掘によって貴族の邸宅には、主人と家族たちの居住空間とともに家政機関の施設や家政を担当する人たちの宿舎・馬屋・動物飼育小屋・手工業生産を行う作業場（工司・鞍具作司・鋳物所・縷盤所・銅造所・仏造所）、資財収納倉庫などの多くの建物が存在していたことが初めて明らかになった（奈文研　一九九五）。その後も右京二条三坊などで坪のほぼ全域が調査され、一町以上敷地を有する貴族邸宅では、酒や醬油などの醸造倉を保有していたことも明らかになっている。醸造に使った当時の須恵器の甕《かめ》は丸底あるいは尖底に近い丸底であったため、建物内の土間床《どまとこ》に穴を掘って据え付けた。現在、京内では埋甕《うめがめ》をともなう掘立柱建物は、七ヵ所で確認されている。なかでも右京二条三坊四坪は一町占地の敷地であるが、西一坊大路に門を開き、埋甕を擁する建物が坪の東辺側に整然と配置されている（奈良市　一九九四）。この坪は貴族の邸宅ではなく、宮外官衙と考えられているが、天皇即位儀礼の一つである大嘗祭《だいじょうさい》にともなう京内斎場《さいじょう》（大嘗祭当日使用する御酒と直禮で使用する酒の醸造所）の主基国《すきのくに》の内外両院の可能性が想定できる坪でもある。

長屋王邸宅では、埋甕をともなう建物遺構は検出されていないが、長屋王家木簡には、店での飯・酒の売り上げ銭に付けた木簡や、酒醸所と当時瓱《みか》と呼ばれていた大甕での酒を醸造するさいの米・麴《こうじ》・水の割合を記した木簡があり、醸造倉が存在していたことは間違いなく、敷地東北部の未発掘地に存在すると見てよい。封戸から送られて来た、あるいは位田《いでん》・職田《しきでん》から上がる余剰の米を使って、自家用と販売用の酒を醸造していたのである。こうした商業活動は長屋王だけでなく、ほかの貴族も同様であったろう。醸造に使う大甕は、一般庶民や下級役人には無縁のものであり、大甕の破片が多く出土する坪は、宮外官衙や貴族の邸宅である可能性がきわめて高いことになる。

また貴族の邸宅や宮外官衙では、長屋王邸と同じく手工業生産を行っていたことを示す遺物（鍛《か》冶《じ》・銅鋳造・ガラス・漆器など）が出土している。鉄は季録《きろく》で、漆《うるし》は市で購入可能であるが、ガラスや銅などの非鉄金属素材はいかにして調達していたのだろうか。これに関しては、それを示唆する木簡が長門《ながと》国に置かれた国の機関、「長登《ながのぼり》製銅所」から出土している。それは粗銅《そどう》の板金に付した整理用の付札木簡で、役所宛のほかに、太政大臣《だじょうだいじん》家や官人宛の木簡も存在し、有力貴族たちは製銅所に直接注文することができる特権を持っていたことが知られる。

庶民の住まい

庶民や下級官人の住まいは宮から遠く離れた五条以南の地に集中し、八分の一町以下の宅地である。宅地内には、桁行《けたゆき》がせいぜい五間ほどの主屋《おもや》と納戸《なんど》、倉庫など三〜五棟ほどの建物と敷地を限る塀あるいは溝、井戸で構成されている。建物に使われている柱は細く、柱間《はしらま》も狭い。また井戸も貴族の館や役所では大型の横板蒸籠組《よこいたせいろぐみ》井戸であるのに対し、角に柱を立て薄板を縦に組み横桟《よこざん》で受ける小規模な井戸が一般的である。出土遺物から下級官人と庶民の宅地が区別できるかといえば、なかなか難しいが、硯《すずり》（転用硯を含む）と値段の高い油を燃やす灯明皿《とうみょうざら》の存否が一つの判断材料になろうか。

4　流通経済——市と調邸——

市と水運

市は京の東西二ヵ所に置かれ、左京は八条三坊、右京は八条二坊でともに五・六・十一・十二坪の四町を占めていたと考えられている。両市には市を管理する市司《いちのつかさ》と市人《いちびと》の店舗群があり、処刑もここで行われた。また市周辺の道路側溝や、次に述べる運河などから、大量の祭祀遺物（土馬《どば》・墨書人面土器・人形・ミニチュア竈など）が出土していて、国家的な祭祀も市で行われたことが知られる。物資を運ぶ運河（堀河《ほりかわ》）が東市の中を貫通し、宮から両市への水運は、堀河よりも大規模に作られた東一坊大路西側溝、東一坊坊間路西側溝、西一坊坊間路西側溝がその機能を果たし、宮の西を流れる秋篠川《あきしのがわ》も流路を付け替え運河として利用していたと見られる。

東市推定地に関しては、奈良市埋蔵文化財調査センターが主に六坪の調査を継続的に実施しており、市の様子がしだいに明らかになっている。坪内には小規模宅地と似たような建物配置が見られ、はっきりと店舗（肆《いちくら》・廛）と分かる施設はまだ分かっていない。六坪の周囲は築地で囲まれ、角には楼《ろう》が建つなどほかの坪とは様相をことにすること、四坪は一体として使われていたのではなく、平安京の市と同じく条間《じょうかん》小路・坊間《ぼうかん》小路で分かたれ、各坪周囲は築地で囲われていたことなどが分かってきた。

交易の実態

ところで交易は市場の市人の店舗を介して行われただけではなく、貴族や一般庶民も市やそのほかの場所で交易や商業活動を行っていたことが明らかにされている（舘野和己　一九九七）。これに関連して、行商人の存在を暗示する遺物としては、秤《はかり》の錘《おもり》と受量を墨書する須恵器の椀がある。前者には

図3　須恵器の枡（平城京右京五条一坊十五坪出土）

壺型分銅《ぶんどう》と傘型分銅の二つの形態が知られ、それぞれ市に近い左京九条一坊二坪、右京八条一坊十坪から出土している。市人は市内に住んでいたと考えられるので、彼ら以外の商業従事者の道具とみられる。須恵器の枡《ます》は公定の枡から容量を量った二次枡であり、商売の公正取引を行うために京職など関連官司の検閲を受けたものであろう。容量を墨書する須恵器の椀は、右京五条一坊十五坪、唐招提寺経蔵付近、左京六条二坊十三坪、左京八条三坊十坪付近の東堀川から出土した四点のみではあるが、同じ形態で容量を墨書しない須恵器の椀は京内至るところで確認でき、認定枡ではないが、これらも枡として使われていたと考えられる。

京の流通経済を支えたのは、これら商業者だけでなく、物資や資財の運搬を請け負う運搬業者がいたことが、正倉院文書や木簡などから知られる。市で買い上げた物資の送付だけではなく、佐紀《さき》の瓦屋から宮への瓦搬入、生駒《いこま》山麓にあった炭焼場からの炭の搬入、交野《かたの》（大阪枚方《ひらかた》市）から三彩材料の粘土の搬入など、京内を越えて活躍する運搬業者もいた。

市と工房

市の近在には手工業の工房があり、多種の手工業者も住んでいた。右京八条一坊十三・十四坪の工房では、帯金具などの銅鋳造とガラス、漆器の生産が行われていた（奈文研　一九八九）。五条以南の東堀河や東一坊大路西側溝、西一坊大路西側溝、市周辺の坪境小路《つぼざかいこうじ》などからも、銅、ガラス、漆器関係の工房関連遺物が大量に発見されており、市周辺の坪で手工業生産が盛んに行われていたことが知られる。これらの工房の性格をめぐっては、私営工坊と見る説も提出されているが、平安京の市外町の前身と見る説が有力で、官衙に付属する工房と考えられる（鬼頭清明　一九九二）。

税のしくみと調邸

税の負担者である正丁《せいてい》が、調指定品目を準備できない場合や全量が揃えきれない場合には、各国は自国の国衙《こくが》工房でそれを生産し補塡するか、市で買って補塡する措置がとられた。売買は、地方の市ではなくさまざまな物資が揃う平城京の東西市や都周辺の畿内の市で行われたと考えられる。畿内地域では貨幣を前提とした経済が進展し、市での売買は銭で行われていたため、各国はさまざまな物資を地方から京に運びこみ、市で売却して銭を蓄え、それを元手に調庸指定物品を購入し貢納《こうのう》した（栄原永遠男　一九八七b）。

ところで、課税対象者である正丁が用意できない指定調庸物とは、どのようなものであったのだろうか。この問いに対しては、『延喜式』主計《しゅけい》上の各国調納指定物品目や、正倉院文書から知られる東西市の売買物品目と発掘調査で発見されている貢進物付札木簡に記された品目とを対比検討してみれば明らかになる。平城宮・京出土の貢進物付札木簡に記された品目は、現在の産業区分でいえば、ほとんどが農産物や海産物などの第一次産業の生産品であり、複雑な工程を要し協業で作られる第二次産業部門の加工生産品は見られない。まさしく正丁が用意することができなかったものとはこの第二次産業製品であった。これらの製品の製作には高度な専門的な技術を要するものや、一般農民には材料が入手困難なものであり、各国が国衙工房で生産したものを、あるいは平城京の市などで入手したものを官に納めたと考えられる。この場合、指定品目の納税義務を負った正丁は、国に対しては等価の別の物品、あるいは徭役《ようえき》で代納したのであろう。

中央政府は、調の設定にあたって第一次産業部門の徴税には各国の特産物の収奪を目的に各国の特性を勘案して課税品を指定したが、第二次産業部門の製品については必ずしも各国のお国事情を考慮せずに徴税品目を割り振ったことがこのような状況を生んだ可能性も考えられるが、各国が銭を得るために持ちこむ物品の多くは農産物などの第一次産業の生活必需品や漆などの素材であることを見越して、一〇万人を擁したともいわれる消費をもっぱらとする京住民の生活物資の確保のために採られた税制措置であったのではなかろうか。史料で調邸の存在が確認できるのは、東市の西辺にあり一町を占めた相模《さがみ》国の調邸だけであるが、このような事情を勘案すれば畿外の諸国が京に、それぞれ調邸を有していたことは間違いなかろう。調邸に関する史料は少なく、『延喜式』弾正台《だんじょうだい》にみえる「諸国調宿処」が調邸の後身と見られるが、運営実体や構造については知りえない。

調邸の構造に関しては、地方から運ばれてくる物資を収納保管する倉庫のほか、管理運営施設、物品を管理運営する人、市場を調査し売買を担当する人、彼らともに地方から物資を運搬してきた人たちや毎年秋に上京する運脚の宿舎、厨《くりや》や井戸などの生活関連施設からなっていたと考えられる。この構成は基本的には京住民の宅地におけるそれと変わりがなく、その区別は非常に困難である。相模国調邸が一町占地であることも判断材料になるが、遺構と出土遺物から総合的に考察しなければならない。これまでに行われた平城京の調査成果から、調邸の可能性のある場所を探ってみよう。

調邸の候補地

〈左京九条三坊三坪〉

坪北半中央部が調査され、一町占地の宅地が検出されている。坪の中央に桁行五間、梁行《はりゆき》三間の母《も》屋《や》の南北に庇が付く東西棟を配す。この建物は主屋《おもや》と目され、母屋には床《ゆか》を張る。主屋の北側に五〇尺離れて桁行七間、梁行二間と推定される東西棟が並び建つ。主屋の東北には倉庫と見られる桁行三間、梁行三間の総柱建物が建つ。一町を占める貴族の邸宅では主屋の東西には脇殿の南北棟が付随するのが一般的なあり方であるが、この坪には脇殿はなさそうである。また一町を占地するとはいえ、主屋の柱掘形《ほりかた》や柱の規模は同じく一町を占める貴族の主殿のそれとは比較にならないほど劣っていて、北側の東西棟も規模の割には柱間が狭くばらつきがあるのも特徴の一つである。

〈左京七条一坊一六坪〉

一町占地で坪東南部の広い空間に主屋と後殿《こうでん》を配し、その北側と西側に小規模な建物と倉庫を配しており、奈良時代を通じて同じような配置を取っている。広い敷地の割には建物が少なく、散漫な配置をとり、倉庫と見られる総柱建物が多く建ち、また小規模建物に間仕切りを設けるのも特徴の一つである。坪内の土坑からは、同じ産と目される漆の運搬に使った長頸瓶《ちょうけいへい》が多量に発見されている（奈

文研　一九九七）。

〈左京五条四坊九坪〉

坪南西隅の一部が調査され、坪内の状況はほとんど分からないが、九坪と十坪の坪境小路の南北両側溝が検出されている。この小路北側溝から九坪を囲う築地塀に葺かれたと見られる瓦類が大量に出土している。この瓦のなかには京や宮と同笵《どうはん》の軒瓦のほかに、兵庫県加古川《かこがわ》市古大内《ふろうち》遺跡出土品を基準とする「古大内式軒平瓦」と同笵品が七点出土している。布施駅家《ふせのうまや》跡である、たつの市小犬丸《こいぬまる》遺跡出土の同式の瓦とは笵傷《はんきず》まで一致し、また成型法や調整の上から播磨《はりま》産と目される平瓦や熨斗瓦も相当量存在するという（奈良市　二〇〇八）。平城京から地方の瓦が出土するのはこれが初めての例である。おそらく調邸の造作に当たり、持ち込まれたのではなかろうか。

〈左京二条四坊十一坪〉

坪東半部の北寄りの部分が調査され、坪内はⅠ～Ⅵ期の変遷をたどることが確認されている。Ⅲ期以降には建物規模が縮小し、北寄りに集中し南側は空閑地となる。奈良時代末期に当たるⅥ期の井戸二基から甲斐《かい》国で生産された土師器の杯《つき》が合わせて八点出土している。うち二点には「夫」の字に似た記号風の文字が墨書されている。また一基の井戸の掘形からは習書《しゅうしょ》木簡一点、埋土から「益」、「午」、「者」などの墨書土器が出土している（奈良市　一九九二）。Ⅵ期には甲斐から来た人たちが住んでいたことは間違いないが、それ以前、特に前半期のⅡ期の時期についても、調邸の成立事情から見ても甲斐の国と関係を考える必要があろう。先に紹介した左京九条三坊三坪の場合とは敷地の広さが異なるが、主屋の東西に脇殿を設けない点や、柱掘形が小型で柱間が狭いなど特色を共有するからである。

このほか、井戸から北陸系の須恵器の長胴丸底甕《ちょうどうまるぞこかめ》二点が出土している右京二条二坊十五坪（奈良市二〇〇八）、同じく井戸から郡の役人である「主帳《しゅちょう》」の墨書土器が出土している右京二条三坊三坪の一画も調邸の可能性が考えられる（奈良市二〇〇三）。

5 死後の世界

死生観の変化

死生観の大きな転換は、古墳時代後期の五世紀後半代に始まる。そのきっかけは倭の五王時代の中国南朝との交渉によって、あるいは中国との交流がより盛んだった朝鮮半島三国から、中国の死生観が伝わり、墓の構造や副葬品の内容に大きな変化が現れた。その観念は死後の世界の存在を前提とし祖先崇拝を内含し、支配階級のみならず下層階層にまで広がり、全国各地で追葬可能な横穴式石室《よこあなしきせきしつ》を内部主体とする古墳（家族墓）が爆発的な増加をみせる。

このような状況のもと、大化《たいか》二年（六四六）三月甲申の詔《みことのり》（大化の薄葬令《はくそうれい》）が下されるわけである。詔の骨子は、身分による石室と墳丘《ふんきゅう》規模の規定、副葬品の埋納の禁止にある。あの世での生活用品である副葬品の禁止は死生観の否定でもあった。この薄葬令もほかの一連の改新の詔とともに、書紀編者の潤色《じゅんしょく》の可能性も考えられるが、大化以降、畿内では前方後円墳のような大型古墳の築造は停止し、墳丘・石室も小型化するとともに、古墳の数も極端に減少するのも事実である。庶民農民はこの命令を遵守したかどうかは、はなはだ疑問であり、七世紀後半には死後の埋葬は家族墓として先に造られていた横穴式石室に追葬されることが多かったことが調査で分かっている。

仏教の浸透と火葬

また七世紀は仏教の受容が国家によって公認され、新しい死生観が世に広まった時代でもあった。信仰心の篤い有力氏族や渡来系氏族は、いち早く氏寺を造営し、墓に代わる祖先の供養の場とし、また現世利益《げんぜりやく》を祈る場とした。やがて、仏教式の葬制である火葬を採り入れるものも現れる。正史の上では、『日本書紀』文武《もんむ》天皇四年（七〇〇）の飛鳥寺僧道昭《どうしょう》の火葬が最も古く、天下の火葬これより始まったとされる。皇族では、大宝《たいほう》三年（七〇二）十二月に火葬された太上天皇の持統《じとう》が最初である。これより以前、持統天皇は、天武《てんむ》天皇の崩御《ほうぎょ》にさいし、埋葬までの殯《もがり》の期間中に伝統的な殯の儀礼とともに、百日忌にあたる持統元年（六八七）一月十二日には五大寺にて無限遮大斎《かぎりなきをがみ》、同年三月二十日には毛縵《けまん》の進上、命日にあたる九月九日には京の諸寺にて斎会《さいえ》、二年正月八日には薬師寺《やくしじ》において無限遮大斎を設けるなど仏教式の葬送儀礼を採り入れている。天皇家による火葬と仏式葬送儀礼の採用は、仏式葬儀が国の承認するところになったことを意味し、持統天皇以降、奈良時代の代々の天皇も火葬されることになる。そして僧侶ばかりでなく、臣下にも火葬が広まり旧来の古墳の築造は、こうして終局を迎えることになる。

埋葬の方法

火葬した後、骨を蔵骨器《ぞうこつき》に納めて埋葬するが、蔵骨器の材質には、金銅製・青銅製・ガラス製・木製・焼物（三彩・緑釉・須恵器・土師器）があり、身分によって使い分けられていた。貴族は金属製やガラス製の蔵骨器を使用し、墓誌《ぼし》を添えることもあった。下級官人はもっぱら焼物の須恵器と土師器であり、有蓋《ゆうがい》で肩に角状の突起や三角形の板を貼り付けた短頸壺《たんけいこ》が多く用いられた。このほか、日常

図４　火葬墓（模型）

生活で煮炊きに使う土師器甕と杯や皿を組み合わせた蔵骨器も存在し、下層民のものと見られよう。火葬になったことで、任地や本貫地《ほんがんち》以外の地で亡くなっても、蔵骨器に骨を入れ本貫の地に運び、祖先とともに眠ることができた。平城宮で勤務する下級役人の多くは京に本貫を持たない畿内の出身者が多くいたことが知られているが、彼らの遺骨も同様に本貫の地に帰ったのであろう。かつて大和南部の群集墳《ぐんしゅうふん》が営まれていた地に蔵骨器が埋設されるのもこうした現われと解される。

喪葬令《そうそうりょう》の三位以上条は、墓を営みうるものの範囲を規定したものであるが、墓を営むことができる人でも「大蔵《だいぞう》」せんことを欲すればこれを許せとしている。大蔵とは古記によると火葬のあと散骨することとある。当時、火葬とともに散骨の風習もあり、墓を営まなかったこともあったことが知られ、注意を払うべきである。

喪葬令皇都《こうと》条には、「皇都及び道路の側近は、並に葬り埋むること得ず」とあり、京内や京に通ずる道路近辺での埋葬は禁じられていた。平城京に本貫を有する人々は、平城京の東・西・北の丘陵地に墓地を営んだ。元明《げんめい》・元正《げんしょう》・聖武の三代の天皇、光明皇后、藤原夫人《ぶにん》、藤原武智麻呂《むちまろ》らの墓は、左京東郊に、称徳《しょうとく》天皇は右京北郊の佐紀郷に奥津城《おくつき》が営まれている。東の大和《やまと》高原《こうげん》地区、田原里《たはらのさと》の丘陵地には、志貴《しき》皇子、光仁《こうにん》天皇の皇族のほか、『古事記』編纂に携わった太安麻呂《おおのやすまろ》や従四位小治田安麻《おはりだのやすまろ》呂の墓が、西の丘陵部には長屋王と吉備《きび》内親王、行基《ぎょうき》の墓が営まれている。金子裕之氏は、葬地を北麓、東麓、西麓の順で格付けしているが（金子裕之　一九八九）、北麓の丘陵地にも三彩多口瓶《たこうへい》や土師器甕の骨蔵器が発見されており、京に本貫がある下級官僚についていえば、左京の住民は左京の葬地に、右京住民は右京の外の丘陵地に墓地が営まれていたと見てよいのではなかろうか。

庶民の葬送

一般庶民の墓葬については、実はよく分からない。左京九条三坊九坪付近の運河（東堀河）と条間路側溝との合流点付近から若年あるいは壮年とみられる人頭骨片が出土していている（奈文研　一九八三a）。また、『続日本紀』神護《じんご》景雲《けいうん》三年（七六九）の五月二十九日条には、佐保川から拾ってきた髑髏《どくろ》を使って称徳天皇を厭魅《えんみ》したとの記事がある。前者の例は明らかに京内であり、違法である。後者の佐保川が京内かどうかは分からないが、いずれにしても遺骸を川辺水中に遺棄、あるいは川原に埋葬することもあったことが知られる。これらの遺骸は地方から来た運脚人や、役民あるいは京に本貫を持つ人であったかは知る由はないが、ほかにこうした例がなく、また庶民の墓地が見つからないのは、当時、仏教が一般民衆の間にも広まっており、沙弥僧《しゃみそう》の教導や信仰心にもとづき彼らも火葬に付され、かつ散骨された可能性も考えられよう。

子供の埋葬については、これとは違った方法で行われたことを示す発見がある。左京七条一坊十六坪周辺の条坊道路上に合わせて五基の甕埋納坑が発見されている。土師器の甕を二個の口を合わせて埋納した土坑四基、甕一個を埋設した土坑一基であり、甕はいずれも南北に長軸をそろえ横位置に埋納され、中には遺物や炭や灰は見られない。甕内の土壌を分析した結果、人に由来する脂肪酸が検出され、また甕の大きさから判断し、幼児を埋葬したものと考えられている（奈文研 一九九七）。もう一例は、京の正門である羅城門《らじょうもん》の南一・五キロに位置する稗田《ひえだ》・若槻《わかつき》遺跡で、下ツ道《しもつみち》と佐保側の合流点に架かる橋の周辺から薦《こも》に包んで投棄された幼児の遺骸が発見されている。

おわりに――国際都市平城京――

平城京の時代、日本は唐、新羅、渤海《ぼっかい》の三国と交渉を持った。唐を基軸とする東アジア世界の中で各国それぞれの思惑にもとづく政治的交渉が行われ、それに付随して交易も盛んに行われていた。天平勝宝四年（七五二）の新羅使節の来朝にともなう交易についてはすでに述べた。神護景雲二年（七六八）に新羅商人が大宰府《だざいふ》に来た時にも、左右大臣以下、正四位まで、二品の皇族に新羅の交関（交易）物を買うために、大宰府の良質な綿《わた》が下賜されている。このように先進文化・文物を享受できたのは、貴顕といわれるほんの一部の特権階級だけあった。そうした物品が遺物として残ることはきわめて稀であるが、正倉院には、高級な他国の文物の一部が伝来していて、往時の貴族生活の様子を今に偲ぶことができる。

平城京からは、そんなに量は多くはないが、唐・新羅・渤海ゆかりの焼物が出土している。中国唐からの将来品には、型作りよる三彩小型杯（右京五条一坊十五坪）、三彩輪花杯《りんかつき》（左京七条二坊六坪）、三彩三足炉《さんぞくろ》（右京一条南大路側溝）、三彩陶枕《とうちん》（左京二条二坊十二坪・大安寺）、三彩絞胎《こうたい》陶枕（右京二条三坊四坪）、白瓷獣脚円面硯《はくじじゅうきゃくえんめんけん》（左京三条四坊十一坪）、青瓷《あおし》四耳壺（左京八条三坊十坪東堀河）などがある。出土地点は、貴族の邸宅が集中する五条以北に多いが、それよりも南の下級官人や庶民の住まいする地域でも出土している。また唐三彩は数は少ないが、平城京のみならず全国各地からも出土し、出土場所は官衙遺跡や寺院跡に限らず集落の住居跡からも出土している。

かつて唐三彩は墓に入れる明器《めいき》であり、その生産は官の管理下あり、葬儀に際し下賜されたというような認識がなされていた。日本で発見された唐三彩の報道においても皇帝から下賜品のごとく報じられたこともあった。現在の唐三彩に関する認識は以下のようである。唐三彩の器種は俑《よう》と一部葬送用器種を除くと、多くは生活用品であり、生活用品も陶器や青瓷、白瓷と同様に墓に埋納されることもあった。三彩の日常容器類は民窯で生産され市で商われていた。日本出土唐三彩の大方は、河南《かなん》省鞏義《きょうぎ》市（旧鞏県《きょうけん》）所在する黄冶《こうや》窯場《かまば》の製品である。黄冶三彩窯跡は、洛陽《らくよう》に通ずる伊洛河《いらくが》の一支流である黄冶河の両岸に営まれ、三彩だけではなく白瓷や黒瓷・黄瓷の窯場も置かれていた。唐代の鞏県

図5 唐三彩

城は黄治河の下流、伊洛河との合流点付近に置かれていた。また県城の北の伊洛河と黄河の合流点には港湾施設があり、隋唐時代には国家の穀倉（洛陽倉）が設置されていた。交通の要所であり、遣唐使も長安・洛陽のどちらを訪ねるにしろ必ず立ち寄る場所である。唐三彩は、この県城の市場でも、両京の市場でも誰でも入手可能であった。日本各地出土の唐三彩は、遣唐使使節に動員された人たちが当地で入手あるいは、新羅や渤海国の中継交易で入手したものであり、決して下賜品ではない。

天平勝宝四年の新羅王子を特使する新羅使節団の規模は、総勢七〇〇人余、船七艘の大がかりなものであり、平城京に入京した人数も三七〇余人に達する。随伴した新羅人たちの中には、京の市で個人的な交易を行ったグループもいたかも知れない。また、前時代に帰化した縁戚への贈答などの行為もあったのではないか。これは新羅使節だけでなく渤海使節にもいえることである。と考える理由は、新羅の印花《いんか》文陶質《もんとうしつ》土器の壺が必ずしも五条以北の貴族邸ばかりでなく、宮から遠く離れた小規模宅地からも出土し、渤海《ぼっかい》産の黒陶瓶も左京九条三坊十坪の一六分の一町の宅地から出土しているからである。これらの焼物は、優れた工芸品というわけでなく普通の焼物で、それ自体というよりは、その中に入っていたものが売買または贈答されたのではなかろうか。

参考文献

金子裕之　一九八九年「貴族の奥津城、民の墓」『古代史復元九　古代の都と村』講談社
鬼頭清明　一九九二年『古代宮都の日々』校倉書房
栄原永遠男　一九八七年a「平城京住民の生活誌」岸俊男編『都城の生態』（日本の古代九）、中央公論社
栄原永遠男　一九八七年b「都城の経済機構」岸俊男編『都城の生態』（日本の古代九）、中央公論社
関根真隆　一九七四年『奈良朝服飾の研究』吉川弘文館
関根真隆　一九七三年『日本古代食生活史』吉川弘文館
竹田佐知子　一九八四年『古代国家形成と衣服制』吉川弘文館
武田佐知子　二〇〇二年「律令衣服制と帯」『鋳帯をめぐる諸問題』奈良文化財研究所
巽淳一郎　一九八八年「官給食と家庭の食事」『季刊考古学』第二二号　雄山閣
巽淳一郎　一九九三年「考古学からみた喫茶の始まり」『茶道の研究』四五五号
舘野和己　一九九七年「長屋王家の交易活動」『奈良古代史論集』三、真陽社
舘野和己　二〇〇一年『古代都市平城京の世界』（日本史リブレット七）山川出版社
舘野和己　二〇〇二年「古代都市の実像」佐藤信編『日本の時代史四　律令国家と天平文化』吉川弘文館
田辺征夫　一九九七年『平城京　街とくらし』東京堂出版
田辺征夫　一九九二年『地中からのメッセージ　平城京を掘る』吉川弘文館
田辺征夫　二〇〇一年「平城京の人々と暮らし」奈良県・平城遷都一三〇〇年記念二〇一〇年委員会『平城遷都一三〇〇年　平城京　その歴史と文化』

東野治之　二〇〇一年「物資の流通」奈良県・平城遷都一三〇〇年記念二〇一〇年委員会『平城遷都一三〇〇年　平城京　その歴史と文化』
松村恵司　二〇〇二年「銙帯金具の位階表示機能」奈良文化財研究所『銙帯をめぐる諸問題』
原田憲二郎　二〇〇八年「奈良市内出土瓦あれこれ」奈良市埋蔵文化財調査センター『世界遺産登録十周年記念特別展（第二六回平城京展）埋蔵文化財講演会　寧楽地寶―ものと人間―』発表資料
李成市　一九九七年『東アジアの王権と交易』青木書店

報告書類

※奈良県立橿原考古学研究所―橿考研　奈良市教育委員会―奈良市　奈良（国立）文化財研究所―奈文研と略記する。
橿考研　二〇〇六年『平城京左京三条四坊十二坪』
奈文研　一九八三年ａ『平城京東堀河　左京九条三坊の発掘調査』
奈文研　一九八三年ｂ『昭和五十七年度平城宮跡調査部発掘調査概報』
奈文研　一九九三年『一九九二年度平城宮跡調査部発掘調査概報』
奈文研　一九八九年『平城京右京八条一坊十三・十四坪発掘調査報告』
奈文研　一九九五年『平城京左京二条二坊・三条二坊発掘調査報告―長屋王邸・藤原麻呂邸の調査―』
奈文研　一九九七年ａ『平城京左京七条一坊十五・十六坪発掘宇調査報告』
奈文研　一九九七年ｂ『奈良国立文化財研究所年報一九九七―Ⅲ』

奈良市　一九八四年『平城京左京二条二坊十二坪　奈良市水道局庁舎建設地発掘調査報告』
奈良市　一九九一年『奈良市埋蔵文化財調査概要報告書　平成元年度』
奈良市　一九九四年『奈良市埋蔵文化財調査概要報告書　平成五年度』
奈良市　二〇〇三年『奈良市埋蔵文化財調査概要報告書　平成十一年度』
奈良市　二〇〇四年『奈良市埋蔵文化財調査概要報告書　平成十二年度』
奈良市　二〇〇八年『奈良市埋蔵文化財調査概要報告書　平成十三年度』

二　木簡の世界

馬場　基

はじめに

平城宮の発掘調査で、最大の発見の一つとして木簡《もっかん》があげられる。文字資料が少ない古代史分野で、地中から膨大な文字資料が出土する。しかも、編纂されたり、書写されたりしたものではなく、奈良時代のままの「生の資料」である。一緒に出土する遺物もあるから、それらと合わせての分析も期待できる。一方、木簡だからこその難しさ、課題や方法についても繰り返し指摘されてきている（木簡学会　一九九〇・二〇〇三）。

本稿では、こうした既往の調査・研究の蓄積を前提として、いくつかの具体的な事例を取り上げつつ、平城宮・京出土木簡の世界の一端をご紹介したい。

1　木簡出土

木簡が見つかる理由

発掘調査で木簡が発見されるための条件は、大きく二つある。

一つは、環境である。木簡は、墨書《ぼくしょ》のある木製品である。木簡の素材・材質は木で、木は、普通は土の中で腐ってしまう。にもかかわらず、木質遺物が出土するのは、日本の場合、水分によって遺物が酸素から遮断されることで、木を腐朽させる菌の活動が、押さえ込まれていたことによる。だから、古代の木簡が腐ってしまわずに土の中で保存され、今日に伝わるためには、地下水が豊富な土、という環境が必須条件なのである。

二つ目は人的な条件で、木簡の出土には最低限二人の人物が存在することが必要だ。二人の人物とは、木簡を捨てた人と、それを掘り出す人である。当たり前の様だが、非常に重要なことだと思う。

そもそも、木簡が存在する背景には、木簡を利用した人がおり、その木簡を作成した人がいる。さらには、木簡の作成を命じた人がおり、木簡の作成が必要となるような制度を作った人がいる。また木簡に使う木を切る人がおり、筆を作る人がおり、墨を作る人がおり、硯《すずり》を作る人もいる。一点の木簡には、多くの古代人が関わっていて、われわれ現代人や未来の人々は、木簡を介してそうした古代人たちと相対している。この古代人との遭遇は、木簡を捨てた人物と掘り出した人物の、奇跡の出会いによってもたらされたものなのだ。

どんなに条件のよい土の中でも、木簡は徐々に劣化するから、ずっと埋めておいて良いというわけでもない。一方、もし掘り出す人が、出会いに気づかなければ、古代人との遭遇は永遠に失われてしまう。木簡出土は古代人と現代人の出会いをプロデュースするが、その出土の瞬間は最も危険な瞬間の一つともいえよう。

さて、平城宮・京で出土する大抵の遺物は、ゴミとして捨てられたものである。木簡もまた、基本的にはゴミとして投棄されたことは、まず間違いない。木簡が利用されていた最後の状態が、現在われわれが眼にすることのできる姿である。古代社会における木簡利用を考え、木簡から古代社会を復原しようとするためには、ゴミになるまでの過程を考えておかなければならない。

なぜその木簡がゴミと認識されて捨てられたのか、またなぜその場所に捨てられたのか、それらを確定することは非常にむずかしい。だが、ある程度「どういう場面で木簡が廃棄されているのか」「どういう状況で木簡はゴミになるのか」といった問題について考えておくことは、やはり必要だろう。

内裏の建て替えと木簡

そこで、ＳＫ八二〇と称される土坑《どこう》を例に、木簡の廃棄と出土について考えてみよう（『平城宮木簡一』、『平城宮発掘調査報告Ⅶ』）。

発掘調査で、木簡が発見される遺構は、溝・土坑・柱穴・井戸・池・整地土など、多様である。その中でも、土坑はゴミ捨て穴として掘削され、利用されたものが多く、投棄と出土の状況が同じと考えられ、木簡をどのように捨てたのかを考えやすい例ということができるだろう。

土坑SK八二〇は、平城宮内裏《だいり》外郭《がいかく》内の北東に位置する。平面はほぼ正方形で、検出面（遺構を発見した面）では一辺三・八㍍、底部では一辺三・二㍍。検出面から底部までの深さ約一・七㍍。なかなか巨大な穴である。

この穴を埋めている土の様子は以下の通りである。底部から五㌢ほど自然遺物を主体とする層があり、その上に五〇㌢ほど有機物を多く含む暗褐色の土が堆積する。その上は、赤褐色の土が一一五㌢「つまっていた」。こうした土の様子と、出土遺物が良好に保存されていたことなどから、ごく短期間の間にゴミが投棄され、一気に埋められた、と考えられている。そして、木簡や木製品・土器類は暗褐色の土層から大量に出土した。

木簡の内容は、天皇の身辺に関わるものや、兵衛《ひょうえ》に関連するものが多い。兵衛は、内裏の警護にあたるから、全体として天皇の身辺に近い木簡群である。ただし、一ヵ所の役所から捨てられたとは考えがたい内容の広がりがある。

何ヵ所かの役所から、一度にゴミが捨てられる場面とはどういう場面か。これを考える上で重要なのが、遺構の変遷と、一緒に出土している他の遺物である。土坑SK八二〇が埋められた後、この場所には建物が建つ。現在、SK八二〇の場所は整備されているが、土坑の面影を見つけることはできない。というのは、その後に立てられた建物が表示されているからである。つまり、SK八二〇は建

図1　土坑SK820の発掘の様子

物が建て替えられる、そのちょうど間に掘られて利用されたゴミ捨て穴である。また、SK八二〇が利用された時期は周辺の区画施設が整備途中で、比較的オープンな空間であったと考えられる。そして、木簡とともに出土している木製品には、木材の加工にともなう木の破片や檜皮《ひわだ》が大量に含まれている。

こうしたことから、SK八二〇は内裏地区の建て替えにともなうゴミ捨て穴と考えられる。したがって、木簡もこうした工事現場において、建て替えにともなうゴミと一緒に捨てられたわけである。だから、SK八二〇出土木簡には、大きく二つのまとまりが想定されよう。一つは、ちょうど同時期に日常的に利用され、廃棄された木簡である。単に、都合の良い穴が掘られていたから、そこに木簡が捨てられたというものである。もう一つは、建物の建て替えにともない、その中にあったゴミとして木簡が捨てられた、というものである。取り壊す建物の中を掃除した際に、出てきたゴミの一つに木簡があった。

そして、SK八二〇の場合、もう一つの可能性が想定できる。その想定の根拠は、土坑の年代である。出土木簡の年紀の分析から、天平《てんぴょう》十九年（七四七）ごろに埋められた、と考えられている。これは、聖武《しょうむ》天皇が平城に還都《かんと》して間もない。その時期を考えると、平城還都の荷解きにともなって廃棄された木簡も含まれる、と考えられる。

以上、SK八二〇への木簡廃棄は、①周辺のいくつかの役所や役所の建物から廃棄されたとみられる、②廃棄の理由は大きく三つの場面が想定される、という点が指摘できる。特に、廃棄の場面として、「建て替え」のような特別な理由が存在することは注目すべきだと考える。

二条大路木簡と光明皇后

建物の建て替え時期にゴミ捨て穴が掘られ、木簡が大量に投棄された例は他にもある。たとえば有名な「長屋王家木簡《ながやおうけ》」は、SD四七五〇と称される遺構から出土した三万五〇〇〇点に及ぶ木簡群だが、このSD四七五〇は長屋王邸の時期変遷でいうとA期からB期へと建て替えられる、その中間の時期に掘られて、利用されたものである。

木簡ゴミは、日常的に発生している。だが、それが土坑にまとめて大量廃棄されるのは、必ずしも日常的なことではなく、建物の建て替えなど、別の理由が想定されることが多いようである。今度は逆に、こうした「木簡が大量廃棄されるのは建物の建て替え等特別な場面が多い」という観点から、木簡群について分析してみよう。

左京《さきように》二坊《ぼう》域の、二条大路上に長大な土坑が穿たれ、そこから木簡をはじめとする大量の遺物が出土した。この木簡群は二条大路木簡と称され、総点数は七万点を超える(『平城京左京三条二坊発掘調査報告』、『平城京木簡　三』)。この溝については、他の条坊側溝《じょうぼうそっこう》と接続しないことから、ゴミ捨てのために掘られたもの、とされるが、路面保護のために掘られた側溝の一類型ではないか、という指摘も存在する。ただし、出土木簡はほぼ一時期に集中し、廃棄の時期は比較的短期間に集中すると考えて差し支えない。

　二条大路木簡は大きく二つの木簡群からなる。一つは、南側の、かつて長屋王邸であった宅地から投棄された木簡群で、皇后宮職《こうごうぐうしき》（光明《こうみょう》皇后の皇后宮職）の木簡と考えられている（Ⅰ群）。もう一つは、二条大路北側から投棄された木簡群で、内容の分析から藤原麻呂《ふじわらのまろ》の家政機関の木簡と考えられている（Ⅱ群）。『平城京木簡』三で、ある程度の見通しが述べられ、一部の木簡の報告もなされているⅡ群の木簡の廃棄について確認しよう。

　Ⅱ群の木簡には、大きく三つの廃棄のグループが想定できる。

　一つ目は、造営関係の木簡である。天平七年（七三五）末から八年初にかけての時期に集中する。遺構変遷でも建物の充実が想定されている時期に符合するから、その造営にともなう木簡であろう。

　二つ目は、天平八年六月から七月にかけての、吉野行幸《よしのぎょうこう》に関わる木簡である。Ⅱ群の木簡には、この吉野行幸に関係することが明らかな木簡が少なからず含まれている。さらに、Ⅱ群の木簡で最も点数が多いのは天平八年の年紀をもつ木簡であり、それも年の中頃が目立つ。これはまさに吉野行幸の時期と重なる。

　三つ目が麻呂の死去にともなう廃棄である。麻呂の死去は天平九年七月、Ⅱ群の木簡の可能性が想定される木簡で、最新の年紀は天平九年八月四日である。ただ、Ⅱ群木簡の時期は天平九年三月までにまとまる傾向があるので、死去を契機と見るか、それ以前に一度何らかの契機を考えるかは、検討の余地があるであろう。

重要なことは、あたかも天平七年から九年までの、藤原麻呂家家政機関の活動をそのまま映し出すように見える二条大路木簡Ⅱ群も、実際にはいくつかの特別な場面を中心としたものである、という点である。確かに家政機関の日常的業務をうかがわせる木簡も多く含まれ、日々の業務の中で廃棄された木簡が含まれる可能性もある。だが、特別な契機に利用されたり廃棄されたりした木簡群が中心となっている、という点は確かだと思われ、この点は十分に考慮しておく必要があろう。

出土木簡籌木論と東方官衙土坑の衝撃

さて、「木簡はいつ捨てられるのか」という点から検討をして、いくつかの仮説を得るに至った。だが、「木簡の捨て方」について、最近重要な指摘がなされ、また一方で驚くべき調査成果が明らかになった。

木簡は、大抵壊れて出土する。そしてその多くは、土の中で折れてしまったわけでも、発掘調査の時に折れてしまったわけでもなく、どうも奈良時代に壊されて捨てられたと考えられる状況で出土する。かつてはあまり注目されていなかったが、近年では記載内容を無効にするシュレッダー処理とする見方で落ち着きつつあった。そこに提示されたのが、「出土木簡籌木《ちゅうぎ》論」である（井上和人『日本古代都城制の研究』吉川弘文館、二〇〇八）。

出土木簡籌木論では、壊れて出土する木簡の観察を通じて、出土木簡の多くは籌木（糞べら）であったと結論づける。籌木の投棄場所と便所との関係も別個に論じており、非常に説得力に富む。翻って考えてみると、出土木簡の中には木製品に転用されているものがまま見受けられる。文字を記載する機能を失った後、木という材質が利用されているもので、新聞紙を包装に使うのに似ている。だから、木製品の一つである籌木に転用されていたというのも自然に首肯できるし、逆に木として使える木簡をそのまま捨てるのは不自然にも感じられる。

細長く割られた木簡を籌木と考えるか否かは、それぞれの遺物の詳細な観察と、籌木とはどういう遺物なのかという理解の問題に関わってくる点がある。また、完形で出土する木簡の存在や、また上述のように木簡が建て替えなど特殊な場面で一括廃棄されることがままある点なども考慮にいれると、すべての木簡が籌木ということはないだろう。だが、籌木として再利用された木簡も多かった、という点は非常に重要な観点となろう。

もう一つは、平城第四四〇次調査の成果である（『奈良文化財研究所紀要二〇〇九』）。東区朝堂院の東側の官衙域での調査で、ＳＫ一九一八九という土坑が発見された。削屑《けずりくず》を中心とする膨大な木簡が出土し、現在も洗浄作業中で総点数はまだわからない。注目すべきは、その土坑の堆積状況である。木屑層の上層が漸移的に炭層となり、さらにその上に薄く粘質の粒子がきわめて細かい土となっている。木屑を放り込んだ後に火をつけて焼却したと考えられる。火は外に広がるから、内側に焼け残った木屑があり、外側は炭や灰となっている、というわけである。

この状況を、発掘調査の概報で端的に、そして的確に、次のように指摘する。

「ＳＫ一九一八九では木屑を焼却したと考えられる炭層を確認している。廃棄物の明確な焼却を示す土坑は宮内では初の発見となる。これまで木簡は焼却処分されることはないと考えられてきたが、その発想を覆す事例である。木簡だけでなく宮内の廃棄物処理のあり方を考える上でも今回の発見は重要なものとなるであろう。」

古代に存在したであろう木簡の、どの部分が現在出土している木簡なのか。正確に知ることは困難だが、ある程度イメージを作っておく必要がある。そのためには、木簡の廃棄を考えることは非常に重要である。そして、新しい調査や研究が提示された現在、木簡の廃棄について、改めて整理・検討すべき段階に来ているのではないだろうか。

2 木簡の検討

木簡の分類と働き

木簡は、文書・付札・その他に大きく三分類される（表1）。これは、基本的には古文書における分類に依拠しつつ、そこに木簡の機能や形状といった観点を加味した分類である。平城宮・京出土の木簡の整理・分析の中で培われた分類であり、木簡を考えるさいの一つの出発点となる。ただし、この分類も必ずしも十全ではない点には注意が必要である。

木簡は、「木」という特性から、二つの特徴的なあり方が指摘できる。一つは「現物」との密接な関係であり、もう一つはさまざまな「動き」に関連する、という点である。

たとえば、物品に装着される付札《つけふだ》は、木簡ならではの利用方法ということができるだろう。物品の現物と、非常に密接な関係が存在する。画指《かくし》木簡、門牓《もんぼう》木簡など、現物（物の場合も人の場合もある）との密接な関係や、関係のあり方は木簡の機能を考える上で重要な観点である。

また、木簡にはさまざまな「動き」がともなう。全国からの貢進物《こうしんぶつ》に装着された荷札《にふだ》は、貢進物と密接な関係があると同時に、全国から都へと移動した木簡である。人を呼び出すために利用された召《め》文《ぶみ》も、呼び出し先まで運ばれるという動きがある。また、人事評価にさいして利用される木簡も、作業過程で動かすことが前提とされ利用されており、またそこに記載された情報＝人事評価は確定途中であり、動いている情報である。むろん、紙の文書でも、物理的な空間移動や情報の動きが想定できるものも多いが、木簡の場合はほぼ必ずこうした「動き」をともなっている。

表1　木簡の分類（**寺崎保広**　二〇〇六）

- 木簡
  - A 文書
    - a 文書
    - b 記録
      - α 伝票
      - β 帳簿
  - B 付札
    - a 荷札
    - b 付札
  - C その他

現物との密接な関係や、動くという特徴は、木簡の働きや記載内容が抽象化された情報ではなく、現実に機能するものであったことと密接に関係していると思われる。そして、現実に機能するという性格ゆえに、先に示した分類だけではカバーしきれない側面も有している。一点の木簡がいくつかの性格をあわせ持っていたり、あるいは作成から廃棄までの間に性格を変化させたりするのである。

たとえば進上状《しんじょうじょう》と称される木簡がある。

図2　進上状に類似する荷札木簡（阿波国）

進上元　＋「進上」（または「進」）＋物品名

という記載が基本である。物品の進上にさいして添えられる「文書」に分類されているが、中には切り込みを有して物品にくくりつけられていたと考えられるものもある。こうなると、物品の付札、あるいは荷札に限りなく近い。書式が文書の型式であるから、文書に分類されるのは当然だ、という見方もあるかもしれない。だが、たとえば参河国幡豆郡の島々から送られる御贄の荷札の書式を見てみると、

某島海部（＝進上元）＋「供奉」（そなえたてまつる＝進上文言）＋某月料＋品目

という具合であり、進上状の書式に類似する。また、国が進上主体となる贄荷札でも、

某国　＋　進上　＋　品目

という書式をとり、進上状と選ぶところはない。にも関わらず後の二者は荷札に分類されてきている（馬場基「荷札と荷物のかたるもの」『木簡研究』三〇、二〇〇八）。

分かり切ったように感じられる文書と荷札の分類も、その実際的な機能や文言の詳細に検討を及ぼすと、中間的な性格の木簡が多数存在している。木簡を考えるさいには、それぞれの木簡の具体的な働きを視野に入れておく必要があろう。

一次資料・木簡の強み

木簡は、一次資料である。古代人から、直接われわれの元に届けられる。編纂や、転写などの意図的な操作が加わっていない。こうした強みから、たとえば郡評論争《ぐんぴょう》にも大きな影響を与えたことは、よく知られる通りである。律令には明確な規定がない贄についてては木簡の分析から多くのことが明らかにされている。それ以外にも、正史には記載されない日常的な官司《かんし》運営で用いられたことから、古代社会の実相を考えるうえでも重要な材料である。

さて、近年の研究で、土中から出土した考古学的遺物であり、一次資料である木簡が、非常に大きな役割を果たした例を紹介しよう（以下、渡辺晃宏「平城宮第一次大極殿の成立」『奈良文化財研究所紀要二〇〇三』による）。

平城宮には二つの中枢区画がある。その内、西側の「中央区」と称される地域に、奈良時代前半の大極殿がそびえていた。第一次大極殿である。第一次大極殿自体は台地上のしっかりとした地盤の上に乗っているが、周囲を囲む築地《ついじ》回廊《かいろう》やその南面に開く門、あるいは第一次大極殿前の広場は谷を埋め立てて造成された部分が少なくない。その造成土の中から、和銅《わどう》三年（七一〇）の年紀をもつ、伊勢国からの米の荷札が出土した。月ははっきりとしないが、三月か五月のようである。

この木簡によって、大極殿前広場や周辺の回廊を作るための整地作業が、和銅三年三月もしくは五月以降であることが明らかになった。伊勢から都に運ばれて、消費されるまでの時間も考えると、さらにもう少し遅い時期と考えてよいかもしれない。当然、広場や回廊の建設は整地の後だから、さらに遅れることになる。平城京への遷都は和銅三年三月のことである。平城遷都の時点では、大極殿前広場や回廊は工事にすら入っておらず、地ならしを行なっている段階だったわけである。

この木簡からは、大極殿本体が工事中だったのか、できあがっていたのかを知ることはできない。しかし、大極殿が乗っている部分は、台地を削って土地を平坦にしている。谷を埋めるとき、わざわざ遠くから土を持ってくるより、近所で削った土を利用する方が自然であろう。こうした事情も考えると、遷都時点では大極殿もまだ地ならしが行なわれている程度の段階だったと考えるのが自然であろう。

『続日本紀《しょくにほんぎ》』は、和銅三年の正月に大極殿を用いての儀式を記した後、霊亀《れいき》元年まで大極殿の記事を載せていない。このことも、和銅三年の木簡が整地土から出土したことと合わせると、双方が補い合って非常に理解しやすい。『続日本紀』によれば、和銅三年正月には、まだ藤原宮に大極殿はそびえ立っていた。平城宮大極殿は藤原宮大極殿を移築したと考えられているが、正月に儀式で使っていた大極殿が三月に平城宮に移築できる、とはちょっと考えにくい。木簡と発掘成果によれば、平城遷都時には、大極殿も地ならし工事の最中であった。両者はよく符合する。だから、『続日本紀』が伝える次の大極殿こそ、平城宮大極殿の完成と考えるべきであろう。

木簡の、文字の記載だけでは知り得なかった事実が、出土層位、周辺の遺構との関連性の分析、さらに『続日本紀』の記載の読み込みによって明らかになった例である。木簡研究の醍醐味ということができよう。

下級役人の出身地と出勤状況

もう一例、木簡が一次資料としての強みを発揮した例をご紹介しよう。木簡、といっても、今回活

表2　式部省跡出土の考課木簡からみた官人の本貫地（寺崎保広　二〇〇六）

平城京	一一五	山背国	四二	茨田郡	二	畿内小計	二三四	信濃国	六	備中国	五
左京	三〇	乙訓郡	二	交野郡	一	伊賀国	六	上野国	四	備後国	一
右京	五二	葛野郡	六	若江郡	三	伊勢国	三	下野国	二	安芸国	一
大和国	六〇	愛宕郡	一二	渋川郡	二	尾張国	七	陸奥国	二	周防国	一
添上郡	四	紀伊郡	二	志紀郡	一一	参河国	六	出羽国	二	紀伊国	三
添下郡	二	宇治郡	三	丹比郡	一三	遠江国	一〇	若狭国	二	讃岐国	五
平群郡	四	久世郡	一	和泉国	九	駿河国	二	越前国	二	伊予国	二
広瀬郡	三	綴喜郡	三	大鳥郡	二	伊豆国	二	能登国	一	筑後国	一
葛上郡	四	相楽郡	二	和泉郡	五	甲斐国	三	越中国	三	肥前国	二
葛下郡	一	河内国	八六	摂津国	三七	相模国	一	丹波国	二	肥後国	一
忍海郡	三	錦部郡	二	住吉郡	五	武蔵国	三	丹後国	一	畿外小計	一六六
宇智郡	一	石川郡	三	百済郡	二	上総国	三	但馬国	四	総数　五一五点	
吉野郡	二	古市郡	六	西成郡	六	下総国	四	因幡国	一		
城上郡	五	安宿郡	三	嶋下郡	一	常陸国	五	出雲国	三	京　：二二・三％	
城下郡	三	大県郡	六	豊嶋郡	四	近江国	三一	播磨国	一〇	畿内：四五・四％	
十市郡	一	高安郡	六	川辺郡	二	美濃国	七	美作国	二	畿外：三二・二％	
山辺郡	六	讃良郡	一	菟原郡	二	飛騨国	二	備前国	二		

表3　古代下級官人出勤日数実態調査

<table>
<tr><th colspan="2">出勤日数(日)</th><th colspan="2">奈良時代前半(人)</th><th colspan="2">奈良時代後半(人)</th></tr>
<tr><td colspan="2">300〜</td><td colspan="2">6</td><td colspan="2">3</td></tr>
<tr><td colspan="2">200〜299</td><td colspan="2">10</td><td colspan="2">15</td></tr>
<tr><td rowspan="8">100
〜
199</td><td>190〜199</td><td rowspan="8">13</td><td>1</td><td rowspan="8">2</td><td>0</td></tr>
<tr><td>180〜189</td><td>3</td><td>0</td></tr>
<tr><td>170〜179</td><td>0</td><td>0</td></tr>
<tr><td>160〜169</td><td>1</td><td>0</td></tr>
<tr><td>150〜159</td><td>2</td><td>0</td></tr>
<tr><td>140〜149</td><td>2</td><td>1</td></tr>
<tr><td>〜140</td><td>1</td><td>0</td></tr>
<tr><td>不　明</td><td>3</td><td>1</td></tr>
<tr><td colspan="2">〜100</td><td colspan="2">1</td><td colspan="2">0</td></tr>
<tr><td colspan="2">去　上・中・下</td><td colspan="2">—</td><td colspan="2">76</td></tr>
<tr><td colspan="2">去　　不</td><td colspan="2">—</td><td colspan="2">78</td></tr>
</table>

躍するのはその削屑である。

平城宮の東北隅部分には、文官の人事を司る式部省《しきぶしょう》が置かれていた。式部省では、人事評価のために、本人の官位・姓名・年齢・本貫地《ほんがんち》・出勤日数などが記された木簡が利用され、削られては繰り返し利用される。その一部が、周辺から出土しており、『平城宮木簡』四〜六に収められて報告されている。

木簡を用いて、式部省でこうした人事評価を受けるのは、六位以下のいわゆる下級官人層である。したがって、この木簡群のデータは、下級官人たちに関するデータということができる。

そして、この木簡群から知ることができる点を二つ紹介しよう。

一つは彼らの出身地である（表2）。彼らの本貫地は、平城京を中心に大和・河内・山背など畿内に広がっている。あくまでも本貫地のデータであり、実際の居住地ではない可能性もあるが、下級官人たちの本拠地が平城京に集中しきっておらず、畿内の各地に分散していた傾向を指摘することができるだろう。

もう一つは彼らの出勤日数の実態である（表3）。奈良時代前半では、一〇〇～二〇〇日程度が最も多い。下級官人は、一四〇日～二〇〇日程度以上の出勤で人事評価の対象となり得るから、必要最低限の上日《じょうじつ》で済ましていた官人たちが多かったということができる。奈良時代後半で注目すべきなのは「去不」という記載であり、これは前年度「勤務成績無し」であったことを意味する。勤務成績が不良でも、出勤日数が足りていれば、それなりの相応の評価を得られるはずだから、「勤務成績無し」＝出勤日不足、ということになろう。奈良時代後半、下級官人の半数が人事評価を受けるためには勤務日数不足だった。瀕死の重病などの可能性も想定できるが、他のデータをつきあわせると、やはりかなりの割合で、確たる理由もなくなぜか出勤日数が足りていないようである。古代の下級官人といえば激務で通っているが、どうも必ずしもそうでもなさそうだ。この数値データは、通説に一定の見直しを迫るものということができよう。

小さな破片ですらないような削屑のデータから、本拠地が畿内各地に分散していて、出勤状況も

図3　考選木簡の削屑

「皆勤」とはいいがたいというような、下級官人の実相の一端を知ることができ、通説に疑問も提示できるわけである。

木簡の「年」は信用できるか

ここまで、一次資料としての木簡の強み・おもしろさを紹介してきた。ここでは、そうした木簡の扱いで、注意すべき例を挙げてみよう。

木簡には年月日が記されることがある。この年紀の記載は、遺物や遺構の絶対年代を知る手がかりとして非常に有効だと考えられている。だが、この年紀が信用できない場合もある。記載された年紀と、捨てられた時に大きな時間差がある場合もある、ということである。たとえば、前出の土坑SK八二〇の場合、最も古い年紀は養老《ようろう》二年（七一八）と土坑の時期より三〇年近く遡る。

そこで、土坑の時期と年紀が食い違う木簡を整理してみると、綿《わた》と塩《しお》の荷札であり、要するに保存の利く物資である。荷札に記される年紀は貢進の年紀だから、荷札の年紀と土坑の時期差は、貢進されてから消費までの時間を反映していると考えられる。

一般に、文書木簡は作成されてすぐに利用され、使命を終えるため、そこに記された年紀は遺構の年代を直接示すと考えられる。荷札の場合は都までの輸送や、倉庫への収納、さらに備蓄などの過程があり、その時間差を考える必要がある。

だが、大抵の物資は、それほど長く保管されることなく消費されている様子である。物品の性格にもよるだろうし、消費のパターンにもよるだろう。SK八二〇でも、塩の荷札も含めて大抵の荷札は、天平十七年である。

それだけに、年紀が記された木簡が出土すると、その年紀を中心に考えてしまいがちである。もし、その荷札が長期保存されたものだとしても、同じ遺構から他に年紀のある遺物が出土していなければ、長期保存だと積極的に決めにくい。

塩の場合、SK八二〇の例からも分かるように、長期保存する場合も、そうでない場合もあるため、難しい。だが、より詳細に塩の荷札を分析し、都城における製塩土器の出土や生産地の様子を総合すると、どうやら都で出回っていた塩は大きく四種類あり、貢進された塩はそのうちの三種類であることが知られる。その三種類は産地と対応しており、若狭《わかさ》型・東海型・周防《すおう》型（瀬戸内型）に分類できる。若狭型・東海型は遺構の年代観と二〇年近くずれることがあり、周防型は遺構の年代観とのずれは三年程度に収まる。だから、塩の荷札でも、周防国のものであればそこに記された年紀は比較的直接その遺構の年代を示すし、若狭国や尾張国であれば、木簡の年紀より他の遺物の年代観を優先した方がよいであろう、ということになる（馬場基「塩のはなし」奈良文化財研究所第十八回総合研究会）。

文字に書かれている、という威力は魔力に近い。しかし、その文字の情報が、どのような過程で土に埋まったのか、そうした検討をしなければその情報を生かし切ることはできないのである。

だが、この課題はなかなかもって難しいのだが…。

3 木簡の読み解き

木簡で遊ぶ

木簡で遊ぶのは、われわれではない。古代人である。木簡で遊んでいるらしい例としては、落書きとくじ引き札がある。ここでは、くじ引き札を紹介しよう。

一組は、長屋王邸で出土した。一〇㌢強ほどの長さで、「此取人者盗人妻成」「此取人者御六世」などと書かれている。これらが、くじ引き札だったと推定されている。「此取人者」が「この札を取った人は」という意味で、その後の「盗人の妻となる」「弥勒《みろく》の世に」などが、くじの当たり・はずれに相当するような文言になる（東野治之「長屋王家木簡の「御六世」」『国文学　教材と資料』四七―四、二〇〇二）。

長屋王邸の片隅で、こんなくじ引き遊びが楽しまれていたわけであるが、「妻となる」というような文言からすると、くじ引きをして楽しんでいたのはおそらく女性である。奈良時代の淑女の密やかな楽しみが、井戸の中から出土した。

もう一組、たびたび話題になっているＳＫ八二〇から出土した。繊維の品名と色だけを記した小さな札である。これらの札が、もとは一枚の長い板を割って作られたことが、明らかになった。作成の時も一緒に作られ、廃棄も一緒。だから、これらの札は、作成―利用―廃棄の一連の過程で、一組のものとして扱われていたと考えられる。

さらに、正体不明の「取色」という札がある。「取色」では繊維製品の付札にはふさわしくない。そんなわけで、ご褒美などでもらった繊維製品を分配する際のくじ引き札ではないか、ということになった（渡辺晃宏「平城宮跡出土の「籤引き札」」『日本歴史』七〇九、二〇〇七）。

上記の説明の中では、「取色」は、オールマイティーカードとされているが、くじ引きのタイトルみたいなものではないか、普段しまっておくときに、一番上に載せて「繊維製品分配くじ」という見出しとしていたのではないか、という考え方もあり（舘野和己氏・佐藤信氏の口頭でのご教示による）、こちらのほうがわかりやすいように思うが、いずれにせよこの一群の札をくじ引き札と見る点では共通している。

ただしこの「取札」グループ木簡がくじ引き札であるかどうかには、若干問題も残る。というのは、大きさや雰囲気の木簡が、推定造酒司《ぞうしゅし》から出土している。この木簡群では、女性の人名と数字や色を

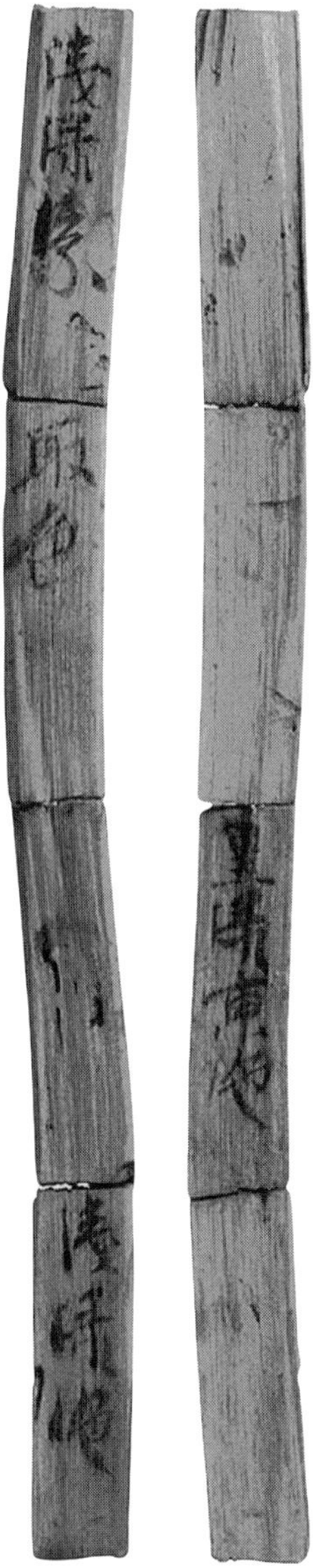

図4　くじ引き札

記している。これらがくじ引きといえるか、あるいはこれらの木簡群はSK八二〇出土のくじ引き札とは性格がことなるのか、このあたりは今後の検討課題であろう。

小便禁止札の読み方

平城宮の中枢部分、第一次大極殿南面回廊にとりついて建つ西楼《にしろう》という楼閣《ろうかく》建物跡から、前代未聞の木簡が出土した。

此所不得小便　　　　　　　　　長さ二〇三ミリ・幅五五ミリ・厚さ六ミリ　〇一一形式
（『平城宮発掘調査出土木簡概報』三七　一〇頁上段）

書いてある内容は一目瞭然、「ここで小便をしてはいけません」。困ったのは、その用途である。手紙や、荷札でないことは明らか。普通に文字から考えたら、看板か何かであろうが、なにしろ類例がない。看板といえるかどうか、奈良文化財研究所平城宮跡発掘調査部史料調査室の総力をあげての検討が始まった。

看板と考えるさいの問題点は、二つ。一つはどうやって掲げたのかが分からない。穴でも開けてくれていれば、ぶら下げたり打ち付けたりしたことが分かるのだが、穴はない。土に差して立てるような加工もない。だから、掲げられていた根拠がない。二つ目は、この文字や木簡の大きさで、看板として機能し得たのか、という点。木簡としては大振りな文字だが、看板として掲げるには少々文字が小さいのではないか。

まず、後者についての解決が早かった。現代の立ち小便禁止のメッセージを見れば、大抵それほど大きくない。立ち小便では、電信柱とか、塀の隅とか、なんとなく的になるものがあって隠れられるような、そういう場所が好まれるようである。そして立ち小便禁止のメッセージは、そうしたスポットをピンポイントで封じるようなものが多い。古代人も、きっと同じだったろう。だから、大きさは十分である。

そうなると、問題は掲示方法である。これは結局しっかりとは解決しなかった。ただ、上記のような立ち小便スポットの特徴から、そうした立ち小便の的になるような部分に置けば良いのではないか、ということになった。

そして、看板であるという結論に至る上で、大きな役割を果たしたのが「利用の場面」の想定である。この木簡は、建物を壊したさいにできた穴から出土した。この穴は後に埋められて整地される。だから、建物の解体にともなう掃除や、工事現場で使われた可能性が想定できる。そして、木簡の加工は非常に粗い。文字が書かれている面も、簡単に削っているだけで、しっかりとした平滑面は作っていない。裏に至っては、大型の工具で割ったままである。上下の切断も、大胆な切り折り加工で、削って仕上げるような仕事はしていない。この加工と、出土状況から、造営工事の際に、

図5　小便を禁止した木簡

手元にあった木片で「小便禁止」のために作成された、と考えられた。ならば、工事現場の立ち小便スポットに置くには、実にふさわしい木簡ではないか。

その後も検討が続けられた。一緒に出土した土器に、火鉢として使われたと考えられるものがある、という情報から（『奈良文化財研究所紀要　二〇〇三』）、寒かったからつい小便が近くなって、不届き者が続出した可能性が論じられた。また、「小便」と書かれた辺りの腐食が進んでいるのは、この看板に立腹した面々があえてそこを的として放尿したのではないか、などの議論もあった。だが、これらの点は結論に至っていない。

おもしろおかしい、という意味ではここまでで十分なのだが、もう少し考えてみるとこの木簡はなかなか意味深長である。工事現場で立ち小便を禁止された人々はだれだろうか。まさか、貴族たちではあるまい。実際に工事に従事する人々であろう。こうした人々に、「文字」でメッセージを発信した、ということは、彼らもある程度文字を理解し得た可能性があるのではないだろうか。書けはしなかったかもしれないが、簡単な文章やよく使ういい回しなら、読むことはできる。

もし腐食の理由が想定通りであったならば、意味が分かってねらっているわけだから、ますます彼らが文字を解した可能性は高まる。奈良時代の文字の普及を考える上で、一つの鍵となる材料ではないかと思う。ちなみに、立ち小便禁止木簡と一緒に、膨大な籌木も出土している。大便はＯＫで小便だけ禁止されていた、というわけではないだろう。利用された場所と、廃棄の場所の関係もうかがうことができる材料である。

おわりに

さて、紙数が来てしまった。木簡が教えてくれることは、まだまだたくさんある。奈良時代も衣服にのり付けをしていたことなど古代人の皮膚に近い情報や、木津からの木材や奈良山丘陵で焼かれた瓦を車に積んで輸送していること、門の出入りの規制、給与の様子などの制度の運用などに関わる日常的な様子、当時の人の言葉遣いの様子など、木簡から引き出せる情報は非常に多い。そして、木簡から情報を最大限引き出すためには、他の遺物や遺構のなかでの位置づけるといった作業は非常に重要であることは、これまで見てきたとおりである。幸い、こうした「意識」は広まっているようで、近年では木簡を素材とした大抵の研究では出土遺構に関しての言及がある。だが、時として手続き上必要な作業として、形式化しているように感じられる時もなくはないと思う。

だから、ぜひ「意識」から「形式的」に触れるのではなく、実質をともなった分析・研究を目指し、平城宮・京の実相に近づけるよう努力しなければならないと反省しつつ、筆を置くことにしたい。

参考文献

寺崎保広　二〇〇六年『古代日本の都城と木簡』吉川弘文館
木簡学会編　一九九〇年『日本古代木簡選』岩波書店
木簡学会編　二〇〇三年『日本古代木簡集成』東京大学出版会

三　都の流通経済

寺崎保広

はじめに

本章に課せられた課題は、平城京を中心とする交易の実態を具体的な事例に則して述べること、であった。その場合には、平城京に置かれた官設の市である東市と西市の様子、そこでの交易のありかた、東西市以外の平城京周辺における交易の拠点、さらに交易の場における銭貨の流通のさまなどを、発掘調査成果をふまえつつ叙述することが求められるであろう。

しかし、そうした試みは近年いくつかなされている（舘野和己　二〇〇五など）ので、ここでは、やや視点をかえて、当該問題についての基本的な研究の紹介と若干の検討をおこなってみたい。その研究とは、具体的には吉田孝・鬼頭清明・栄原永遠男の三氏の研究である。

1　交易の発達度

造東大寺司の経済活動

最初に取り上げるのは、吉田孝「奈良時代の交易」（吉田孝　一九八三）である。この論文では、正《しょう》倉院文書《そういんもんじょ》を駆使して、造東大寺司《ぞうとうだいじし》という役所の財政とそこに所属する官人たちの交易活動への関わりかたを詳細に追求したもので、正倉院文書の全体的構成を考える上でも、また、奈良時代における都周辺の流通や交易を考える上でも古典的な業績となっている。その要点をあげると、次のようになる。

a、正倉院文書は、その伝来過程によって分類すれば、正倉院に収納された器物に関連して残存した文書と、造東大寺司の写経所政所《しゃきょうじょまんどころ》におかれていた文書に二分でき、中心となる後者は、写経所関係文書と造石山寺所《ぞういしやまでらしょ》関係文書に区分される。そうした内容の正倉院文書によって、造東大寺司の写経所、造石山寺所、あるいは法華寺阿弥陀浄土院金堂《ほっけじあみだじょうどいんこんどう》関係文書など、造営事業・写経事業に関わるさまざまな財政運用の実態をうかがう史料として活用することができる。

b、天平宝字《てんぴょうほうじ》五年（七六一）から、近江《おうみ》の石山寺の造営がおこなわれたが、そこでの食米《しょくまい》の運用をみると、造営の別当《べっとう》をつとめた官人安都雄足《あとのおたり》からしばしば借米《しゃくまい》しており、それは雄足の保有する勢多庄《せたのしょう》に蓄えられた米であった。その勢多庄は米のみならず木材などの交易の拠点ともなっていた。

c、天平宝字三年からはじまる法華寺阿弥陀浄土院金堂造営にあたっては、財源は施入物《せにゅうぶつ》と封戸物《ふこぶつ》であったが、それらを売却して銭にかえて造営費用にあてていた。売却は、院中（造営現場）と「丹波宅」でおこなわれたが、その丹波宅とは造東大寺司の財政担当官人の一人丹波広成の宅であった可能性が高い。また、造営に関わる物品購入の場所は、木材を泉津《いずみのつ》でもとめているのをはじめとして、畿内各所で調達しており、東西市との関係はきわめて希薄である。

d、天平宝字六年から写経所では二部大般若経《にぶだいはんにゃきょう》の書写がはじまるが、その費用は節部省《せつぶしょう》（大蔵省）から支給された厖大な調綿であり、それを売却して得た銭によって支出がまかなわれた。売却は写経所の官人たちが分担しておこなったが、売却方法は、①官人たち本人が購入する、②官人たちが一定価格で売却を請け負う、③難波《なにわ》へ交易使《こうえきし》を派遣して売却する、といったケースがあるものの、東西市で売却した証拠を見いだせない。

e、造東大寺司は交易記録を保存し、それを利用して「平章《へいしょう》」（価格調査）をおこなった上で物品を購入しており、東西市の沽価《こか》（公定価格）にしたがっていたのではない。

以上のような点をふまえて、吉田は次のように述べる。

「平城京には官営の東市・西市があったが、不思議なことに官司の一つである造東大寺司は、調庸物の売却や必要物資の購入の際に、東西市にはあまり依存していない。造東大寺司は自らの交易の記録を保存し、物価の季節変動や地域間格差を調べて物資の売却・購入をおこない、その間に巧みな利潤獲得行為すらおこなっていた。造東大寺司が東西市に制約されずに独自に交易活動を営むことができたのは、難波や泉（木津）など各地に設置した庄（ミヤケ）を巧みに利用することができ、また必要に応じて交易使を各地に派遣することができるという、造東大寺司の財政機構によるところが大きかったと考えられる。造東大寺司の財政運営を具体的に追跡していくと、それに便乗して、安都雄足をはじめとする官人たちが、私的な利潤獲得の活動をおこなっていた姿が浮かび上がってくる。そしてその活動の拠点となったのは、官人たちが各地にもっていた宅（ヤケ）であった。」（一八頁）

つまり、吉田は、奈良時代における都およびその周辺での流通が、思いのほか発達しており、造東大寺司の経済が、たんに東西市のみならず、都周辺のさまざまな交易場所に依存したものであったことを明らかにした。その特質について、吉田は、造東大寺司が中央官司の財政機構の外側に新たに成立したことを要因の一つとしてあげているが、それとともに、その背景として「官人の私経済」が機能しうる程の流通の発達に注意を喚起したのである。後続の鬼頭・栄原説は、この吉田説をどう継承し、批判してゆくか、が大きな課題となっていったと思われる。

実物貢納経済という考え方

鬼頭清明『日本古代都市論序説』（一九七七年）は、平城京を主な対象としながら、東アジアの都城が「都市」の概念に含まれるのかどうかを考察したもので、都市論を考える上での基本的な研究ともなっている。その方法は、正倉院文書に登場する時期を異にする下級官人三人をとりあげ、彼らの具体的な仕事ぶりや経済活動を追いかけながら、平城京の都市としての成熟度を考える、というものである。その詳細はここでは省略するが、同書の中で、鬼頭が使用した「実物貢納経済《じつぶつこうのうけいざい》」という用語が、古代の都における流通の特質をあらわすキーワードとして重要な意味をもつと考える。鬼頭によれば、

「実物貢納経済とは、中央政府が必要とする物品を、諸国から交換経済を原則として媒介することなく収取する体制をいうこととする。したがって、直接、生産物を租税として中央政府が収取し、それを、ここでも交換経済に出すことなく、生産物の使用価値にしたがって、各官司に分配、支出することになる。もっと単純化していえば、自然経済を背景とする貢納経済の一種であるが、その物品の集中地には農村から自立した手工業者がいない場合には、中央行政機関はその経済上の運営をこの実物貢納経済に依存せざるを得ない。ここでは流通経済は実物貢納経済の補完物としての位置にとどまる。」（五三頁）という。

少々解説を加える。古代の物品の税は、租庸調《そようちょう》の三種が主なものであるが、このうち、租は公民《こうみん》が米で納め、それは国府《こくふ》に蓄えられて地方官司の財源となる。一方、庸と調は指定されたさまざまな品目を納めるが、それらは都に運ばれて中央政府の財源となる。いったん民部省《みんぶしょう》や大蔵省に納められた庸と調の品は、中央の各官司に配分されて役所の運営費となるか、もしくは、中央の官人たちに給与として支給される。そこで、この中央の財源としての庸調の特徴を指す言葉として鬼頭が用いたのが「実物貢納経済」という語句である。「中央政府が必要とする物品を、諸国から交換経済を原則として媒介することなく収取する体制」とした根拠は次のような諸点であろう。

一つは、律令の租税の規定によれば、調の品目の指定が中国と比べて、著しく多種多様になっていることである。賦役令《ぶやくりょう》によって品目を比較すれば、唐令《とうれい》では、「綾《あや》・絹《きぬ》・絁《あしぎぬ》・布《ぬの》・綿《わた》・麻《あさ》」の六種であり、これらは現物貨幣的な品物であるのに対して、養老令《ようろうりょう》では正調として「絹・絁・糸・綿・布」

の五種を挙げたほかに、調雑物《ちょうぞうもつ》として「鉄、鍬《くわ》、塩、鰒《あわび》、堅魚《かつお》」以下の三四種、さらに調副物《ちょうのそえつもの》として「紫《むらさき》、紅《くれない》、茜《あかね》、黄連《おうれん》、東木綿《あづまのゆう》」以下の三八種がしめされており、合計七七種もの品目が認められていたのである。こうした点は、調という税が、古くは地方の豪族が大和朝廷に対して、土地の特産品を貢納した「ミツキ」に由来するとともに、律令国家成立にいたっても、それぞれの地の特産品をそのまま納める制度として規定された、という説明がなされてきたわけである。

もう一つは、同じく律令の規定で、調として納められたさまざまな品目が、ほぼそのまま、官人の給与として定められていることである。禄令《ろくりょう》によれば、官人の給与のうち主要なものは位禄《いろく》と季禄《きろく》であるが、その品目として、米・絁・綿・布といった現物貨幣的な品物のみならず、「鉄」「鍬」といった品物も給与となっていた点が特徴的で、これらは官人側の事情ではなく、貢納する側の事情によるもの、と考えられたのである。

そうして、鬼頭は、この実物貢納経済は、基本的には、日本古代における「流通経済の未発達」によると位置づけているのである。もっとも『日本古代都市論序説』は、そのことを述べるのが主目的なのではない。吉田と同じく正倉院文書を用いながら造東大寺司の官人と都の流通経済との関わりを具体的に論じているわけであるから、その実態についての分析は吉田と類似する点が多い。しかし、評価が分かれる部分がいくつかある。たとえば、「安都雄足の活躍」という章で、鬼頭はおおよそ次のように述べている。

ａ、造東大寺司写経所が流通経済と接触した場所は、たんに平城京内の官営市場である東西市のみではない。他の官司と同様に、造東大寺司も泉津に材木・薪を購入する拠点をもっていたことが知られる。

b、泉津における流通経済の主要商品が材木であるということは、平城京における諸官衙・諸寺院の造営という支配階級の「巨大な消費」を前提なしには考えられない。したがって、このような官《かん》衙《が》・寺院による「巨大な消費」に寄生して流通経済が発展したものであって、流通経済の発展の上に「巨大な消費」が形成されたものではない。

c、安都雄足の勢多宅もそれ自体として自立した経済体であったのかどうかは疑問で、むしろ近接する東大寺勢多庄に依存・寄生していた可能性が高い。

つまり、平城京周辺における造東大寺司の経済活動を認めながらも、その成立の要因として政治的に作り上げられた「巨大な消費」が先にあることを重視し、官人たちの交易活動もそれに寄生するという限界性をより強調しているのである。また、鬼頭にあっては、流通経済は実物貢納経済の「補完物」にすぎないと評価するのであるが、その「補完物」の説明は次のようになる。

d、実物貢納経済は官人群の日常の生活と、職務の遂行に充分なだけの物品の種類を完全にとりそろえることはできない。したがって、多数の官人群の維持再生産には限界を生じ、この限界を克服するためには、ある程度、京・畿内を中心とする流通機構に依拠して、官人の生活に必要な生菜等の品目を調達する必要があった。

e、しかし、律令中央官衙財政が流通機構に依拠している側面は、あくまでも部分的であって中央官衙財政の予算上で銭貨の占める位置は、実物貢納経済の不足部分を補うという意味で補完的位置を占めるにとどまる。

f、平城京を中心とする流通経済がどれほど発展しているように見えようとも、平城京は農村から分離した、自立した意味での都市としての流通経済をもっていなかったことを示している。したがって、流通経済にのみ依拠する商人は、階層として自立することがきわめて困難であって、律令下級官人が同時に商人的役割を官司に従属しつつはたすということになったものと考えられる。

g、「巨大な消費」は権力の象徴をつくりだすことによって、政治的には律令政府の権威を高めたが、経済的には新たに生産活動を生み出し、律令制社会の再生産構造を発展させるという点では、その消費がいかに巨大であろうとも浪費にすぎなかったといえる。そうして、それは律令政府自体をささえる律令的収取体系、実物貢納経済自身をみずから掘りくずすことになった。

そうして鬼頭は吉田説に対して、次のように述べている。

「吉田のような、造東大寺司の財政運用が官人の私経済を基盤として行われたという、下級官人の私経済の評価は過大にすぎるように思われる。」(一七〇頁)

両者の議論をくらべると、鬼頭は東西市成立の「契機」や流通経済の変化の「要因」に重点をおいて理解しようとするのに対して、吉田はあくまでも実態として東西市や流通経済のはたした役割を問題としているといえる。したがって、鬼頭は吉田が明らかにした造東大寺司の交易の実態を認めつつも、その評価をきわめて限定的にとらえるべきことを主張しているのである。

2　流通のシステム

中央交易圏という考え方

次に、鬼頭とあい前後して発表された栄原永遠男「奈良時代の流通経済」（栄原永遠男　一九九二a）にうつろう。同論文で栄原が目指したのは、流通経済の「構造的特質」の解明である。その要点は次のとおりである。

a、京の東西市は、原則として、官人と官司のために設置された官市（政治的市）とみるべきであり、自然発生的な市とは区別すべきである。

b、しかし中央における流通経済の構造的特質は、東西市に注目するのみではあきらかにならない。東西市と密接に関係する交易の要地や、各地の市、国府付属の市、さらに津や駅などが、水陸路によって緊密に結合し、これらが一体となって「中央交易圏」とよぶべき流通経済圏を形成していた。中央交易圏における流通経済の進展は、一部で銭貨を必要とする段階にまで到達していた。

c、王親・貴族・官司・官大寺は、東西市をはじめとする流通経済の結節点に荘を配置し、これとは別に交易使を各地に派遣していた。このことは、王親以下が中央交易圏に対応して、みずからの流通機構を整備していたことを如実に示している。

d、地方の流通経済に関しては、国府周辺に、その経済的機能をになう「国府市」が置かれていたと

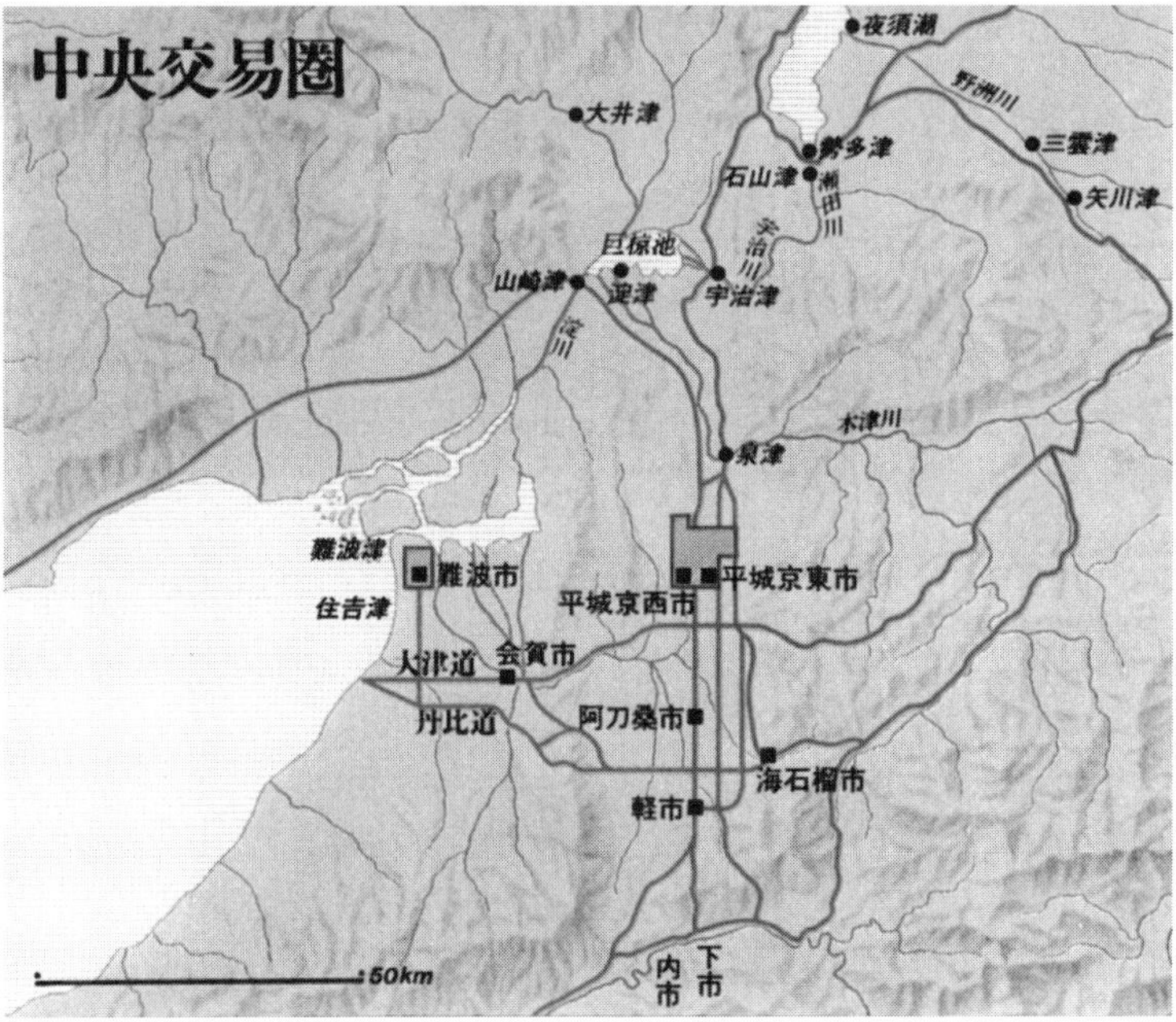

図1　中央交易圏

考える。国府市は、自然発生的な地方市とは異なり、官市（政治的市）であり、その役割は、国府経済と国府官人の私経済とを支えるところにおかれていた。

e、国府市はその延長部分として地方市を必要とし、さらに国府津や駅などが水陸路により結合し、全体として一個の流通経済圏「国府交易圏」を形成していた。

f、国府交易圏・中央交易圏という二つの交易圏は、律令中央貴族や律令国家の収取に規定されて、相互に補完しつつ連関していた。奈良時代の全国的流通体系は、そのような構造的連関において理解されるべきで、中央と地方で流通がおこなわれており、それを遠距

図2　調庸物の収取過程（栄原永遠男　一九九二b）

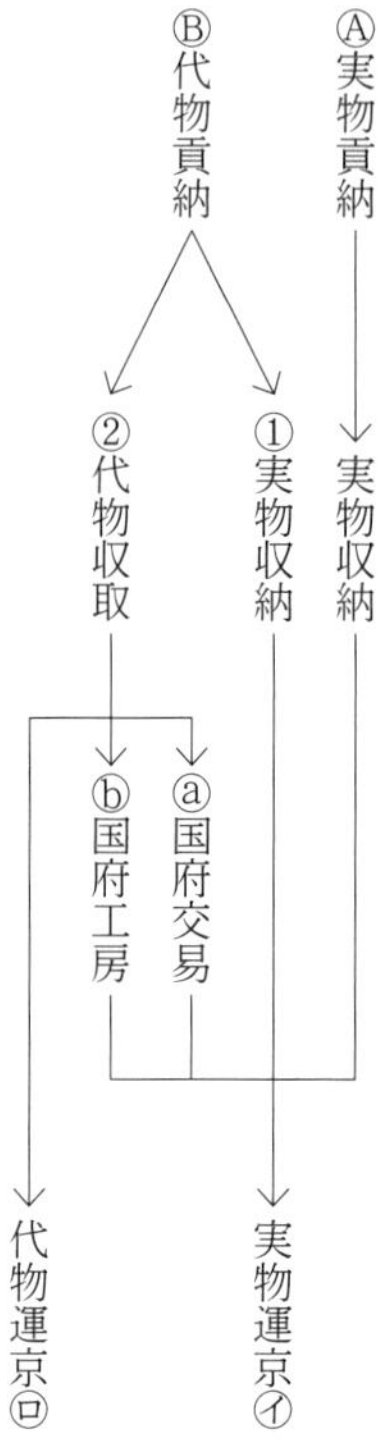

離交易が結んでいる、という程度の平板な理解にとどまるべきではない。

さらに栄原は「律令制的収取と流通経済」（栄原永遠男　一九九二b）において、鬼頭が「実物貢納経済」としたうちの調庸物の収取過程を図2のように示した。

その上で、Ⓐ→㋑があくまでも原則であるが、実際には他の方法による調達がかなり見られること、そして各々のケースで、国府交易圏や中央交易圏が活用されたことを明らかにした。たとえば、公民が実物以外の代物で貢納した場合、i地方豪族が介在して実物に替える、ii国司や郡司が国府交易圏で実物に替える、iii代物を都に運んだ上で、東西市ないしは中央交易圏を利用して代物に替える、といったことが想定されるというのである。

このような一連の栄原論文によって、古代の流通経済の全体像がきわめて明快に説明できることとなった。つまり、実物貢納経済という原則、実際の貢納物の調達、貢納物以外の物品の流通、都に納められた貢納物の売却、官司・官人による物品の購入、といったさまざまな場面でモノが動き、その各場面で中央・地方の交易圏が機能していたことが明らかにされたのである。

流通経済のとらえ方

さて、そこで栄原説は、さきに取り上げた吉田・鬼頭の議論と、どのように関わってくるのであろうか。栄原は、自身の位置づけとしては、鬼頭に近いと述べている。すなわち、「鬼頭氏が、律令財政は実物貢納経済を基礎としつつも、流通経済を補完として必要とした点を指摘したことは重要である」「私は、律令時代において、流通経済の満面開花を主張するつもりもない。この時代の流通経済は、それなりの時代的制約を受けていたのであり、本章は、むしろこの点をあきらかにすることを目ざしている」といった言及がある。しかし、栄原の論考を通読してみると、やや違和感がある。

問題点を二つにしぼって整理してみよう。一つは、東西市の位置づけである。吉田は、東西市への関与が意外に見られないこと、造東大寺司の官人がさまざまな形で流通に関与している実態を「私経済」ととらえ、東西市以外の流通拠点の発達を重視する。鬼頭も東西市の役割については、吉田説に近いように読みとれる。一方、栄原は、東西市を政治的市（官市）ととらえた上で、吉田に比べてその経済的比重を相当に高く見ている。その上で中央交易圏に含まれるほかの流通の拠点は、その「延長部分」だという位置づけである。栄原以後の見解を紹介すれば、福原栄太郎が、東西市ではかなり多様で豊富な品物が売買されていたであろうから、東西市が「原則として官人と官司のため」に設置されたと限定をつけず、より広く「都市生活を維持」してゆくための装置として設置されたと見るべきことを指摘している（南部昇ほか　一九九二）。

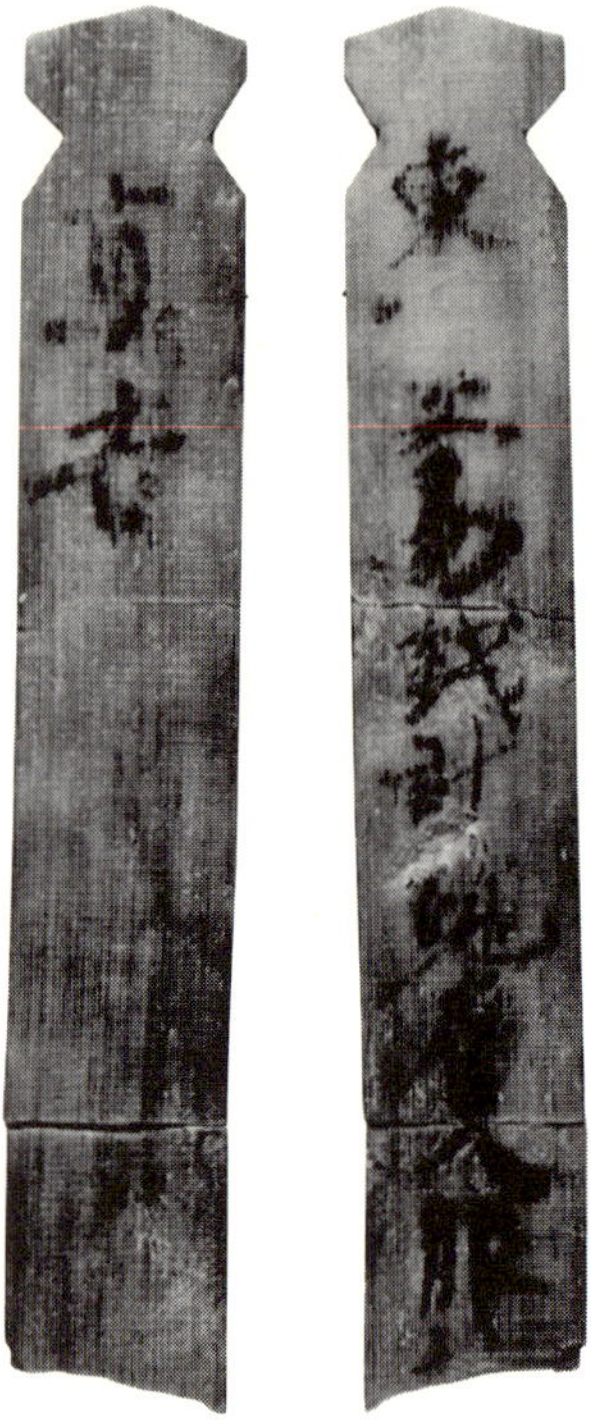

図3　東市に関する木簡（平城宮跡出土木簡）
・東□〔市〕交易銭計絁廛人服部
・真吉
東市での交易に用いられた銭の付札。絁の店、服部真吉という市人の名が知られる。

また、東西市とそれ以外の流通の拠点との関係という点では、栄原のいう中央交易圏の成立ということも検討の余地があろう。東西市が平城京遷都にともなって政治的に設定されたのはその通りであるが、その前提として、すでに畿内各地は一定程度の流通の発達が見られたかどうかは、おそらく議論が分かれるのではなかろうか。飛鳥《あすか》における軽市《かるいち》や海石榴市《つばいち》といった平城遷都以前の市ではなく、泉津、難波市など中央交易圏として重要な流通拠点となったところが、急速に成立したと考えて良いのかどうか、まだ課題があるように思われる。その点も東西市の位置づけに関わってくるであろう。

これまで奈良時代初期の流通をうかがう史料に乏しかったのであるが、長屋《ながや》王家《おうけ》木簡《もっかん》の出土により、その頃の流通経済のあり方を考える手がかりが出てきたことは、こうした問題にとっても重要であろう（後述）。

もう一つの問題は、奈良時代後期以降への展望という点である。鬼頭によれば、奈良時代の間にしだいに流通経済が発達し、それが時期を異にする三人の下級官人の経済活動の違いとして説明され、その点はきわめて説得力があるが、しかしその結果どうなったかという点では、結局「巨大な消費」が「実物貢納経済自身を掘りくずす」こととなり、流通経済の発達につながらなかった、という位置づけとなっている。一方、奈良時代末以降の流通経済についての栄原の文章を引用してみると、「奈良時代の全国的規模における流通経済が、基本的には、律令制的収取とりわけ調庸物の運京に規定されていたことは明白であり、国郡司・有力農民は、これに便乗して私物を運京し、利益をはかっていた。彼らの活動は、奈良時代では、いまだ律令財政に寄生的であった。しかし、奈良時代末から顕在化してくる調庸を中心とする貢納制の動揺のなかで、しだいに寄生的性格を払拭していくことになる。奈良時代の全国的流通体系は、調庸を中心とする貢納制の動揺と、これを惹起せしめ、またこれに乗じる「商人」の活動により、しだいに変質せしめられていく。以上から、奈良時代の全国的流通体系は、流通経済の発展のなかで、律令国家から相対的に独自な「商人」の交易活動の結果として成立したものではなく、かえって律令国家への貢納制に規定されて成立してきたことが、あきらかになったと思う。遠距離「商人」は、このような全国的流通体系を利用し、寄生的に私富の蓄積をはかったにすぎない。」(四八頁)

つまり、鬼頭も栄原も、「商人」の未成立という点に流通経済の限界を読みとろうとしているように見える。しかし、右に引用した栄原説は、筆者には鬼頭の議論に引かれて揺れているように思われるが、いかがであろうか。むしろ、議論すべきことは、中央交易圏という構造が平安時代になって、どのように発展ないし衰退していったのか、それがどのような要因にもとづくと考えるべきなのか、ということなのではなかろうか。

栄原説の大きな特徴は、その材料として、従来のように正倉院文書を中心としながら、『日本霊異記《にほんりょういき》』などの説話集、木簡史料、各地の市想定地の調査成果など、より広範に調査・検討を加えた上で、奈良時代の流通経済の構造と実態の解明をおこなった点である。その結果として明らかになった実像は、鬼頭の影響のもとに自身が規定した枠組みを大きく超えて、奈良時代の流通の広さと深さを示しているように思われるのである。

おわりに

本章は、筆者の問題関心によって書いたため、他の章とのバランスを欠く記述内容になっているかも知れない。最初に例示した舘野論文が詳しく述べているように、近年、木簡などの文字資料を中心に、都の流通経済に関わる新たな発見が増加している。そうした、ひとつひとつの事実を積み重ねながら、具体的な流通の姿を明らかにしてゆく作業はきわめて大切であるが、ここでは、その前提となる先学の議論について、煩瑣《はんさ》になるのを承知の上で、紹介してみた。

その上で、さきにも少し触れたが、たとえば長屋王家木簡からうかがえる奈良時代初期の都の流通の状況をどう考えるべきか、といった研究も発表されつつある。

櫛木謙周「長屋王家の消費と流通経済」（櫛木謙周　二〇〇二）は、長屋王家木簡を材料として王家の直轄地経営、邸宅内での生産活動、物資の運輸方法、王家の交易活動などについて論じた労作である。それによれば、長屋王家が大和《やまと》や河内《かわち》などに御田《みた》・御薗《みその》として所有する直轄地を経営し、そこから米や種々の蔬菜《そさい》類を邸宅に送らせていること、また邸宅内で種々の工人らを抱えて必要物資の生産にあたらせていたことが指摘されるが、そうした家産経営の自給自足的側面だけではなく、物資の輸送にあたっては、銭や布を支払う雇傭《こよう》労働力に依存することが多く見られる点、あるいは物資の集積地で必要な品目を買ったり、逆に「西店」などを拠点として品物を売却して銭を得ていたことなどに注目すべきことを指摘している。そうして、櫛木は、長屋王家木簡の例から、都市的な消費に対応した商業的行為が平城京の初期段階から見られる点を重視しているのである。

ここでは櫛木説を検討するための十分な準備がないが、長屋王家木簡が奈良時代初期の流通の状況を如何に反映しているのか、それと、奈良時代中期以降の木簡史料あるいは正倉院文書と対比することによって、奈良時代における流通経済の変化が、ある程度たどれるのではないか、そのことが、本文で述べたような全体的な議論とどう関わるのか、等々が当該問題を考える上での大きな課題として今後に残されていると思う。

図4　「西店」と記された木簡（長屋王家木簡）

西店六合五勺

長屋王宅が保有する西店で、米もしくは酒などを売買したことを示す木簡か。

参考文献

鬼頭清明　一九七七年『日本古代都市論序説』法政大学出版局

櫛木謙周　二〇〇二年「長屋王家の消費と流通経済―労働力編成と貨幣・物価を中心に―」『国立歴史民俗博物館研究報告』九二

栄原永遠男　一九九二年ａ「奈良時代の流通経済」『奈良時代流通経済史の研究』塙書房（初出一九七二年）

栄原永遠男　一九九二年ｂ「律令制的収取と流通経済」『奈良時代流通経済史の研究』塙書房（初出一九七三年）

舘野和己　一九九七年「長屋王家の交易活動―木簡に見える「店」をめぐって―」『奈良古代史論集』三、真陽社

舘野和己　二〇〇五年「市と交易」『列島の古代史4　人と物の移動』岩波書店

南部曻・樋口知志・福原栄太郎　一九九二年「書評　栄原永遠男『奈良時代流通経済史の研究』」『続日本紀研究』二八二号

吉田　孝　一九八三年「奈良時代の交易」『律令国家と古代の社会』岩波書店（初出一九六五年）

四　古代庭園の世界

平澤　毅

はじめに

現代において、私たちは日本の全国各地に庭園をみることができる。しかも、時代を追って、連綿とその事例を確認することができる。このような国は、世界でも珍しい。それらの多くは、「日本庭園」と呼ばれている。現在、文化財保護法の規定により名勝に指定され、保護されているものだけを数えても二〇〇余りを数え、まさに世界に誇るべき日本文化の代表的な資産のひとつといえる。

それらの優れた事例は、日本における庭園の発展過程の必然から、現在の京都に数多く窺うことができるが、じつは、今日につながるこのような「日本庭園」の発展の明らかなる端緒を見ることができるのは、平城京の時代なのである。

1　よみがえる古代庭園

発掘された庭園遺構が伝えるもの

名勝平城宮東院《とういん》庭園は、奈良時代に造営された庭園の全体像をいまに伝える数少ない貴重な遺構である。ここには、いまに至る「日本庭園」を実現したさまざまな原形を窺うことができる（図1）。しかし、その姿は日本に現存する数々の歴史的庭園とは異なる趣がある。そのことは、奈良時代の庭園遺構とそれ以降の時代に造られた庭園との意匠や構造の違いによるというよりも、むしろ、ながく地下に眠り続けた後でこの地上に息を吹き返し、修復され、庭園としての時をここにまた再び刻み始めたことと深い関連があるようにも思われる。

ここにいうまでもなく、日本には、古くから営まれ、ながく継がれてきた美しい庭園がたくさんある。たとえば、平安時代の平等院《びょうどういん》庭園や浄瑠璃寺《じょうるりじ》庭園、平泉の毛越寺《もうつうじ》庭園、鎌倉時代の称名寺《しょうみょうじ》庭園や瑞泉寺《ずいせんじ》庭園、室町時代の西芳寺《さいほうじ》庭園、天龍寺《てんりゅうじ》庭園、鹿苑寺《ろくおんじ》（金閣寺）庭園、慈照寺《じしょうじ》（銀閣寺）庭園、龍安寺方丈《りょうあんじほうじょう》庭園、大徳寺大仙院《だいとくじだいせんいん》庭園、桃山時代の醍醐寺三宝院《だいごじさんぽういん》庭園、江戸時代の桂離宮《かつらりきゅう》・修学院《しゅうがくいん》・仙洞御所《せんとうごしょ》の諸庭園、円通寺《えんつうじ》庭園、孤蓬庵《こほうあん》庭園、また、江戸の六義園《りくぎえん》や小石川後楽園《こいしかわこうらくえん》、水戸の偕楽園《かいらくえん》、金沢の兼六園《けんろくえん》、岡山の後楽園《こうらくえん》、高松の栗林園《りつりんえん》など、代表的なもののみを挙げようとしても、なかなかに網羅できないほど、さまざまな時代に起源し、種々の景趣をなす庭園が数多く伝えられている。

一方で、こうした庭園の年代観は、いわゆる古器旧物の伝世品とは大きく異なる点に注意を要する。すなわち、日本の庭園は、土からなる地面の構成と造作（地割《じわり》）、自然石を中心とする石組や景石《けいせき》、池や流れ、滝をなす水、四季を彩る植物など、屋外にあって、もともと移り変わるべき素材をその構成の基本としているので、地上に受け継がれてきた歴史的庭園は、時々の文化を食して身を備え、あるいは、時の流れの中で古色を身に纏《まと》い、そして同時にそれぞれの時代を過ごしてきた人々との交流において経験豊かな雰囲気を漂わせている。それがまた、日本の庭園たる何かを私たちに感じさせる。その反面、いまの相貌がかつてと近似するものであっても、創始の風致景観をそのままに伝える庭園は存在しないとしても過言ではない。

ひるがえって、平城宮東院庭園を思えば、「日本庭園」が歩んできた一〇〇〇年もの時の流れから隔絶した神話のような何かを私たちの心の中に生じさせる。飛鳥の地に潜む苑池の遺構には見られない「日本庭園」の大切な諸元を確実に示しているのにもかかわらず、どこか私たちが知っている「日本庭園」像と距離があるように思われるのは、全身を覆ってながく地上から隠棲し、その後に展開する地上の経験を重ねないまま、私たちに奈良時代を直接伝える命がそこに密度濃

図1　平城宮東院庭園（南東から）

く存在するからではないかとさえ思われる。

地下に眠る奈良時代庭園の発見

そのようなことに至る端緒はどこにあるかといえば、それは奈良国立文化財研究所が一九六六年（昭和四十一）十一月から取り組んだ発掘調査である。それより以前、国道二十四号線奈良バイパスの建設事業と関連して一九六四年（昭和三十九）以来実施されていた計画路線調査によって、すでに平城宮跡が東に張り出す形であったことが明らかにされていた。一九六六年十一月からの調査は、その張り出し部分の東南隅の様相を確認し、平城宮の東辺を確定することを目的とするものであった。この調査が、他に類例を見ない平城宮の特色ある区域の範囲とその内容を考古学的に検証したことの顕著な重要性についてはいうまでもないが、加えて大発見であったのは、平城宮の東張り出し部の南端に、景石や洲浜敷《すはまじき》、石組みの蛇行溝、それに池に臨む建物を有する庭園遺構の存在を具体的なものとして確認したことである。それは、それまで誰しも実際に見たことがなかった奈良時代の庭園の意匠と広がりを一目の下に詳らかにした点で、日本庭園研究史上においても画期をなす驚くべき成果であったといえる。

いまにいうところの「庭園」に比せられるこの空間を、奈良時代の当時においてどのように把握していたかは詳らかではないが、さまざまな学術的検討の成果に照らして、この場所は『続日本紀《しょくにほんぎ》』に見られる「東院」に比定されたことから、以来、現代においてこの庭園遺構を「東院庭園」と呼称することとなった。

さらに、一九七六年（昭和五十一）、今度はこの庭園遺構の全容を明らかにすべく、その北側の地域の発掘調査が行われた。この調査で注目すべきは、地割構成の中心となる池の規模と範囲、形状などを把握したのみならず、池に大きく張り出す建物の跡、あるいは、池に掛かる橋の跡、そして、極めつけは、正倉院御物《しょうそういんぎょぶつ》の「仮山《かざん》」にも比せられる築山《つきやま》石組みのほとんど完全なる全体を最北岸に発見したことである（図2）。また、一九八〇年（昭和五十五）には、調査範囲をさらにその西側に広げ、この庭園遺構の西限が確認された。

図2　東院庭園の下層（Ⅱ期）の園地遺構（南西から）

これらの調査と前後して文化庁が一九七八年（昭和五十三）に公表した『特別史跡平城宮跡保存整備基本構想』には、平城宮跡を「遺跡博物館」として整備することが掲げられ、東院庭園については、全域の発掘調査を行い、その成果に基づいて庭園空間の全体を整備することが示された。この構想を受け、東院庭園に関わる地域の発掘調査は、二〇〇〇年（平成十二）まで、合計一二回、総面積八〇〇〇平方㍍余りにわたる範囲の状況が明らかにされ、ほぼその全域を網羅した。

「東院庭園」の構成と変遷の特徴

発掘調査の成果によれば、「東院庭園」は、東西約八〇㍍、南北約一〇〇㍍、西北隅部を欠いた台形状の平面形をなす敷地にあって、その東辺および南辺は平城宮の大垣《おおがき》により、また、北辺から西辺を掘立柱板塀《ほったてばしらいたべい》により区画され、南の空から見てLの字を左右に反転させたような概形をなす池を中心として種々の建物や景物が一体となってひとつの完結した空間を構成していたことが窺われる。そして、その本質を理解する上で特徴的な点はその変遷に見られる。

なかでも重要なのは、地割の中心を占める池の変遷であり、最下層（Ⅰ期）、下層（Ⅱ期）、上層（Ⅲ期）という三つの時期を認めることができる。この変遷について、出土遺物および文献史料などとあわせた実年代の検討では、Ⅰ期は和銅《わどう》六年（七一三）から養老《ようろう》四年（七二〇）頃まで、Ⅱ期は養老四年頃から神護景雲元年（七六七）頃まで、Ⅲ期は神護景雲元年頃から延暦《えんりゃく》三年（七八四）頃に比定されている。Ⅰ期の遺構からは、直線的な石積み護岸の池を設け、少し離れた北側に南面庇付きの東西棟が建つのみで、敷地を区画する明確な施設もない空間で、池の平面形にのみ注目すれば、飛鳥に見られる方池の系譜が窺われる。一方、Ⅱ期にはこれを一変し、各所に岬《みさき》を設けて汀線《ていせん》に変化を持たせ、また、池に張り出す建物とともに石組みの蛇行溝を設け、北側から西側をめぐる板塀と南側から東側をめぐる宮城の大垣とでまとまりある空間を積極的に構成した。Ⅰ期の期間が短いことからして、造営上の途中経過と考察されることもあり、その位置づけについては課題を残すところであるが、Ⅱ期において、池との密接不可分な関係で建物が設けられている点は、それまでの苑池に見られないこととして注目される。ここでさらに刮目《かつもく》すべきは、東院玉殿《ぎょくでん》の造営前後を境とするⅡ期とⅢ期の間に認められる改修である。学術的にはこの改修が想定される神護景雲元年（七六七）頃を境として前期と後期に分けているが、これは単に時期的変遷にとどまらず、その様相の違いは別々の庭園のものといってもよいほどである。

ここにそれを細かく記す余裕はないので、篤学の読者にはさらに参考の文献などを猟渉することをお勧めするほかはないが、その様相の違いにおいて、庭園の意匠上、特出すべき点は、大要以下のとおりである。すなわち、前期の池において汀《みぎわ》近くの池底にのみ大きめの玉石を敷き詰め、護岸を立石としていたのを、後期には池を拡張するとともにその護岸から池底までを全面洲浜敷きとして、景石・築山を備えたのである。繊細な形状の洲浜敷きとした池、その岬や入江の要所に配したさまざまな表情の景石、南西部の池中に設けられた中島、そして、池の北端には庭園の主景となる壮麗な築山石組。その姿には、きわめて高度な鑑賞趣向の発達が窺われ、池に張り出した建築やその全体一望する楼閣、東西・南北の対岸に至る橋、湿生植物を養う小池、石組みの蛇行溝などの遺構、あるいは、緑釉《りょくゆう》の瓦や小さな木舟などの遺物からは、園遊一般にかかるさまざまな専用の仕掛けの工夫に、その後にながく広く展開してゆく「日本庭園」の源流の一端がよく感じ取れる。

古代の庭園遺構、現代の名勝となる

私たちがいまに鑑賞する名勝平城宮東院庭園は、発掘調査により明らかになった成果に基づき、考古学のみならず、文献史学、建築史学、植物学、そして、庭園史学による詳細な検討を重ねながら、その実像を紡ぎ上げ、一九九三年（平成五）から二〇〇〇年（平成十二）にかけて実施された整備事業によって修復された姿である。この整備事業では、遺構はその恒久的な保存のため土などで覆い、その上に池、建物、橋、塀などを原寸大で復元することを基本としたが、園池最北端の築山石組をはじめとして景石の一部は実物が露出されている。なんとなれば、そのことが、また、ここに奈良時代の庭園を直感させることとなるからである。

こうして、最初の発見から三〇年余りを経て、平城宮東院庭園は、奈良時代の中頃から後半にかけての風致景観の変遷をも含めて再現されて、いまによみがえった。いにしえの姿そのままに眠り続けた地下の庭園遺構は、ふたたび地上の名勝として息吹を刻み始めたのである。しかし、それがさらに庭園としてながく歩み続けるためには、その造形を継承していくのみならず、在りし日の人々が経験した儀式の緊張と宴遊の愉楽を実際に体現していくことが欠かせない。あるいは、そのことによってのみ真に空間造形の意味を感取することができるともいえるのではないであろうか。

2 平城宮・京と庭園

宮城の外に築かれた「宮跡庭園」

平城の都には今日いうところの庭園施設が数多く営まれていたことが、たとえば、『万葉集《まんようしゅう》』や『懐風藻《かいふうそう》』などによって窺われてきた。また、『続日本紀』を紐解けば、宮城との関連で、南苑《なんえん》(南樹《なんじゅ》苑《えん》)、西池宮《にしいけのみや》、松林苑《しょうりんえん》、鳥池塘《とりいけのつつみ》、城北苑《じょうほくえん》、あるいは、楊梅宮《ようばいきゅう》南池など、さまざまな饗宴《きょうえん》が行われた空間の存在を知ることができる。しかし、これらの史料は、それらがどこにあったのかについて明らかにはしてくれないし、残念ながら、地上には、奈良時代から今日に伝わる庭園はなかったので、従前、その具体的実像に迫ることはほとんどできなかった。

一方で、東院庭園における諸種の取組みは、地下に埋もれた庭園遺構に関する研究を格段に促し、平城の宮跡および京跡においてこの半世紀にわたって行われてきた発掘調査によって二〇にも及ぶ奈良時代の庭園遺構の存在が確認されており、いまでは、それらの庭園をめぐる文化のあり方についてさまざまな観点から諸説相交わることも少なくない。

そのような事例のなかでも、宮城の外に発見され、修復された「宮跡庭園」（特別史跡及び特別名勝平城京左京三条二坊宮跡庭園）には、意匠と遺存状況の点で、今日に伝わるどの名園にも劣らないきわめて精緻な石張の池底、立石の護岸、そして要所に景石と石組を配した曲池のほとんど完全な遺構を現代に実見することができる。また、導水・排水のための木樋《もくひ》や水生植物を植栽するための木製の植《うえ》桝《ます》なども発見された。その構成には曲水宴《きょくすいのえん》が行われていたことも窺わせ、当時の造園にかかる思想と技術がきわめて高い段階に至っていたことを明らかにしている（図3）。

一九七五年（昭和五十）から一九七九年（昭和五十四）にかけて行われた発掘調査の知見によれば、この曲池の造形は、六坪を東西・南北に三等分した中央の区画に、もともとここを大きく蛇行しながら南北方向に流れていた菰川《こもがわ》の旧流路の形状を踏襲して天平勝宝《てんぴょうしょうほう》年間（七四九〜七五七）の頃に造営され、奈良時代後半を通じて存続したものとされている。建物の配置には変遷が窺われるものの、一説に四神の青龍《せいりゅう》を模したとされる曲池は奈良時代後半を通じて大きな改修なく継続していることが窺われ、概況、その北側と東側に板塀を回し、西側には曲池を東に臨む南北棟を配して園遊の空間を構成している。この曲池が造営された時期には平城宮と同笵《どうはん》の瓦が用いられていることなどから、平城宮に附属する宮外施設であることが指摘されており、そのことは「宮跡」という現在の呼称に反映されている（図4）。

実は、このような密接なつながりは意匠上の観点からも窺われる。すなわち、造営にあたり前期の

図3　平城京左京三条二坊宮跡庭園（北東から）

図4　平城京左京三条二坊六坪で検出された曲池の遺構（北東から）

東院庭園に見られた玉石の池底と立石の護岸の手法が見られるとともに、景石や石組が曲池に前期の東院庭園には見られなかった豊かな風致を加えている。また、変遷の上でも、曲水宴を催すのに極大の流れを実現した宮跡庭園造営の後、東院玉殿の完成にともなう大改修において、東院庭園が池底から護岸に至る洲浜敷きとして、やがて石組みの蛇行溝を廃止し、最北岸に絢爛《けんらん》豪華な築山石組を設け、最終的には南東隅に楼閣《ろうかく》建物を建築したことなどが注目される。すなわち、奈良時代後半において、宮城内の「東院庭園」と宮城外の「宮跡庭園」とに役割や機能を分担させ、あわせて活用していたのを窺わせるとともに、ひいては、ながく営まれた都にあって重ねられてきた儀式や祭礼、迎賓《げいひん》、饗宴などの文化の変遷を反映しているものとも想像されるのである。

平城の都と庭園の造営

奈良時代半ばにこうした秀逸な庭園が築かれるようになった背景には、律令制下において再開された遣唐使《けんとうし》によってもたらされた最新の情報に基づいて造営された都城のあり方が基盤にあると考えられている。

ひとつは律令制下において細かく定められた政務や儀式、祭礼にともなう節会《せちえ》や饗宴の場として、恒常的に必要な施設として築かれるようになった庭園が、ながい期間、広大な都を置いた平城の地で育まれたことに注目したい。その施設の必要性が感得されたのは、遷都の原動力ともなった唐の都、長安《ちょうあん》に盛り込まれたさまざまな仕掛けの中に確認された壮麗な苑池の存在である。それはあたかも、明治初期の日本において近代国家に脱皮することを目指して、欧米列強の都市に公園が備わっているのを実見し、旧来からの遊観地をこれに当てて、日本における公園制度が始められたのにも比較することができる心根のように思う。

あるいは、四神相応の地を選び、この地に条坊《じょうぼう》を計画し、唐長安城の具体的な様子に倣って都を建設するにあたっては、飛鳥の地に実践された苑池造営の技術とともに、平城の地において、前時代からの地勢や造成地形などを生かしながらもそれを改変して庭園を築いていった過程で、空間や意匠の構成技術の発展があったものと考えられるのである。前期の東院庭園が、直線から曲線をなす池の汀線へと再構成するのに、大きな敷石の池底と立石の護岸を作るのは、飛鳥の方池に見られる技法の曲池への応用とも理解できる。

そして、これらのことの傍証を窺うことができるいまひとつの事例としては、平城宮の北方に造営された松林苑がある。松林苑は、樹林をともなう広大な敷地にいくつもの苑池や建物の区画を有し、儀式や饗宴のほか、珍禽奇獣などの飼育や農作物の栽培、魚類の養殖なども含め、複合的な機能を有する天皇のための後苑《こうえん》であり、秦・漢の上林苑《しょうりんえん》の系譜を継いだ、いわゆる「禁苑《きんえん》」と呼ばれるものに相当する。唐長安城では、宮城の北辺中央から北西にかけて、西内苑《せいだいえん》や広大な太液池《たいえきち》を中心とした大明宮の苑池があり、まさに、平城京における松林苑との位置においても相同し、繁栄をきわめる大帝国の都の作りを真似ていることは明らかといってよい。

この松林苑の跡には、宮城の内外において最大の苑池を構成していたと考えられる水上池や二つの中島を有するハジカミ池など、松林苑に起源すると考えられるいくつかの池がいまも所在する。発掘調査などの成果によれば、ここに所在した前方後円墳の前方部を削平して周濠《しゅうごう》を埋め立て、さらにその斜面に葺かれた石を緩い勾配に敷き直して汀線護岸を成したり、また、水上池は谷部をなす地形を生かして南に堤を築いて堰《せ》き止めて池を成したりしたことが明らかにされている。

また、こうした平城宮に関連して造営された苑池のほか、平城京跡については、いまだその広大な地域のごく限られた地点と範囲の発掘調査において、庭園もしくは庭園に関連すると考えられる遺構が一〇例余り確認されており、これらの事例からも平城京に営まれた庭園のそれまでには見られない個性的な特徴を知ることができる。

たとえば、奈良時代の初期に該当する遺構として、一説には長屋王《ながやおう》の佐保楼《さほろう》にも比定されている左京一条三坊十五・十六坪に発見された庭園遺構では、前方後円墳の周濠と前方部の葺石《ふきいし》を活用して洲浜敷きの池を構成し、池畔には景石を組み合わせて配する見事な造形が確認できる。また、左京三条二坊一・二・七・八坪の広大な敷地に築かれた長屋王邸には、二つの意匠を施した池、すなわち、南西部の洲浜敷きの池と南東部に菰川の旧流路を利用して植栽を施したと想定される蛇行流路の池などが確認されている。ちなみに、長屋王邸跡の発掘調査では、鶴に与える米を支給したことを示す木簡が発見されて

図5　長屋王邸跡から出土した鶴の給餌のための米の支給を示す木簡

鶴二米一升　受子羊

十月卅日万呂

おり、たとえば、迎賓や饗宴の折には生きた景物として庭園に放たれたこともあったかも知れない(図5)。

このほか、奈良時代初期から中頃に造営されたと考えられる池の遺構が検出されている事例としては、左京三条一坊十四坪、左京三条二坊二坪、左京三条二坊七坪、左京三条四坊十二坪など、いずれも貴族の邸宅跡と考えられている事例を挙げることができる。既往の調査研究の成果により、一般に高位の貴族の邸宅は平城宮の周辺に大規模な敷地を占めることが明らかにされているが、これらの邸宅跡に意匠を施した池の遺構が検出されるのは、広大な土地を有する高位の貴族の邸宅において、湿地があったり、旧流路が通っていたりするなど、元の地勢に苑池をなす潜在性を有する区域が存在する可能性は高いし、その財力などの点においても後世に検出されてその様相を窺うことができるほどの規模の庭園を造営できると考えられることとよく相応する。

平城京が条坊制に基づき計画されたことはいうまでもないが、その造営にあたっては、障害となる古墳墳丘の削平、その周濠の埋め立て、また、旧流路や湿地への対処が現実的な課題となったであろうことは想像に難くない。しかし、反面、これを庭園の積極的な造営の観点から見れば、河川の流路や沢沼、湿地の類、あるいは、前時代に築かれた古墳の周濠があるのを見出して、その一部を生かして苑池を構成したり、また、古墳の周濠を利用して造作した苑池の背後に墳丘がなす背景を発見したりして、飛鳥や唐の都に見られるのとは異なる苑池観が醸成されていったということも想像されるのである。

3　「日本庭園」へ

「阿弥陀浄土院庭園」の意味

二〇〇〇年（平成十二）、法華寺《ほっけじ》旧境内地にあたる平城京左京二条二坊十坪の南半にその所在が推定されてきた阿弥陀浄土院《あみだじょうどいん》跡の範囲を確認するための発掘調査が行われた。この場所には水田面に突き出す大きな立石があって、かねてから池をともなう庭園遺構があることが推定されてきたところでもあったが、調査の成果は、ある意味想像を超えて、私たちにその存在を直感的に理解させたのである。

図6　阿弥陀浄土院跡の庭園遺構

範囲確認のため、その調査区は、三㍍×三〇㍍の東西トレンチ二本と五㍍×三五㍍の南北トレンチ一本の合計三五〇平方㍍余りと小さな面積であったが、その中に、岬や入江、中島を設け、敷石の池底と立石の護岸を成し、池岸に景石を配した大きな苑池とその池畔にともなう廊または橋や礎石《そせき》建ちの建物の跡など、荘厳な庭園の姿を彷彿《ほうふつ》とさせる諸種の遺構が検出された（図6）。奈良時代にあって、寺院における庭園の具体的な事例は、この阿弥陀浄土院を除き、いまだ確認されておらず、発掘された遺構に見ることができるその精緻なつくりからは、例外的な事例とするのには余りある造営の姿勢と技術の普遍性を窺うことができる。もちろん、これが東院庭園や宮跡庭園にも比すべき、きわめて重要な遺構であることはいうまでもない。

阿弥陀浄土院は、天平元年（七六〇）に逝去した光明皇太后《こうみょうこうたいごう》の一周忌の斎会《さいえ》に備え造営され、その追善供養《ついぜんくよう》のために仏像と堂舎、池が一体となって阿弥陀浄土を地上に表現したもので、一説には、平安時代中期以降に見られる浄土庭園の先駆けともされている。しかし、阿弥陀浄土院に造営されたこの庭園の遺構が示すのは、そのようなある系譜の庭園にかかる道筋のみならず、後世に「日本庭園」と称すべき文化に至る深層にも関連するものと思われる。

すなわち、宮殿や離宮《りきゅう》、貴族の邸宅などに、いわば付属していた苑池が、それまでには見られなかった寺院に設けられたとともに、その空間の基調をなす庭園が現れたのであり、奈良時代の中期において、庭園がひとつの文化として確立していたのみならず、すでに多様化に向かって発展を始めていたことの一端を窺うことができるからである。

苑池の技術から庭園の文化へ

景勝の地勢を選び、色濃い個性の石造物をともない、幾何学的な構成を中心とする飛鳥に営まれた種々の苑池が自然の中にある人工とすれば、平城の庭園は、繁華な都にあって、不定形の汀線に自然石の景石・石組によって豊かな表情を示す池を主体としつつ、さまざまな要素と一体となって有機的に空間全体を構成する点で、人工の中にある自然ということもできるかもしれない。しかし、もうひとつ、飛鳥の苑池が、それぞれ強烈な個性を発揮して、ややもすれば互いによそよそしい関係にあるように見えるのに対し、平城の庭園は、意匠と構成の点において同じものがひとつとしてないのにもかかわらず、何か通底するつながり、あるいは一連の体系のようなものすら感じられないか。

飛鳥で培われた個々の特殊な苑池造形の手習いは、律令制下において、平城への遷都と世代を超えた定着が実現されたのを契機として、今日いうところの「庭園」の文化として昇華し、普遍化の歩みをはじめた。それが庭園をめぐる平城京の時代であり、奈良時代は後に世界に冠たる「日本庭園」の確実な基礎を築いた時代であるとしても過言ではない。それはまるで、太古の生物史において、ながい時間をかけて積み重ねられてきたひとつひとつの歩みが、ついに華開いて系譜の多様化へと至る爆発的進化の過程に至ることを思い起こさせる。

一方で、このような奈良時代の遺構から窺われる庭園の姿には、後世に培われてゆく「日本庭園」に特有な構成や技法に至るまでにはまだ相応の道程があることも窺われる。それは、たとえば、広大な住宅の空間そのものを構成する寝殿造《しんでんづくり》系の園池、限られた敷地に造られる庭園の豊かな表現を実現するために設けられた装飾的要素である植栽の刈り込み（籠《こみ》）やながい時間をかけて創り上げる樹木の仕立て、また、平安時代末期に記された世界最古の作庭書《さくていしょ》『作庭記』に「池もなく遣水《やりみず》もなき所に石をたつる事あり」と表現される枯山水《かれさんすい》、その区域と遠景とを分けることによってむしろ遠景を主題とする借景、あるいは、茶室に至るささやかな露地のわび・さび、そして、さまざまな仕掛けを巡り歩く回遊式の一連をなす風致の動静などである。

しかし、奈良時代の庭園は、きわめて限られた階層の営みにおいて、特殊な非日常の場所に庭園的な造形を認めたり、敷地の一部またはある特別なときにおいて庭園的な空間やその機能を認めたりすることができる個別の空間を超えて、庭園という構成そのものが、ある敷地空間を占有しているのが明らかな点において、後代の「日本庭園」が獲得する文化の深層に至る道筋の始めを確実に示しているといってもよい。

すなわち、そこには、空間の造形技術を超え、空間の構成芸術としての日本庭園の要となる「地割」の視点と感性が窺われるのである。

おわりに

東院庭園や宮跡庭園、あるいは阿弥陀浄土院跡などの庭園遺構に見られるきわめて高度な作庭の事例は、この広い平城京において、いまだ現代に知られていない数多くの優れた庭園の存在を確信させる。そして、そこに培われた庭園文化は、庭園の敷地のみならず『万葉集』にも窺われる都の風致にも彩りを添えたものであろうと想像するに難くはない。一三〇〇年前の遷都を契機として歩み始め、世代を重ねて育まれたこうした庭園文化の萌芽を地下にそのまま遺す古代庭園の世界をさらに追及していけば、やがて、私たちは、古代の都の風情をより鮮やかな印象で直感することになるであろう。

参考文献

飛鳥資料館　二〇〇五年『東アジアの古代苑池』・奈良文化財研究所
上野　誠　二〇〇〇年『万葉びとの生活空間—歌・庭園・くらし—』（はなわ新書）塙書房
牛川喜幸　一九八一年「池泉の庭」『日本の庭園』第二巻、講談社
小野健吉　二〇〇九年『日本庭園—空間の美の歴史』（岩波新書）岩波書店
橿原考古学研究所　一九九〇年『発掘された古代の苑池』学生社
金子裕之編　二〇〇二年『古代庭園の思想　神仙世界への憧憬』（角川選書）、角川書店
田中哲雄　二〇〇二年『発掘された庭園』（日本の美術、第四二九号）至文堂
飛田範夫　二〇〇二年『日本庭園の植栽史』京都大学学術出版会
本中　眞　一九九四年『日本古代の庭園と景観』吉川弘文館
本中　眞　一九九七年『借景』（日本の美術、第三七二号）至文堂
森　蘊　一九六九年『庭園とその建物』（日本の美術、第三十四号）至文堂
森　蘊　一九八八年『日本史小百科　庭園』東京堂出版

なお、奈良文化財研究所（奈良国立文化財研究所）が公表した次の報告書などがあるので、さらに詳細な検討をしたい読者に参考となれば幸いである。

奈良国立文化財研究所　一九八六年『平城京左京三条二坊六坪発掘調査報告書』（奈良国立文化財研究所、学報第四十四冊）奈良国立文化財研究所
奈良国立文化財研究所　一九九八年『発掘庭園資料』（奈良国立文化財研究所史料、第四十八冊）奈良国立

文化財研究所
　奈良文化財研究所　二〇〇三年『平城宮発掘調査報告ＸＶ』（創立五十周年記念奈良文化財研究所学報第六十九冊）奈良文化財研究所
　奈良文化財研究所　二〇〇四年『「古代庭園に関する調査研究」（平成十五年度）報告書―奈良時代庭園遺構の検討―』奈良文化財研究所

コラム　正倉院宝物の国際性

飯田剛彦

正倉院は、光明皇后《こうみょうこうごう》が東大寺《とうだいじ》盧舎那仏《るしゃなぶつ》に献納した聖武《しょうむ》天皇の遺愛品をはじめ、約九〇〇〇点以上のさまざまな宝物を古代から現在に伝えている。これらの宝物が国際色豊かであるとの評価は広く一般に行き渡っており、正倉院は「シルクロードの終着駅」とも称される。

正倉院宝物にみる国際交流といえば、主に物的な交流の痕跡であり、最もストレートには舶載《はくさい》品《ひん》の伝存に象徴される。広がりという点では、アルカリ石灰ガラス製の白瑠璃碗《はくるりのわん》、白瑠璃瓶《はくるりのへい》等がペルシャ地方での製作にかかると考えられ、また、約六〇種の薬物・香料も、東南アジアやインドなど広くアジア地域を原産地とする。ただし、これらは直接的に日本に運ばれたわけではなく、唐《とう》や新羅《しらぎ》等を経由して伝来したと推測できる。すなわち、唐・新羅の存在抜きには正倉院宝物の世界性は語れないのである。

唐の国際性を象徴する宝物に平螺鈿背鏡《へいらでんはいのかがみ》がある。化学組成《そせい》の一致から中国製と考えられるが、その背面は東南アジア海域産玳瑁《たいまい》、ミャンマー・中国産琥珀《こはく》、南海産夜光貝螺鈿《やこうがいらでん》、アフガニスタン産ラピスラズリ、イラン産トルコ石など、多様な地域から運ばれた素材で飾られる。唐にはこのような素材を含む多彩な物資が集積され、先進的な文物が生み出されたのである。文字情報から唐製と分かる正倉院宝物には、開元《かいげん》二十三年（七三五）製作と推定される金銀平文琴《きんぎんひょうもんきん》、唐の宮

図1　金銀花盤

廷工房による製作を示す銘記のある金銀花盤《きんぎんのかばん》、開元四年銘の墨、東大寺尊勝院《そんしょういん》に伝来し、現在正倉院事務所の管理する聖語蔵《しょうごぞう》経巻中の隋唐《ずいとう》経《きょう》等がある。さらに、錦琵琶袋《にしきのびわぶくろ》、五絃琵琶《ごげんびわ》や阮咸《げんかん》などは技術の卓越性から、銀薫炉《ぎんくんろ》、繡線鞋《ぬいのせんがい》、木画紫檀双六局《もくがしたんのすごろくきょく》、青斑石硯《せいはんせきのすずり》等はかの地の出土品との関連でそれぞれ唐製と推測可能な宝物である。これらには回賜品《かいしひん》や遣唐使の購入・収集品が含まれ、宝物中の代表的な舶載品である。

新羅との交易によってもたらされた宝物も忘れてはならない。鳥毛立女屏風《とりげりつじよのびようぶ》の画面や裏打に転用されていた天平勝宝四年買新羅物解《てんぴょうしょうほうよねんばいしらぎぶつげ》は、新羅からの輸入品に対する日本の貴族の購入申請書である。薬物・香料・顔料・敷物・金属・食器・仏具・調度・装身具・馬具・染織品等さまざまな品物が名を連ねるが、正倉院宝物と一致するものも多い。文字情報により新羅からの舶載品と判明する宝物には、「新羅楊家上墨」の銘記をもつ墨、新羅の徴税関係文書を内貼《うちばり》とする華厳経論帙《けごんきようろんのちつ》、貢納物《こうのうぶつ》の受領を記した新羅の文書を緩衝材に用いる重ね碗・佐波理加盤《さはりのかばん》、「念物」「韓舎」と記す麻布箋《あさぬのせん》の付いた花氈《かせん》・色氈《しきせん》等がある。佐波理匙《さはりのさじ》や蠟燭《ろうそく》用芯切り鋏《ばさみ》である白銅剪子《はくどうのせんし》等、韓国・雁鴨池《アナプチ》遺跡等の出土品と類似する宝物もある。なお、花氈・色氈の原産地は中央アジアであり、新羅に産しない薬物・香料が買新羅物解にみられることも勘案すると、その交易の一部が中継貿易の性格を帯びていたことも知られる。

　これら舶載品の他に、形状・意匠、製作技法、使用目的など、海外の影響を受けて製作された宝物も数多く、そこにも国際性があらわれている。たとえば、鳥毛立女図屏風や臈纈《ろうけち》屏風等では、唐や西域に淵源をもつ意匠が国産材料を用いて再現されている。宝物によっては唐製品と比較するとやや見劣りする場合もあるが、金属器やガラス器の器形を木など別の素材を使用して製品化するなど、受容に際してさまざまな工夫を施しつつ国産化が図られている。

図2　楓蘇芳染螺鈿槽琵琶

　海外の影響を受けた国産品の宝物には、人的な交流の一端も垣間みえる。かつて捍撥画《かんばちが》が盛唐期山水画の代表作とされていた楓蘇芳染螺鈿槽琵琶《かえでずおうぞめらでんのそうのびわ》は、その使用顔料の分析から現在では日本製である可能性が高いとされ、きわめて高度な技術の伝承が推定できる。製作者は渡来工人ではなかろうか。また、刻彫梧桐金銀絵花形合子《こくちょうごとうきんぎんえのはながたごうす》など、かつて戒壇堂《かいだんどう》の什物《じゅうもつ》であった正倉院宝物の中には盛唐後期の新たな表現様式を看取できるものがあり、鑑真《がんじん》一行に渡来工人が含まれ、直接、日本に技術を伝えた可能性を指摘し得る。

　人的な交流がうかがえるのは美術工芸の分野のみではない。仏教にまつわる人の移動の痕跡も正倉院に残る。東大寺盧舎那仏開眼供養供奉僧名帳《かいげんくようぐぶそうみょうちょう》には、開眼導師《どうし》となった天竺僧菩提僊那《てんじくそうぼだいせんな》、呪願師《しゅがんし》となった唐僧道璿《どうせん》の名が記され、国際色豊かな開眼会《かいげんえ》の盛儀を再現する材料となる。招聘に応じて戒律《かいりつ》を伝えに来日した鑑真については、その書状ほか、彼によって本格化した日本における勘経《かんきょう》の具体相を示す写経所《しゃきょうじょ》文書が伝来する。また、聖語蔵には勘経に用いられた鑑真請来《しょうらい》の『四分律《しぶんりつ》』も伝来し、日本での仏教理解の深化の過程を物語る資料は豊富にある。

　正倉院宝物の国際性は個人の嗜好《しこう》にもとづく舶載品の寄せ集めの結果ではなく、学問・技術の体系的な摂取をめざした当時の文化政策の中で獲得されたものであった。外来文化の摂取に際して必要な品を集め、時には外国人の直接指導を受けつつ模倣し、長い時間をかけて内在化させた営為は、宝物をさまざまな角度から検討することによって明らかになるのである。

Ⅲ　遷都と地域社会

出雲国府復元模型

一　恭仁宮・紫香楽宮・難波宮

小笠原好彦

はじめに

奈良時代には、大和の北端に平城宮・京の都城が造営されたが、それのみでなく複数の都城が造営された時代であった。

聖武《しょうむ》天皇は即位した直後の神亀《じんき》三年（七二六）、難波宮《なにわのみや》・京の再興に着手した。この難波宮・京は天武《てんむ》天皇が天武十二年（六八三）、中国の都城制にならって飛鳥の宮都に加えて、新たに造営した都城であったが、完成して間もない朱鳥《しゅちょう》元年（六八六）正月に全焼したものであった。

天平《てんぴょう》十二年（七四〇）十月、聖武天皇は藤原広嗣《ふじわらのひろつぐ》の乱がまだおさまらないさなか、突然に東国の伊勢《いせ》に行幸《ぎょうこう》した。しかし、出立して間もなく、広嗣は捕えられ、乱は平定されたが、天皇はさらに美濃《みの》、近江《おうみ》をへて山背《やましろ》の恭仁郷《くにごう》にとどまり、恭仁宮・京の造営を開始し、平城京から遷都した。

さらに天平十四年（七四二）二月には、恭仁京から近江の甲賀《こうが》郡に東北道が開かれ、そこに紫香楽《しがらきの》宮《みや》の離宮《りきゅう》が造営された。しかも、翌年の十月には紫香楽宮の付近で、盧舎那仏《るしゃなぶつ》の造立が行われた。また天平十六年二月には、完成して間もない恭仁宮・京から難波遷都が断行された。

ここでは、聖武天皇によって造営され、あいつぐ遷都となった恭仁宮・京、紫香楽宮、難波宮・京の三つの都城とそれらの相互の関連を述べることにする。

1 恭仁宮・京の遷都と造営

恭仁京の復元

天平十二年（七四〇）十月二十九日、聖武天皇は伊賀《いが》、伊勢から美濃、近江に行幸し、十二月十五日には山背国恭仁郷にとどまり、都城の造営を開始し、遷都した。

この恭仁宮・京は、大和から奈良山を北に越えた木津川《きづがわ》流域に造営され、鹿背山《かせやま》の西道を境に左右の京が設けられた都城であった（『続日本紀』天平十三年九月己未条）。恭仁宮の規模は、足利健亮氏によって平城宮と恭仁宮の朝堂院《ちょうどういん》跡の地割《じわり》などが対比され、宮域の復元が試みられた。また恭仁京も足利氏によって宮域の規模をもとに、右京の中軸となる作り道の痕跡などをよりどころに、条坊《じょうぼう》復元がなされた（図1）。

このような足利氏による復元説がだされた後の一九七三年（昭和四十八）から京都府教育委員会によって発掘調査が行われ、すでに大極殿《だいこくでん》跡、内裏《だいり》東地区、内裏西地区、朝堂院、大垣《おおがき》などの調査が行

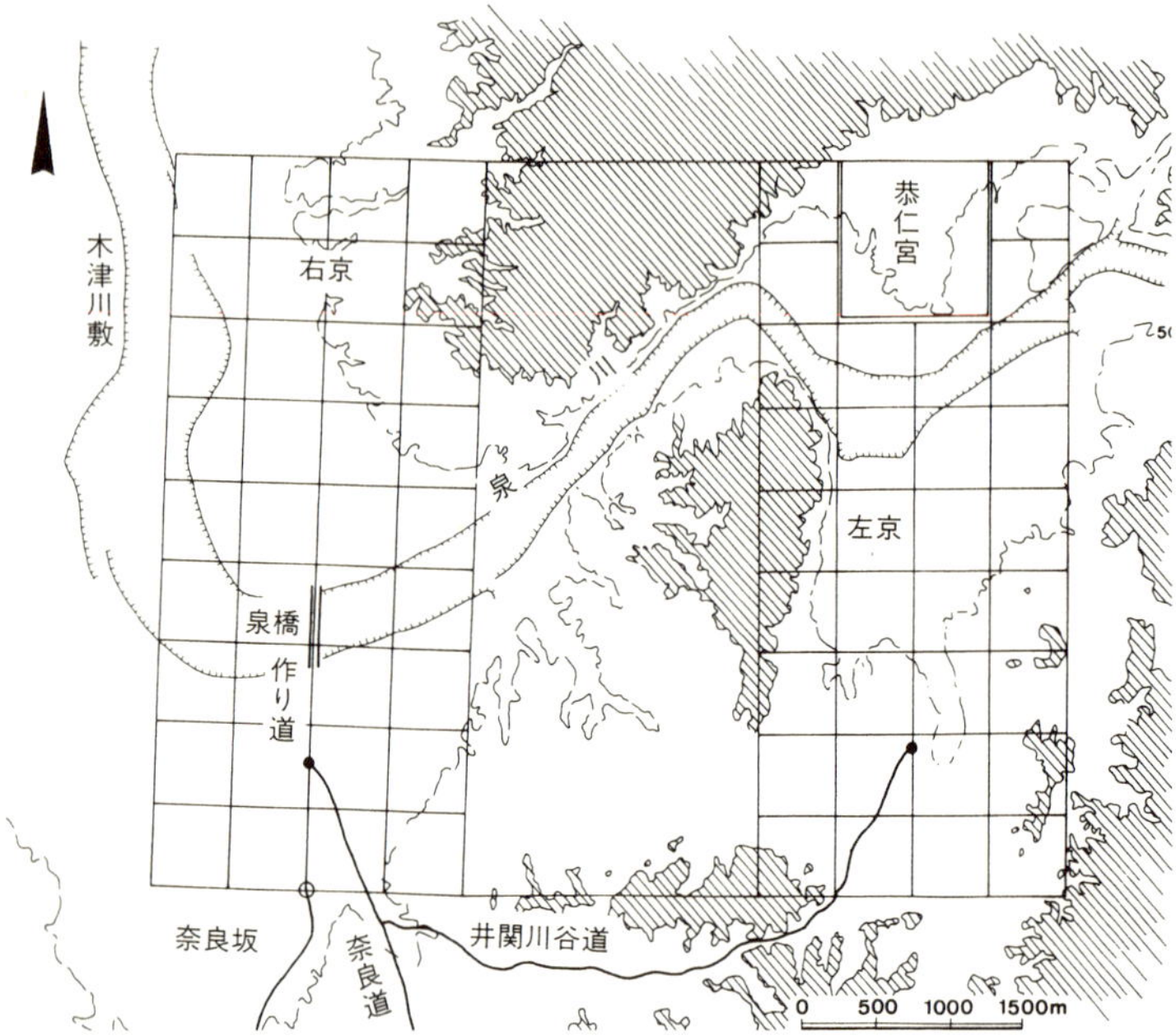

図1　恭仁京復元図（足利健亮　1985所収）

われている。

恭仁宮の宮域は、外郭の四辺にめぐらされた大垣が確認され、東面大垣では桁行《けたゆき》三間、梁行《はりゆき》二間の南門も確認されており、東西約五六〇㍍、南北約七五〇㍍を占めることが判明した。この宮域は長方形をなし、しかも各辺に少し歪みがあり、とくに東面では南門から南は著しく東に偏していた。宮域の面積は平城宮の東院《とういん》をのぞく敷地と比較しても四割ほどを占めるにすぎないものであった。

大極殿は、平城宮の大極殿を移築して建てられ（『続日本紀《しょくにほんぎ》』天平十五年十二月辛卯条）、しかも聖武天皇が紫香楽宮から平城宮へ還都した後、恭仁宮を山城国分寺《こくぶんじ》に施入《せにゅう》されたことが記されており（『続日本紀』天平十八年九月戊寅条）、山城国分寺の金堂跡として今日まで残されてきた。

大極殿は一九七三年の発掘調査で、東西約五三㍍、南北約二八㍍の基壇《きだん》に、桁行九間（四四・七㍍）、梁行四間（一九・八㍍）の規模をなすものが構築されていたことが判明した。これは平城宮の第一次大極殿が桁行九間（四五・一㍍）、梁行四間（二〇・七㍍）に復元されることから、この建物が恭仁宮に移築されたことが明らかになった。

朝堂院は、掘立柱塀で区画しており、東西約一二五㍍で、東辺は大垣と同様に南側で東に少し偏している。この朝堂院の南で南門、さらに南で朝集殿院《ちょうしゅうでんいん》とその南門が検出されている。

恭仁京の内裏

内裏は大極殿の北方に内裏東地区、内裏西地区の二つの大きな区画がみつかった。これらのうち、東地区は東西一〇九・三㍍、南北一三八・九㍍の区画をなすものと想定され、その中に桁行七間、梁行四間の東西棟の前殿《ぜんでん》、桁行七間、梁行四間の後殿《こうでん》などが配されている。また西地区は、東西九七・九㍍、南北一二七・四㍍の区画の中央に、桁行五間、梁行四間で東に桁行三間、梁行一間の縁がつく建物が建てられている。

これらの二つの内裏地区では、東地区の区画が大きく建てられ、前殿、後殿も大きな殿舎が配されている。

恭仁宮の内裏は、『続日本紀』に遷都の翌年の天平十三年正月に初見し、十五年末まで断続的に記されている。また、天平十三年七月に元正太上天皇《げんしょうだじょう》が恭仁宮の新宮に移ったことも記されている（同書同月戊午条）ので、内裏には元正太上天皇の居所もあったことが想定される。また一方、天皇は十四年二月に皇后宮《こうごうぐう》へ行幸しており、皇后宮は恭仁宮ではなく、宮域外に設けられていたことがわかる。

このように恭仁宮には、二つの内裏区画が検出されているので、天皇の居所と新宮と記された元正太上天皇の居所もあったことが推測される。これらの二つの内裏区画は、橋本義則氏も推測するように、規模が大きく前殿、後殿を配した東地区が聖武天皇の居所、それよりも少し小規模で簡素な殿舎配置をなす西地区が元正太上天皇の居所として設けられたものと推測される。

恭仁宮では、大極殿、宮城東面の南門などから屋瓦《おくが》が多く出土しており、大極殿院、宮城門《きゅうじょうもん》、大垣に瓦葺きされていた。

恭仁宮・京の造営事情

ところで、聖武天皇が東国へ行幸し、その後、恭仁宮・京の造営にいたる過程には不明な点が多い。『続日本紀』には、藤原広嗣の乱のさなかに東国へ行幸したことから、古く喜田貞吉氏はこの乱を避けるためとみなし、これまで同様にみなす見解も少なくない。

しかし、聖武天皇が造営した恭仁宮・京では、木津川（泉川）が京内を東西に貫流し、その北岸の高い位置に宮域が占められており、他の古代都城にはみられない特徴をもっている。この京内に河川をふくむ都城計画に対し、瀧川政次郎氏は唐の洛陽城《らくようじょう》では洛水《らくすい》（河）が城内を東西に貫流することからその共通性を重視し、聖武天皇が洛陽城を模して造営したとみなしたことは、足利氏が復元した恭仁京復元図からみて妥当な見解と思われる。

また、これまで聖武天皇による恭仁宮・京の造営は、東国への行幸後に突然に計画されたとみなす見解も少なくないが、前年の天平十一年（七三九）三月二日、恭仁宮周辺に所在したと推測される甕原《みかのはら》離宮に行幸し、同月二十三日には再び元正太上天皇とともに訪れている。さらに、東国行幸に出立した同年には、先立つ五月十日に、付近にあった橘諸兄《たちばなのもろえ》の相楽別業《さがらかのべつごう》を訪れている。この相楽別業は、諸兄が『公卿補任《くぎょうぶにん》』などに井手左大臣《いでのさだいじん》とも呼ばれ、木津川流域の恭仁宮からさほど離れていない綴喜《つづき》郡井手町に求める説が有力視されるので、天皇は恭仁宮周辺によく通じていたことになる。

また、東国行幸の行程は壬申《じんしん》の乱で天武天皇（大海人皇子《おおあまのみこ》）がたどったコースと酷似しており、しかも出立した日は、天武天皇（大海人皇子）が挙兵した壬午《じんご》の日であることも共通する。聖武天皇は河口頓宮《かわぐちとんぐう》で広嗣が捕えられた知らせを受け、その二日後に処刑された報告を受けながらも、なお美濃、近江へ行幸したことは、広嗣の乱を避けることが主要な目的であったとはみなしにくいであろう。

恭仁宮・京の造営計画では、左京の木津川北岸に宮室を設けたのは、古く喜田氏が洛陽城の宮城が京の西北部ながら偏して置かれたこととの関連に注目し、また瀧川氏も河川が京内を貫流することに洛陽城と強いつながりをもって造営したとみなしたように、洛陽城を構成する諸要素を導入して造営したことは疑いないであろう。そして、洛陽城の近郊に竜門石窟《りゅうもんせっくつ》があり、そこに造られた奉先寺の盧舎那仏との関連で、聖武天皇による盧舎那仏の造立が計画されたとみなす見解も、その可能性はきわめて高いものと思われる。

2　紫香楽宮・甲賀宮の造営

紫香楽宮の造営と盧舎那仏造立

恭仁宮・京の造営が開始され、ようやく軌道にのった天平十四年（七四二）二月、恭仁京から近江国甲賀郡に通ずる東北道が開かれた。その後の八月十一日、甲賀郡の紫香楽村に行幸するため、恭仁宮の造宮卿《ぞうぐうきょう》の智努王《ちぬおう》、輔《すけ》の高岡連河内《たかおかのむらじかわち》らが、離宮を造営する司に任命された（『続日本紀』同月癸未条）。

八月二十七日、聖武天皇は初めて紫香楽宮へ行幸し、ついで年の暮れに近い十二月二十九日にも行幸し、正月一日に恭仁宮に還幸した。

さらに十五年（七四三）には、四月に続いて、七月末にも左大臣の橘諸兄、知太政官事《ちだじょうかんじ》の鈴鹿王《すずかおう》、中納言《ちゅうなごん》の巨勢朝臣奈弖麻呂《こせのあそんなてまろ》を留守官に任命して紫香楽宮へ行幸した。このときの紫香楽宮での滞在は長期間になり、十月十五日には紫香楽宮の近くに盧舎那仏の金銅像を造立する詔《みことのり》がだされた（『続日本紀』同年十月辛巳条）。この盧舎那仏の造営では、民衆に知識《ちしき》の協力を全面的に求めた。しかも、民間僧だった行基《ぎょうき》とその集団が造営の中心となって進められることになった。

恭仁宮・京の造営がようやく一段落したとみられる翌十六年（七四四）閏正月、天皇は恭仁宮・京から、難波に宮都を遷す計画を進め、二月二十日には恭仁宮の高御座《たかみくら》、大楯が難波宮に運ばれた。

二月二十六日、難波宮で難波遷都の勅が橘諸兄によって読まれた。しかし、その二日前、聖武天皇はなぜか紫香楽宮に行幸し、以後、天平十七年五月十一日に、大地震が発生したことから平城京へ還都するまで滞在した。

発掘された紫香楽宮

さて、聖武が造営した紫香楽宮は、長く滋賀県甲賀市信楽にある紫香楽宮跡に所在するものとみなされてきた。ここは一九二三年（大正十二）、黒板勝美氏による踏査によって、紫香楽宮跡として国史跡に指定されたところである。しかし、史跡指定が行われた直後の一九三〇年（昭和五）一月、そのころ大津宮・京の調査を進めていた肥後和男氏による短期間の発掘調査で塔跡が検出され、それまで多くの礎石《そせき》が遺存することが知られてきた建物群が、宮殿の殿舎ではなく、寺院の伽藍であることが判明した。この調査結果から、肥後氏は平城京へ天皇が還都後に、紫香楽宮を甲賀寺、もしくは近江国分寺に改修したものと想定した。

戦後は特に調査は行われなかったが、一九六九年（昭和四十四）から信楽町雲井《くもい》地区で圃場《ほじょう》整備事業が行われ、一九七三・七四年（昭和四十八・四十九）ころ、宮町《みやまち》地域での工事中に掘立柱建物の柱根三本が拾得されたことが契機となり、一九八四年（昭和五十九）から発掘調査が継続して行われるようになった。

その第四次調査で、「奈加王」「垂見□」と記された木簡《もっかん》が出土した。また中央北端部で行われた第十三次調査（一九九三年）では、四面に庇《ひさし》をもつ大型の掘立柱《ほったてばしら》建物（ＳＢ一二三三〇）とその周辺から

「造大殿□」と記すものなど多量の木簡が出土した。

さらに二〇〇〇年（平成十二）秋の調査（第二八次）では、宮町遺跡の中央南半部から、一〇〇㍍を超える長大な南北棟の掘立柱建物（SB二八一九三）が検出された。この長大な建物は、天平十七年（七四五）正月七日に、主典《さかん》以上の官人たちによって饗宴《きょうえん》が行われた朝堂（『続日本紀』同月乙丑条）に想定された。翌年には、その東で対称に配された東朝堂とみなされる建物と、二つの朝堂の間に配された四面庇をもつ大型の東西棟建物（SB二九二〇〇一）も検出された。

このように、宮町遺跡の中央南半部に大型建物の朝堂が配されていることと、六〇〇〇点を超える多量の木簡が出土していることからみて、宮町遺跡に紫香楽宮があったことは疑いないものとなったのである。

検出された二棟の朝堂のうち、西朝堂（SB二八一九三）は桁行二四間以上（一〇〇㍍以上）、梁行四間（一一・九㍍）で、四面に庇をもつ掘立柱建物である。また東朝堂（SB二九一〇〇一）も桁行六間以上が検出されている。これらの二棟の朝堂の北妻柱列と桁行九間、梁行四間の中心建物（SB二九二〇〇二）が北側柱列を揃えて配されている。

また、その北にも桁行九間、梁行四間の東西棟建物があるが、完成以前に門（SB二九二五〇〇）に改修されていた。この門には東西に塀がとなっている。その他に、門の北西にも大型の建物が検出されている。さらに中央北辺部には、桁行五間以上、梁行四間の大型の東西棟建物（SB三〇〇〇六）が建てられている（図2）。

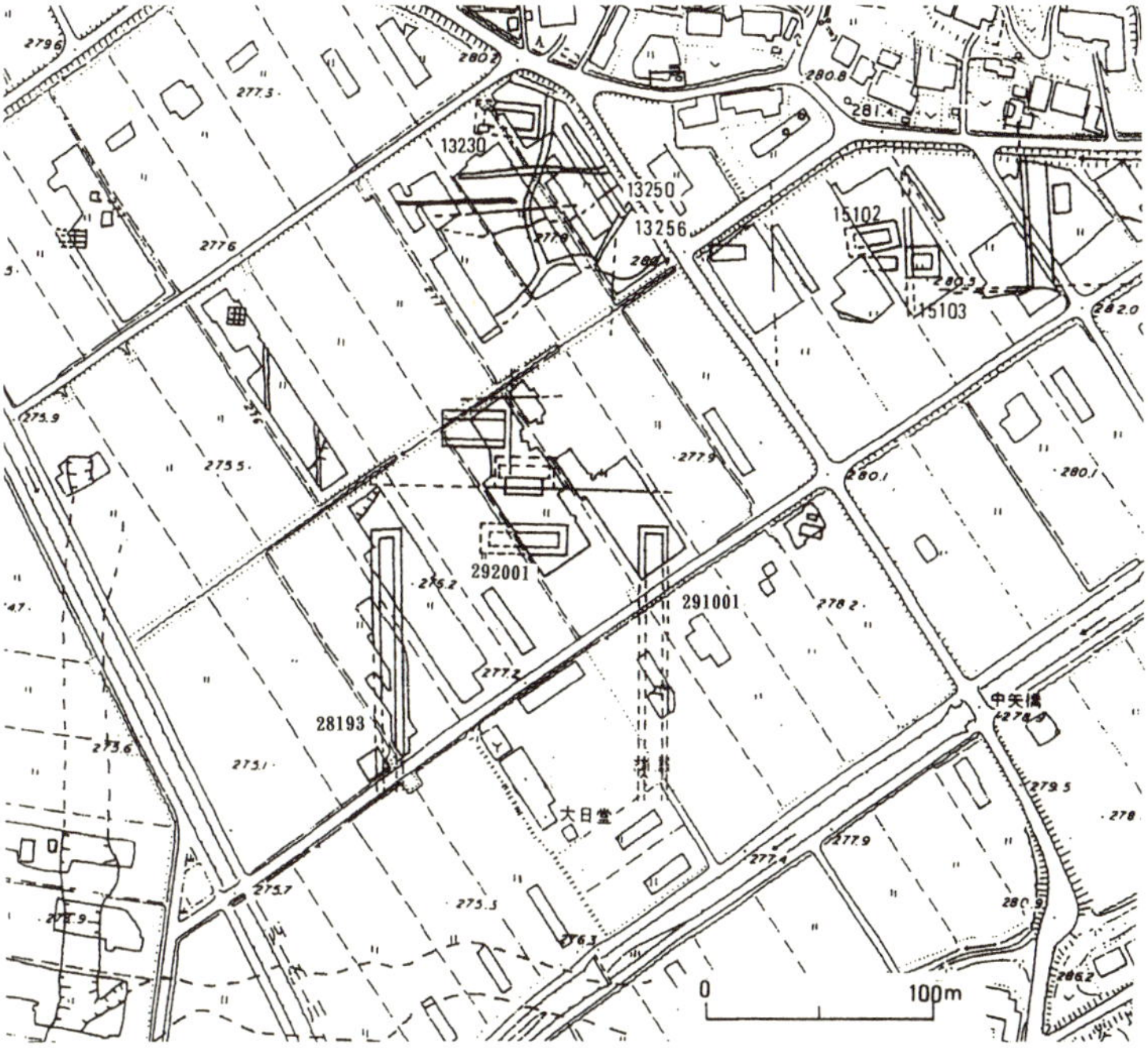

図２　紫香楽宮（甲賀宮）の遺構配置図

図３　甲賀宮（紫香楽宮）東朝堂

他に宮域の西南部では、南北溝と東西溝が合流して検出され、これらの溝からは木簡が多量に出土している。

これまで宮町遺跡から出土している木簡には、文書、荷札《にふだ》などがあり、これには、

・美濃国武義郡揖可郷庸米□斗

・　天平十五年十一月

・隠伎国都麻郷鴨マ久々多利
　　　　調腊一斗天平十五年

・遠江国長下郡伊筑郷

・　天平十六年七月□

など、天平十五年（七四三）から十六年のものが多いが、天平十三年（七四一）十月の年紀をもつ駿河《するが》国の調《ちょうの》荒堅魚《あらかつお》の荷札も出土しており、恭仁宮に貢進された調の一部が、紫香楽宮に運ばれたとみなされるものもある。

また、第十三次の中央北部からは、前述した「造大殿□」と記された削屑があり、「造大殿所」という造営部局が設けられていたことも知られた。

甲賀宮への宮号の変更

さて、紫香楽宮は天平十四年（七四二）八月に離宮として造営された（『続日本紀』同月癸未条）が、

天平十六年十一月癸酉（十四日）条からは、甲賀宮に宮号を変えて記されている。この変更は、当初に造営された離宮の性格から諸官衙《かんが》をふくむ中央官衙へ変化したのにともなって宮号が変化したものとみなされる。「正倉院文書」には、天平十六・十七年に民部省《みんぶしょう》へ諸官司から仕丁《しちょう》や衛士《えじ》らの大粮《たいろう》を請求した文書が多く残されている。これらの大粮請求文書をみると、甲賀宮、恭仁宮、難波宮から請求されているが、甲賀宮が最も多く、ついで恭仁宮からだされており、甲賀宮で大規模な官衙施設の造営が行われていたことが推測される。

図4　甲賀宮（紫香楽宮）朝堂院正殿

天平十七年正月一日、聖武天皇は五位以上の官人と御在所《ございしょ》で饗宴し、七日にも大安殿《だいあんでん》に五位以上の官人を集めて宴を催し、さらに主典以上の官人を朝堂で饗応した（『続日本紀』同月乙丑条）。これらの饗宴が行われた大安殿、朝堂のうち、朝堂は宮町遺跡で検出された東朝堂（SB二八一九三）、西朝堂（SB二九一〇〇一）のいずれか、もしくは両棟に想定されることになる。一方の大安殿は、『続日本紀』に記された平城宮の大安殿の性格が検討されており、それによると大安殿は朝賀など大極殿と同様の儀式、正月七日の宴や十六日の宴など多くの官人を朝堂で賜宴する際に使用されている。そして建物の構造は掘立柱式、檜皮葺《ひわだぶき》で、大極殿とは対照的な建物とみなされている。

このような平城宮の大安殿に対する研究成果をふまえると、甲賀宮では、正月七日に大安殿と朝堂で賜宴されており、五位以上の官人による饗宴が催された大安殿は、東朝堂、西朝堂の間に建つ桁行九間、梁行四間の朝堂院正殿（SB一九二〇一）に想定され、主典以上の官人による饗宴は、その東西に建つ長大な朝堂で催されたものと推測される。

さらに、元日に五位以上の官人と宴を催した御在所は、宮町遺跡の中央北端部付近で「造大殿所」の木簡が出土しており、その周辺で検出された大型の東西棟（SB一二三三〇）がその可能性の高い候補になるであろう。

このように、宮町遺跡では朝堂（院）、大安殿に想定される建物が検出され、また多量の木簡が出土していることからみて、ここに甲賀宮が造営されたことになる。その場合、それに先立って造営された離宮の紫香楽宮との関連がさらに問題になる。現状では、宮町遺跡に造営された紫香楽宮を改修し、拡張して甲賀宮とした場合と、離宮の紫香楽宮とは異なる地に所在する場合とが想定されることになる。

3 難波宮の造営と遷都

難波宮の造営

難波宮・京は、上町《うえまち》台地の北端部に造営された都城である。ここには孝徳《こうとく》天皇の白雉《はくち》三年（六五二）

九月に、難波《なにわ》長柄《ながら》豊碕宮《とよさきのみや》が造られ、さらに天武十二年（六八三）十二月、天武天皇が「凡《およ》そ都城・宮室、一処に非ず、必ず両参造らむ」と詔し、飛鳥の他にも宮都をもうけることを意図して難波宮・京が造営された（『日本書紀』同月丙寅条）。しかし、完成して間もない朱鳥《しゅちょう》元年（六八六）正月、大蔵《おおくら》から、一説には阿斗連薬《あとのむらじ》の家から失火し、難波宮は全焼した。神亀三年（七二六）十月、聖武天皇は印《い》南野《なみの》に行幸したあと、難波に戻り、従三位藤原宇合《うまかい》を知造難波宮事に任命して、難波宮の再建に着手した（『続日本紀』同月庚午条）。この造営工事は天平四年（七三二）三月、藤原宇合以下、仕丁以上の者に物を賜っているので、このころに一段落したようである。そして、同年九月に正五位下石川枚夫を造難波宮長官に任命して工事が継続され、天平六年（七三四）九月に難波京の宅地班給《はんきゅう》がおこなわれた。

難波宮の発掘は、一九五四年（昭和二十九）から実施され、七世紀の前期難波宮、八世紀の後期難波宮が検出されている。前期難波宮は、孝徳天皇の難波長柄豊碕宮か天武朝かの長い論争があったが、造営時の整地層にふくまれる土器などからみて、孝徳朝に造営され、天武朝にひきつがれたとみなされている。

前期難波宮では、内裏、十四堂あるいは十六堂が配された広大な朝堂院、その南で宮城南門が検出されている。官衙は西北で倉庫群を主体とする大蔵と東方官衙が検出されている。

一方、後期難波宮は、聖武天皇によって再興された難波宮である。これまでの調査で主として内裏とその南の大極殿院、朝堂院の中枢部と官衙の一部がみつかっている（図5）。

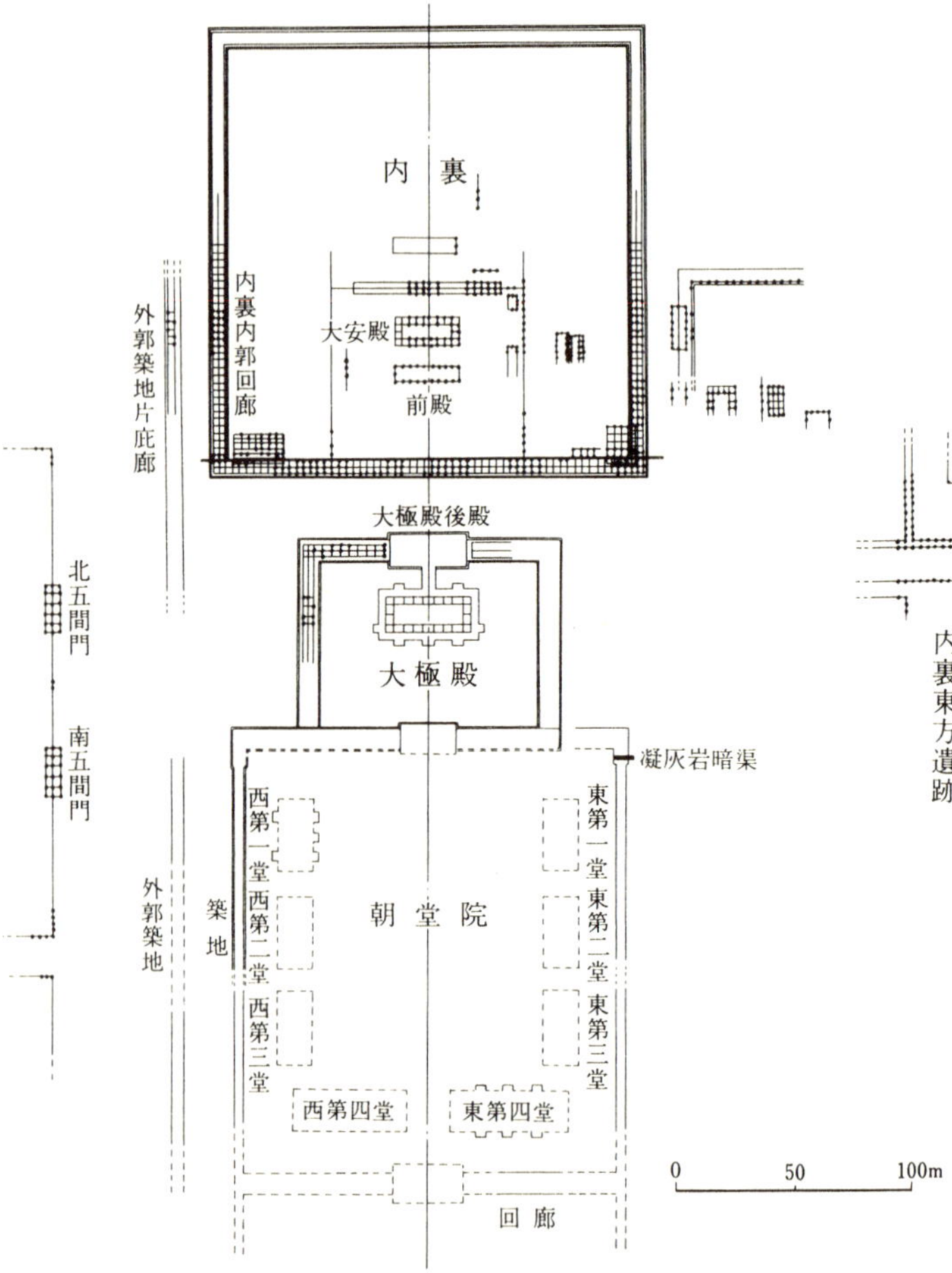

図5　後期難波宮の遺構配置図（中尾芳治　1995所収）

図6　後期難波宮の大極殿

これらのうち、北に設けられた内裏は、東西一七九・三㍍の複廊《ふくろう》に囲まれた内郭の中央南部に、内裏正殿と前殿が配されていた。内裏正殿は桁行九間（二六・八㍍）、梁行四間（一一・九㍍）の四面庇をもつ建物、前殿は桁行九間（二六・八㍍）、梁行二間（五・九六㍍）の細長い建物で、ともに同位置で建替えられている。他に正殿の東に遠く離れて小規模な二棟の南北棟が一部検出されている。

これらの内裏中心部の殿舎配置は、平城宮内裏と対比すると、全体の区画規模は変わらないが、難波宮では正殿の前に平城宮ではない吹放《ふきはな》しと想定される前殿があり、また平城宮では正殿の東西に近接して大きな脇殿二棟を対称に配しながら、それらを欠いており、差異がみられる。さらに、両者はいずれも掘立柱で構築されているが、平城宮は檜皮葺、難波宮の内裏回廊《かいろう》は瓦葺きされ、内裏正殿、前殿も柱抜きとり穴から蓮華《れんげ》文《もん》や重圏文軒丸瓦《じゅうけんもんのきまるがわら》が出土しているので、瓦葺きされた可能性が少なくない。

大極殿院は、ほぼ全体が判明しており、東西一〇〇・八㍍、南北七八・一㍍の大極殿回廊のなかに大極殿を配し、その北に大極殿回廊がとりつく大極殿後殿があり、軒廊《こんろう》で大極殿とつながっている。

大極殿は、原位置に残る凝灰岩地《ぎょうかいがんじ》覆石《ふくいし》によって、東西四一・七メートル、南北二一・二メートルの壇正積《だんじょうづみ》基壇に、桁行九間（三五・二メートル）、梁行四間（一四・六メートル）の建物が建てられていたものと復元されている。この大極殿基壇には、南面は三ヵ所、北面は軒廊の東西に一ヵ所、側面は南寄りに各一ヵ所の階段がつけられていた。また、北の大極殿後殿は東西三三メートル、南北一三・三メートルの基壇に建てられていた。

朝堂院は築地によって区画された東西一五九・八四メートル、南北二六八メートルの空間で、当初は平城宮と同じく十二堂型式とみなされてきた。しかし、一九八六年（昭和六十一）に南北棟の第一堂から第三堂と東西棟の第四堂が左右対称に配された八堂型式であることが判明した。朝堂院回廊の南には、「難波宮中外門」があったことが想定される（『続日本紀』天平十六年三月甲戌条）ので、朝集殿院があった可能性が高い。

以上述べたうち、内裏は瓦葺きしたものをふくみながらも、いずれも掘立柱式で構築されているが、大極殿院、朝堂の建物は基壇上に礎石建ちで構築され、瓦葺きされた建物であった。

朝堂院の西側では、東塀に五間門を二ヵ所設けた大きな区画がみつかっている。この区画された空間は、平城宮の第一次朝堂院に相当する位置にあることから、豊楽院《ぶらくいん》的な性格を想定されているが、東面する塀に門が設けられていることもあり、今後の調査の進展が注目される。

また内裏の東でも、掘立柱の単廊《たんろう》や塀をめぐらせた区画内で掘立柱建物が検出されており、官衙の一部とみなされる。

後期難波宮に建てられた建物には、重圏文軒丸瓦と重廓文軒平瓦《じゅうかくもんのきひらがわら》、複弁八弁《ふくべんはちべん》蓮華文軒丸瓦（六三〇三型式）と均整唐草文軒平瓦《きんせいからくさもん》（六六六四B型式）が葺かれた。後者の軒瓦は吹田《すいた》市七尾《ななお》瓦窯《がよう》で生産されたことが明らかになっている。

以上述べたような後期難波宮の遺構からみた建物は、前期難波宮と同一の中軸線によって構築されている。前期難波宮の建物は、朱鳥元年正月条に全焼したが、その後も文武、元明、元正天皇らが難波宮を訪れていることからすると、中枢部の施設も一部が遺存し、同一の中軸線をもとに再興できる状態であったと推測される。

副都としての難波宮

後期難波宮に関連する文献史料に記された施設や建物には、前述した中外門の他に、楼閣《ろうかく》、太政官《だじょうかん》の庭（『続日本紀』天平十三年三月甲戌条）が記されているのみで、ごくわずかにすぎない。しかし、内裏の南に配された複廊がめぐる一郭とその中心に配された大型建物は、平城宮の第二次大極殿・大極殿院と共通する配置をなし、しかも天平十六年二月二十日に、後述するように恭仁宮から高御座《たかみくら》が移されていることからみて、大極殿とみなされる。

天平十六年（七四四）閏《うるう》正月十一日、聖武天皇は、恭仁宮から難波宮に行幸し、二月一日には恭仁宮に保管されていた駅鈴《えきれい》、内外《ないげ》印《いん》を移すことにし、あわせて諸官司の官人を難波宮に招集した。二十日には高御座と大楯《おおだて》、兵庫職《ひょうごしき》にあった武器類を船で運ばせた。そして、二十六日、橘諸兄が難波遷都の勅を宣した。しかし、聖武天皇はその二日前になぜか紫香楽宮に行幸し、難波宮には不在となった。三月十一日には、石上《いそのかみ》、榎井《えのい》両氏によって難波宮の中外門に大楯、槍が立てられた。

このように、聖武天皇は難波へ遷都することを計画しながら、その直前に紫香楽宮へ行幸したことから、難波宮では十分な政治的機能をはたすことにならなかった。

また、大極殿院の南に配された八堂型式の朝堂院は、前期難波宮にくらべてかなり小規模に作られており、大極殿院と朝堂院をふくめた空間は、前期難波宮の朝堂院内におさまっている。聖武朝の難波宮に八堂型式のものが配置されたのは、大極殿も平城宮の中央区の第一次大極殿、東区の第二次大極殿にくらべて少し小規模であり、十二堂型式の主都の平城宮に対し、副都の性格を示したものとみなされる。そして甲賀宮では二棟の朝堂が配されたのは、より明確に示したものと理解される。

天平宝字《てんぴょうほうじ》六年（七六二）四月、遣唐使《けんとうし》の乗船一隻が建造地の安芸《あき》国から難波の江口に到着した際に、砂州に乗り上げて船が破損したことがあり、難波津に大型船が入りにくくなっていた。延喜《えんぎ》三年（七八四）六月、桓武《かんむ》天皇は新たに長岡宮を造営した際に、後期難波宮を移建して造営工事をすすめたことが、長岡宮の大極殿院、朝堂院に重圏文軒丸瓦・重廓文軒平瓦が多量に葺かれていること、大極殿、朝堂院の規模が類似し、また八堂型式の朝堂が採用されたことなどから明らかになった。これは、この時期の難波津の機能の低下をふまえたものであろう。

後期難波宮には、京が設けられ、『続日本紀』に官位に応じて宅地班給が行われた記事がある。しかし、京の条坊《じょうぼう》に関連する遺構は、現在の大阪市街地と重なっており、条坊の道路にともなう溝とみなされる遺構が一部で検出されているが、なお条坊復元は今後の課題として残されている。

おわりに――複都制の展開――

聖武天皇は即位してまもない神亀三年（七二六）、難波宮・京を再興した。これは天武天皇が着手した唐の複都制を導入しようとしたものとみなされる。

その後の天平十二年（七四〇）、聖武天皇は東国へ行幸し、山背の南端に恭仁宮・京を造営した。この都城は、古く喜田貞吉氏が京の東北に偏して宮都を置くことから、洛陽城と類似することを述べ、その後、瀧川政次郎氏は唐の複都制にならい、しかも恭仁京は京内を木津川が貫流することから、洛水（河）が貫流する洛陽城を模して造営したとみなしたことは、足利健亮氏の恭仁京復元図からみて、まちがいないであろう。

そして唐にみる複都制は、長安城、洛陽城に加えて、玄宗《げんそう》皇帝の開元《かいげん》十一年（七二三）、抃州《べんしゅう》、潞州《ろしゅう》の諸州を巡狩《じゅんしゅ》して太原《たいげん》に至り、この太原を北都としていたことから、唐の三都制を採用した可能性が高い。

しかも、恭仁宮・京が造営された後、さらに近江の甲賀郡で甲賀宮（紫香楽宮）が造営されたことからすると、四都が存在することになった。

しかし、これらの四都城のうち、甲賀宮（紫香楽宮）は条坊を設けることが困難な山間地に造営されており、難波宮、恭仁宮と同一の意図で造営された都城とはみなしにくいものである。それは狭隘《きょうあい》な小盆地に造営され、その周辺で盧舎那仏が造立されたことからみて、盧舎那仏の造立と深い関連をもって置かれたものと推測される。

行基らが中心となった盧舎那仏の造立は、天平十六年（七四四）十一月十三日には、体骨柱が完成し、鋳造を開始しうる段階になったことが想定される。十七年一月二十一日に、行基が大僧正《だいそうじょう》に叙されたのも、この盧舎那仏の造営事業が著しく進展したことに対する評価であろう。

天平十六年二月二十四日、聖武天皇は難波宮から紫香楽宮へ行幸した。難波遷都の直前に紫香楽宮へ移動した要因は明らかでない。しかし、その後は、にわかに甲賀宮の造営を開始し、しかも他所へ行幸することなく甲賀宮に滞在したことは、行基らによる盧舎那仏造立の促進をはかろうとしたものとみなされる。

そして、新たに造営した甲賀宮では、朝堂として長大な二棟の建物を構築している。これは難波宮にみる東西四堂型式の朝堂をさらに簡略化し、各朝堂を区分せずに東西とも一堂ずつ構築することにしたものであろう。

また甲賀宮では、これまでまったく屋瓦が出土していないのも、長期にわたって使用する宮都として造営したものとはみなしにくく、行基によって進められていた盧舎那仏の鋳造が完成するまでの短期な宮都として造営されたものと推測される。

そして、このような甲賀宮（紫香楽宮）の造営は、聖武天皇が盧舎那仏の造立を、近江の甲賀郡信楽の地で計画した要因と深く関連するものとみられ、その解明は難しい課題である。これに対しては恭仁京造営と洛陽城との関連を重視する瀧川政次郎氏は、竜門石窟の前を伊水が流れることから、信楽の大戸川《だいどがわ》との関連に要因を求めている。

しかし、洛陽の竜門石窟では、石灰岩の岩山に盧舎那仏が彫られているのに対し、聖武天皇による盧舎那仏の造立は、金銅で鋳造することを計画しており、その違いが深く関連するものではないかと推測される。それは金銅による鋳造では、銅を溶解するために庬大な木炭を必要とし、また甲賀寺の造営にともなう多量の建築資材の調達をも可能とする適地とみなされたのではなかろうか。

参考文献

足利健亮　一九八五年『日本古代地理研究』大明堂
小笠原好彦　二〇〇五年『大仏造立の都　紫香楽宮』新泉社
喜田貞吉　一九三九年『帝都』日本学術普及会
瀧川政次郎　一九六七年「恭仁京と河神拝」『京制並びに都城制の研究』角川書店
瀧浪貞子　一九九一年「聖武天皇『彷徨五年』の軌跡」『日本古代宮廷社会の研究』思文閣
寺崎保広　二〇〇六年「平城宮大極殿の検討」『古代日本の都城と木簡』吉川弘文館
中尾芳治　一九九五年『難波宮の研究』吉川弘文館
橋本義則　一九九四年「紫香楽宮の宮号について―紫香楽宮攷―」『紫香楽宮跡関連遺跡発掘調査報告』信楽町教育委員会
橋本義則　二〇〇一年「恭仁宮の二つの『内裏』―太政天皇宮再論―」『山口大学文学会志』第五一巻
肥後和男　一九三一年「紫香楽宮の研究」『滋賀県史蹟調査報告』第四冊

二　多賀城——特殊任務を帯びた陸奥国府——

高野芳宏

はじめに

多賀城《たがじょう》が文献上ではじめて見えるのは『続日本紀《しょくにほんぎ》』の天平《てんぴょう》九年（七三七）で、「多賀柵」として登場し、宝亀《ほうき》十一年（七八〇）から『続日本後紀《しょくにほんこうき》』承和《じょうわ》六年（八三九）までは「多賀城」、その後は「多賀国府《こくふ》」と記される。こうした史料から、多賀城は陸奥《むつ》国府であるとともに、律令政府の支配に属さない蝦夷《えみし》への対策、さらに、按察使《あぜち》を置いて出羽《でわ》を含めた広域を統括するという特殊な任務も課せられた施設であったことが知られる。なお、当初併置されていた鎮守府《ちんじゅふ》は八〇二年胆沢城《いさわじょう》に移された。

その遺跡は宮城県多賀城市にあり、十七世紀に発見された多賀城碑により広く知られるようになった。発掘調査は一九六三年（昭和三十八）に開始され、一九六九（昭和四十四）からは宮城県多賀城跡調査研究所に引き継がれ現在に至っている。これらの調査によって具体的な多賀城の姿がはじめて明らかになってきた。

1　発掘から知られた多賀城の姿

多賀城は、松島《まつしま》方面から西に延びて仙台平野に突き出す低い丘陵の先端に築かれた（図1）。外郭《がいかく》の築地《ついじ》は一部低地をとりこみながらおよそ九〇〇㍍四方を囲んでいる。このほぼ中央に政庁、城内の各所に官衙《かんが》施設、工房、兵舎が配置された。一般の国府と比較すると、施設全体を築地などで囲む点が大きく異なり、特異な国府であったことが把握された。遺構の重複関係から第Ⅰ期〜第Ⅳ期の変遷があったことが確認されている。年代を考える資料としては、文献のほかに神亀《じんき》元年（七二四）大野東人《おおのあずまびと》による創建、天平宝字《てんぴょうほうじ》六年（七六二）藤原恵美朝獦《ふじわらのえみのあさかり》による大改修を記す多賀城碑（重要文化財）、木簡《もっかん》・文書・瓦などの出土資料がある。これらの検討から各期の年代は、第Ⅰ期＝七二四〜七六二年、第Ⅱ期＝七六二〜七八〇年、第Ⅲ期＝七八〇〜八六九年、第Ⅳ期＝八六九〜十世紀後半頃ととらえられる。

外郭区画施設と門

外郭区画施設は基底幅約三㍍、推定高四㍍以上の築地を基本とするが、地盤の軟弱な場所では太さ三〇㌢程の丸太材・角材を密に立て並べた材木塀《ざいもくべい》で代用している。時期的な変化としては、築地が第Ⅱ期以降掘立式《ほったてしき》から礎石式《そせきしき》に変わること、第Ⅱ期ではほかの時期と異なって築地にも瓦が葺かれること、第Ⅲ期には北東部の築地線が若干内側に移動し、外郭線に櫓《やぐら》が設置されるなどの点が指摘できる。

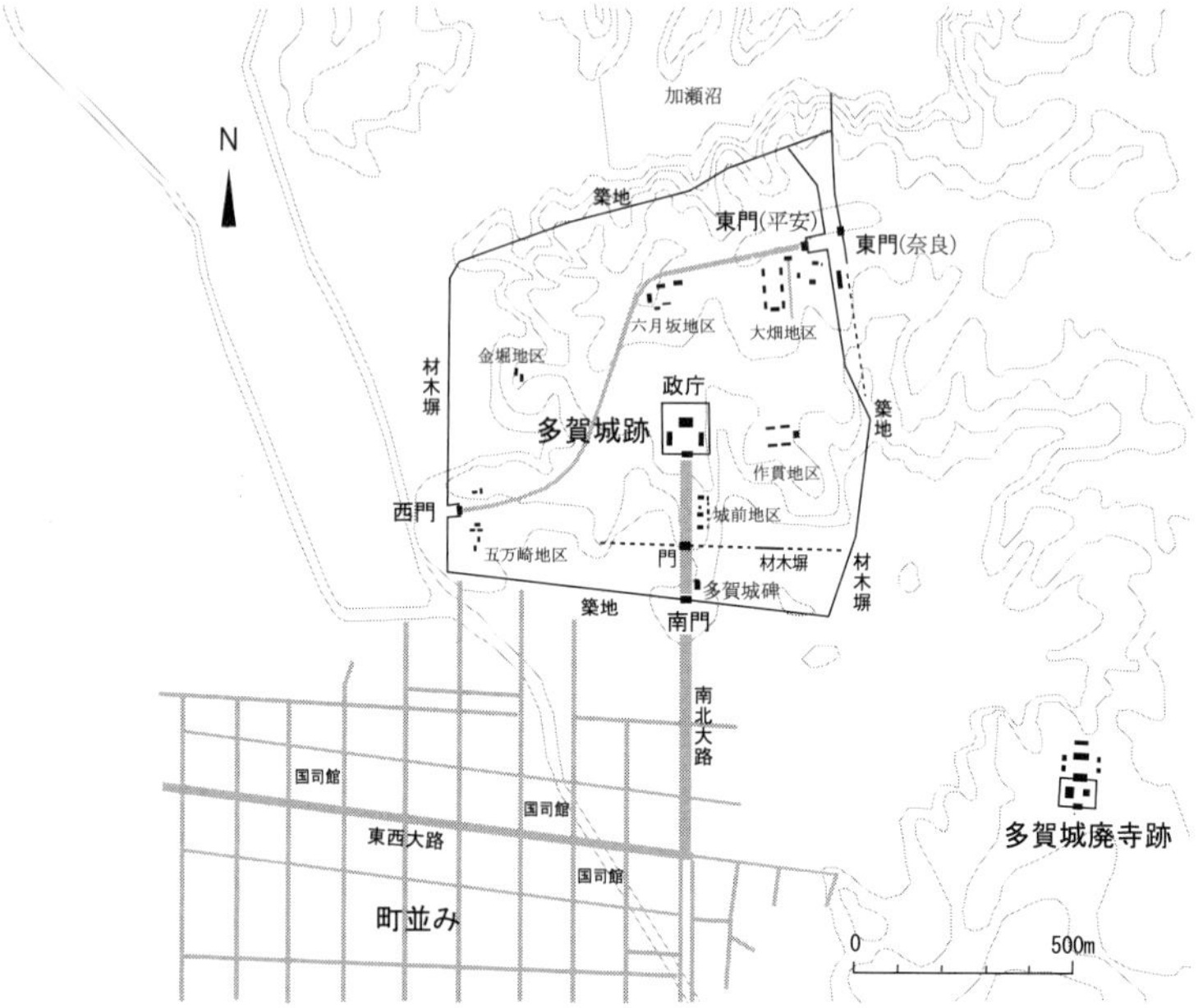

図1　多賀城とその周辺

門は北辺を除く三ヵ所に設けられた。東西の門が各辺の中央にないのは丘陵尾根線上を蛇行して通る城内道路に起因するものであろう。第Ⅰ期の門は掘立式の簡易な門であるが、第Ⅱ期以降すべて礎石式八脚門《やつあしもん》に変わり、第Ⅲ・Ⅳ期に東西の門の位置が内側に移動するという変化がみられる。このうち、第Ⅱ期の南門・東門は政庁と同時に焼失しており、宝亀十一年（七八〇）伊《これ》治公呰麻呂《はりのきみあざまろ》の乱の際の放火によるものと考えられる。

なお、近年外郭南門の北一一〇㍍の位置で門跡（推定八脚門）が発見され、その東方で検出されていた材木塀跡と一体の遺構と理解された。南辺区画は創建以来築地で位置も不変と理解されてきたが、東辺丘陵部でも築地より古い材木塀跡が検出されていることを合わせ考えると、当初は材木塀で囲い、しかも南辺が内側に寄った位置にあった可能性が出てきた。その時期・性格の解明は今後の重要課題の一つである。

政庁

外郭南門から真北に延びる大路を登りきったところに政庁がある。およそ一〇〇㍍四方を基底幅約二㍍の築地で囲み、南辺に門を設けている。門を入ると両側に南北に長い脇殿《わきでん》、正面に正殿《せいでん》があり、これらに囲まれた空間が広場となる。主要建物は瓦葺きで、丹土《につち》と呼ばれるベンガラの一種で赤色塗装されている。これが政庁の基本形であり終末まで踏襲される（図2）。第Ⅰ期は掘立式であるが、第Ⅱ期以降礎石式に変わる。第Ⅱ期は正殿の北と両側、各辺の築地線上にも建物が付加され、一段と豪華な政庁となるが、七八〇年呰麻呂の乱でほぼ全体が焼失する。第Ⅲ期では築地線上の建物を除き旧に復された。第Ⅳ期は貞観《じようがん》十一年（八六九）の陸奥国大地震の被害を受けた政庁の修復で、新たに正殿より北の地域で建物が付加される。

政庁地区から出土した多量の硯《すずり》は、予想以上の文書作成作業が行われたことを示している。また、土器の主体が供膳用の杯《つき》・皿などである点は儀式後の宴会が盛んに行われたことを示し、国内の郡司《ぐんじ》や蝦夷を集めての儀式を執り行う場として政庁が機能したものと考えられる。

なお、第Ⅰ期政庁より古い区画施設が発見されている。南辺築地に南で東西方向に延びる材木塀とⅠ期脇殿付近で南北に延びる材木塀である（図3）。政庁のプランとの関係からみれば、別形態をとる前段階の施設であった可能性もあり、今後の検討が必要であろう。

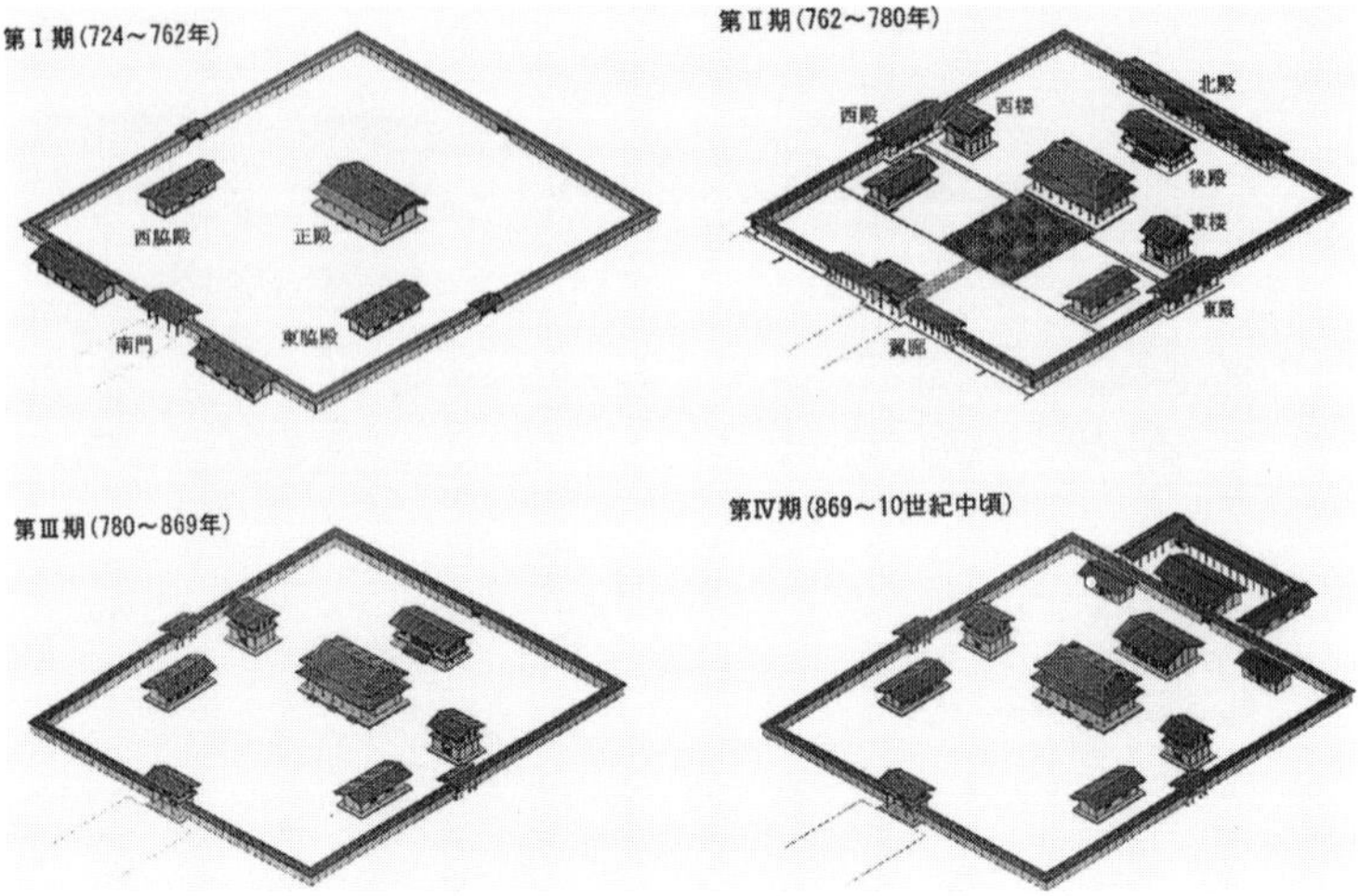

図2　政庁変遷図（青木和夫・岡田茂弘 2006 所収図を一部改変）

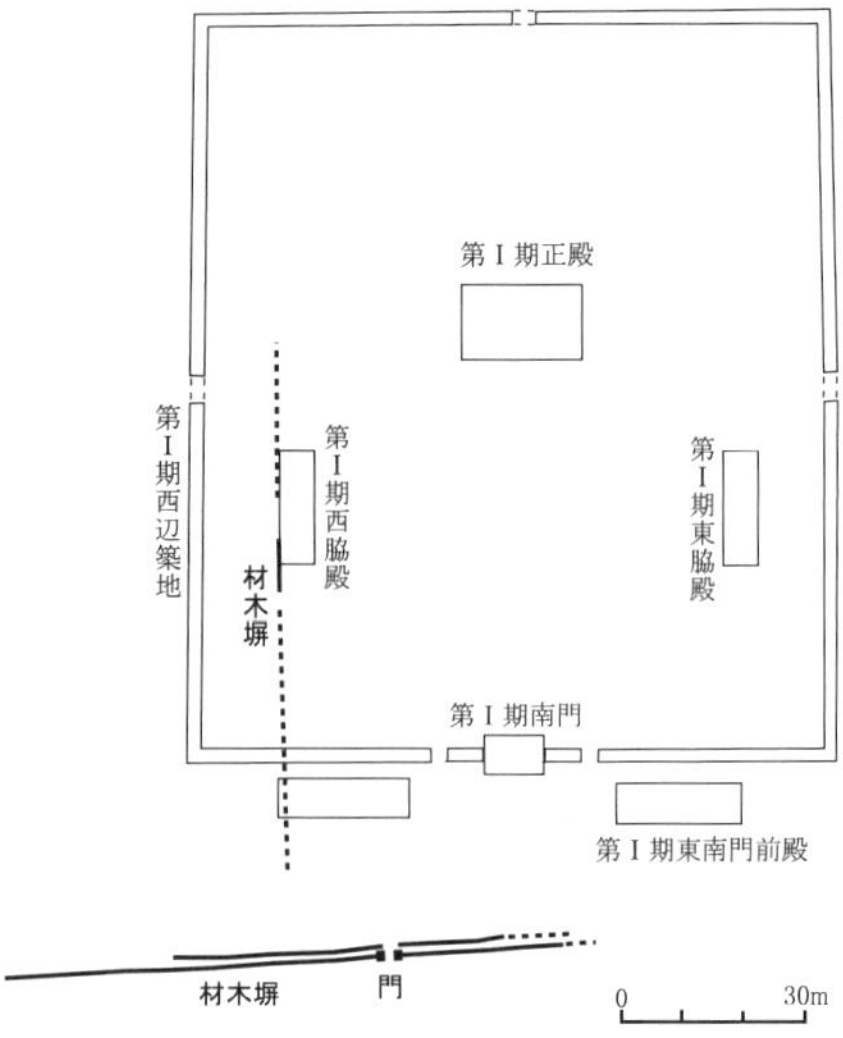

図3　第Ⅰ期より古い材木塀・門

城内の他の施設

外郭の東門と西門をつなぐ道路の南側に沿って材木塀が造られており、城内を二分している。南側の大畑《おおはた》・六月坂《ろくがつざか》・作貫《さつかん》・城前《じょうまえ》・五万崎《ごまんざき》の各地区では掘立式建物が多数発見されている。中にはコの字建物配置とるもの、あるいは材木塀で囲うものなどがあり、事務を分掌する曹司《そうじ》と考えられる。全体に倉庫がきわめて少ない特徴がある。また、製作に使う道具や未完成品、製作過程で生ずる残滓《ざんし》などの出土から、城内に木工房、鍛冶《かじ》工房、銅や金を用いた製品の製作所、漆塗りの作業所などが置かれたこともわかる。このほか、兵士の宿舎（竪穴《たてあな》住居）も配置された。出土木簡などによれば、兵士は陸奥国南半の軍団から徴発されている。城内施設の時期的変化としては、第Ⅲ期以降急増する点があげられる。

2　多賀城の周辺

多賀城の東南一キロの丘陵上には付属寺院である多賀城廃寺が、また、多賀城の南には隣接して町並みが整備されており、三者が一つの都市空間を形成していた。

多賀城廃寺

中枢伽藍《がらん》は、東に塔《とう》、西に東面する金堂《こんどう》、南に中門、北に講堂を置き、中門からから延びる築地が塔・金堂を囲んで講堂にとりついている。講堂の後方には大小の僧房《そうぼう》や鐘楼《しょうろう》・倉などが置かれた。こ

図4　多賀城廃寺復元模型

の配置は大宰府《だざいふ》付属の観世音寺《かんぜおんじ》に類似する。多賀城と同時に建立され、十世紀まで存続しており、順調な東北経営を願う寺院と見られる。なお、この寺が主催したであろう万灯会《まんとうえ》の灯明皿《とうみょうざら》にみられた墨書《ぼくしょ》土器から、寺の名称が「観音寺」であった可能性が高まっている。

町並み

八世紀後半になると、多賀城南門から南へ延びる南北大路と交差する東西大路を基軸として小路《こうじ》が配置されて菱形《ひしがた》に近い方格地《ほうかくじ》割《わり》が形成され、九世紀前半には南北にエリアが拡張された（図1）。大路に面した区画では大規模建物・鑓水《やりみず》状の溝・高級陶磁器等が発見され、陸奥守《むつのかみ》などの国司館《こくしのたち》が構えられたことがわかる。下級官人他の住居もあり、多賀城へ勤務した人々の居住空間である。このほか、各郡の出張所や漆塗り作業や鍛冶の工房、牛馬処理場も設けられている。なお、この町並みでは万灯会《まんどうえ》・道饗祭《みちあえのまつり》・人面土器や人形を用いた厄払いなどの祭祀が盛んに行われた。

3　多賀城をめぐる情勢

多賀城以前

七世紀中頃になると仙台市郡山《こおりやま》遺跡Ⅰ期官衙が造られた。東西三〇〇×南北六〇〇㍍以上を材木塀で囲み、内部に中枢区、倉庫区などを設けられている。七世紀末・八世紀初頭には方位・形態が大きく変わる。このⅡ期官衙は方四二〇㍍を材木塀と溝で囲み、さらに外側を大溝で囲む施設（方五三四㍍）で、南に付属寺院がともなう。多賀城の前身の陸奥国府と考えられている。これと同じ頃、県東部の東松島《ひがしまつしま》市に赤井《あかい》遺跡、県北部の大崎《おおさき》市に名生館《みょうだて》官衙遺跡といった本格的官衙が設置されている。一方、集落でも七世紀中葉から八世紀前半にかけて関東系土器をともなう集落が出現するという大きな変化が起こる。初期のものとしては仙台市長町駅東遺跡・県南蔵王《ざおう》町の十郎田《じゅうろうだ》遺跡・東松島市の赤井遺跡があり、いずれも材木塀で囲まれている。以後関東系土器をともなう集落は県北部へ展開していく。これは関東からの計画的な移民、言い換えれば畿内政権による支配拡大政策を示すものである。史料上では八世紀前半以降しばしば柵戸《きのへ》として陸奥へ移配する記事がみえるが、より古い段階から移民政策が盛んに進められたものと考えられる。

第Ⅰ期（七二四～七六二年）

創建直前の養老《ようろう》四年（七二〇）に県北部を中心に蝦夷の大規模な「反乱」が起き、ただちに征討軍が派遣された。第Ⅰ期道路構築時の層から出土した「鉦師」などの木簡はこの征討軍に関わるものと考察されており、多賀城の地がその基地として機能したものとみられる。政庁第Ⅰ期より古い材木塀などの遺構は「陸奥鎮所」に関わる施設の可能性もあろう。多賀城の造営はこうした緊張関係の中で進められたものである。この時期県北部には新田柵《にった》、玉造柵《たまつくり》などの諸柵も設置されており、多賀城はこれらを指揮しながら県北部の安定統治を図ったものと思われる。また、天平九年（七三七）大野東人が多賀柵から雄勝《おがち》までの陸奥・出羽連絡路を開こうとしたことは広域監督の円滑化を図ったものとみられる。

第Ⅱ期（七六二〜七八〇年）

藤原仲麻呂《なかまろ》の子朝獦による第Ⅱ期の造営は、政庁の建物数が飛躍的に増加し、外郭の築地まで瓦葺きになるなど、一段と威容を誇るものへ建て替えであった。この時期陸奥に桃生《ものう》城、出羽に雄勝城を設置し、秋田城の整備も行っている。ここに仲麻呂政権の意を受けて朝獦が進めた東北支配強化策をみることができる。朝獦の後にもこの政策は継承され、七六七年には宮城県北部に伊治城が設置された。こうした政策に対する蝦夷の抵抗が「反乱」の形で起きるようになる。宝亀《ほうき》五年（七七四）には桃生城西郭が破られ、同十一年には栗原《くりはら》郡の長官であった蝦夷出身の伊治公呰麻呂が按察使を殺害し、多賀城を焼く事件が発生し、中央政府に大きな衝撃を与えた。

第Ⅲ期（七八〇〜八六九年）

呰麻呂の乱後、争乱の中心は岩手県域に移り、収まる気配がない。このため政府は坂東《ばんどう》・東山・東海諸国から兵士・武器などを徴発して大規模な征討軍を編成して対処せざるを得なくなる。この兵士・物資の集結基地となったのが多賀城である。この征討活動は延暦《えんりやく》年間に数回（最大規模は延暦十三年の兵一〇万）に及ぶが、一応の安定を得るのは、征夷大将軍《せいいたいしょうぐん》坂上田村麻呂《さかのうえのたむらまろ》が胆沢《いさわ》城・志波《しわ》城を築いた八〇二・八〇三年の頃になってからである。多賀城の復興はこうした征討活動と並行して行われた。第Ⅲ期に外郭線に櫓が付設されたのはこうした情勢に対する備えであろう。この時期の木簡・漆紙《うるしがみ》文書には兵士や武具の貢進など事件後のあわただしい動きを示すものもみられる。なお、漆紙文書とは、漆液の保管容器のフタ紙として用いられたため、浸みこんだ漆のため腐朽をまぬがれた文書で、一九七三年に多賀城跡で初めて確認された（図5）。現在では全国からの出土報告が続き、貴重な歴史資料となっている。

図5　漆紙文書（計帳断簡）赤外線写真

第Ⅳ期（八六九年〜十世紀後半頃）

貞観十一年（八六九）陸奥国に大地震が起き、城郭に甚大な被害を与えたこと、津波で多数の死者がでたことなどが史料にみえる。第Ⅳ期の造営と同じ時期に多賀城廃寺・陸奥国分寺《こくぶんじ》跡でも修復が行われており、この大地震後の復興ととらえられる。第Ⅳ期は十世紀後半まで続く。多賀城廃寺・城外の町並みの終末もほぼ同様ととらえられている。

ただし、史料上では文治《ぶんじ》五年（一一八九）源頼朝《みなもとのよりとも》がいわゆる奥州藤原氏攻めを行った際の記事、南北朝期の争乱の記事などに「多賀国府」が見える。遺構としてはまだ一部しか把握はできていないものの、十一世紀以降の土器・陶磁器が無視できない程度出土しており、古代的多賀城と規模・構造が違う形で存続していた可能性も考えられる。

おわりに

東北地方北部には蝦夷支配を図るため多賀城のほかにも胆沢城・秋田城など多数の城柵が設置された。これらの発掘調査も精力的に進められており、規模や形では相違がみられるものの、多賀城と同様に広い範囲を築地や材木塀などで囲み、政庁を置くという城柵の特徴がみえてきた。政庁などの行政的施設を持たない西日本の朝鮮式山城とは大きな違いがある。多賀城は陸奥国府であるとともに、これら城柵の要として東北経営にあたったものと考えられる。

参考文献

青木和夫・岡田茂弘編　二〇〇六年『古代を考える　多賀城と古代東北』吉川弘文館
工藤雅樹　二〇〇五年『平泉への道―国府多賀城・胆沢鎮守府・平泉藤原氏―』雄山閣
高倉敏明　二〇〇八年『多賀城跡―古代国家の東北支配の要衝―』同成社
多賀城市史編纂委員会　一九八七年『多賀城市史　第1巻』

三　西海の官衙　大宰府

杉原敏之

はじめに

大宰府は、古代律令制下における地方最大の官衙《かんが》である。『養老職員令《ようろうしきいんりょう》』大宰府条によれば、主神《しゅじん》、帥《そち》以下五〇名の官人が配され、書生《しょしょう》や使部《しぶ》、仕丁《しちょう》などを含めれば、大宰府に関係する人びとは数千人に達したともいわれる（竹内理三　一九五六）。また、四等官の規模は、帥一人、大弐《だいに》一人、少弐《しょうに》二人、大監《だいげん》二人、少監《しょうげん》二人、大典《だいてん》二人、少典《しょうてん》二人の計一二名で中央官司の定員よりも多く、長官である帥の相当位は従三位で八省の長官よりも上であった。この帥をはじめとする四等官の上位に主神をおく構成は、中央官制の神祇官《じんぎかん》と太政官《だじょうかん》に相当するものとされ、専門職に従事する品官《ほんかん》をおく点も大宰府官制の特徴である。

大宰府の主な機能には、外交、軍事、西海道を中心とする九国三島の統括があげられるが、職員令に正式に規定された職務は、蕃客《ばんきゃく》、帰化《きか》、饗讌《きょうえん》という外交儀礼に関わるものだけである。蕃客は使節の入国管理、帰化は定住外国人の受け入れ、饗讌は外国使節に対する饗宴で、大宰府では主に新羅《しらぎ》使の来朝に際して外交儀礼が行われた（重松敏彦 二〇〇五）。

帥の軍事権は、国守と同様の内容だが、辺境防備を目的とした防人《さきもり》を統括する点は、固有の軍事機能ともいえる。また管内の支配権については、国司《こくし》・郡司《ぐんじ》など官人の銓擬《せんぎ》（任命権）や諸国からの調《ちょう》庸物《ようぶつ》が京進《きょうしん》されずにいったん大宰府に送られる徴税制などから、実質的な権限があったことは確かである。いずれにしても、この二つの機能は令制に規定されない、歴史的に付与された機能と考えられている。

1　大宰府政庁

大宰府史跡の発掘

大宰府は、現在の福岡県太宰府市を中心とした地域に置かれた。その重要施設であった大宰府政庁《だざいふせいちょう》、水城《みずき》、大野城《おおのじょう》、学校院《がっこういん》、観世音寺《かんぜおんじ》などは史跡として保存されており、大宰府史跡と総称されている。この大宰府史跡の本格的な発掘調査が開始されたのは、一九六八年（昭和四十三）のことである。それは、一九六〇年代以降に活発となった列島規模の大開発の中で、遺跡の内容を明らかにして保存するためであった。その後、一九七〇年九月二十一日には、一一〇ヘクタールという広範囲の史跡指定拡張がなされ、今日見ることのできる、緑多い大宰府の史跡とその景観も残されてきたのである。

大宰府史跡の本格的な発掘調査以前、大宰府研究は、地表に残る礎石《そせき》や採集遺物、文献史料などにより行われていた。大正期には、池上年《いけがみとし》氏による大宰府政庁礎石の測量調査、中山平次郎《なかやまへいじろう》氏による遺物研究、さらに黒板勝美《くろいたかつみ》氏による水城の土塁《どるい》観察など、今日的に見ても重要な研究が行われている。そして一九三〇年（昭和五）には、九州帝国大学の長沼賢海《ながぬまけんかい》氏によって水城木樋《もくひ》の発掘調査も行われた。この調査に参加していた鏡山猛《かがみやまたけし》氏は、一九三七年（昭和十二）に「大宰府の遺蹟と條坊」という論文を発表し、測量調査や地割《じわり》、文献史料などから大宰府条坊《じょうぼう》について論じている。さらに戦後、九州大学内におかれた九州文化綜合研究所による「大宰府の都制と文化の調査研究」において、鏡山氏は大野城の測量や観世音寺の発掘調査を指揮した。氏の一連の研究は、一九六八年（昭和四十三）に『大宰府都城の研究』として上著されたが、それは戦前より続く、大宰府研究の到達点でもあった。大宰府史跡の発掘調査は、こうした先人たちの研究を基にして始まったのである。

図1　大宰府政庁跡全景

大宰府史跡の発掘は、大宰府政庁跡の南門《なんもん》・中門《ちゅうもん》地区より開始された。この第一次調査では、地表に見え

図２　正丁南・中門地区の調査

る礎石建物の下に別の礎石建物が確認され、さらに最下層では掘立《ほったて》柱建物《ばしらたてもの》が検出された。その中でも地表の礎石建物は焼土層を挟んで建替えられていたが、南門基壇下層の土坑《どこう》（ＳＫ〇一一）からは、この焼土に混じって「安楽之寺」銘を消した瓦が出土した。安楽寺《あんらくじ》とは、延喜《えんぎ》三年（九〇三）に没した菅原道真《すがわらのみちざね》の菩提寺《ぼだいじ》であり、現在の太宰府天満宮《てんまんぐう》の前身にあたる。つまり、出土瓦は十世紀前半以降に大宰府政庁に転用されたものであった。こうした状況から、焼土層は天慶《てんぎょう》四年（九四一）の藤原純友《ふじわらのすみとも》の乱によるもので、政庁はこの乱の焼失後に再建されたと理解されたのである。それは律令制衰退の中で、乱後に政庁は再建されなかったという、古代史の定説を覆すものであった。

　発掘調査によって、政庁は大きく三時期にわたって変遷したことが分かった。つまり、最下層のⅠ期掘立柱建物は概ね七世紀後半であること、Ⅱ期礎石建物は出土鎮《ちん》壇具《だんぐ》から八世紀初め頃の造営であること、現地表のⅢ期礎石建物は十世紀後半に再建され十二世紀前半頃まで存続したことなどである。この成果は、大宰府の歴史的変遷を考える上でも重要であり、今日まで大宰府史跡の発掘調査における大きな基準となっている。

図3　大宰府政庁復元模型

奈良時代に成立したⅡ期政庁は、都宮の朝堂院《ちょうどういん》形式を採用した礎石建物である。南門、中門、正殿、後殿、北門を南北直線的に配し、正殿から中門へ回廊《かいろう》がコの字に巡り、内庭部の東西に脇殿が各二棟並ぶ。そして北門や南門から延びる築地《ついじ》がそれぞれ回廊に取りつき、南北二一五・四五㍍、東西一一九・二〇㍍の規模になる。またⅢ期礎石建物もⅡ期とほぼ同一規模で、礎石の多くは転用されている。ただし、南門基壇《きだん》の拡張や回廊幅の縮小、後殿の後背に総柱《そうばしら》建物を配するなど、Ⅱ期を踏襲しながらも細部において異なっている。

朝堂院形式は、古代律令制の象徴的儀礼空間であり、広場を取り囲むコの字型の建物配置の奥に中心建物をおいている。大宰府政庁の場合、それは正殿にあたり、帥の権威を示す空間でもあった。正殿は七×四間の礎石建物で、桁行《けたゆき》二八・五㍍、梁行《はりゆき》一三・〇㍍の規模となる。三段の作出《つくりだ》しを持つ礎石を持ち、外観は一〇㍍以上の二階建てで、正面は吹き抜けの構造であった。この正殿を中心とした政庁における儀式を具体的に記録した資料は見あたらないが、都で行われた儀礼の一部も当然行われたと考えられる。

一方、政庁内での官人たちの執務状況を推測させる資料は、発掘調査でも確認されている。政庁の後背で検出された、八世紀初め頃の掘立柱建物（SB五〇〇A）北側の土坑（SK五一四）からは、八八七点の木簡《もっかん》が出土している。「謹解申事」、「書生」、「弐」、「掾」、「遠賀」、「豊前」、「御笠團」など見られるが、多くは削屑《けずりくず》で、繰り返し練習した習書《しゅうしょ》木簡である。建物や築地と同じ八世紀代で、多岐に及ぶ習書や総務的な内容が強いことから、正殿の後方には、官人たちが日常的に執務した実務的空間があったとみられる。

2　古代都市大宰府

大宰府の官衙

記録によれば、大宰府には一九の司所（官司）が存在した。政所《まんどころ》、税司《ぜいし》、公文所《くもんじょ》、大帳司《だいちょうし》、蔵司《くらつかさ》、防人司《さきもりのつかさ》、警固所《けごしょ》、大野城司《おおのじょうし》、蕃客所《ばんきゃくしょ》、主厨司《しゅちゅうし》、主船司《しゅせんし》、匠司《たくみのつかさ》、修理器仗所《しゅうりきじょうしょ》、薬司《やくし》、貢上染物所《こうじょうそめものしょ》、作《さく》紙所《ししょ》、兵馬所《へいばしょ》、貢物所《こうもつしょ》、学校院《がっこういん》などがある。多くは、大宰府政庁の周辺におかれたと考えられている。現在でも、字名や記録から場所を特定できるものに蔵司、学校院などがある。蔵司は、字名が残る政庁西側の丘陵一体が有力な比定地であり、一九三三年（昭和八）には、九×三間の大型礎石建物が確認されている。一方、学校院（学業院）は、「府学校」とも呼ばれ、天応《てんおう》元年（七八一）の太政官符によれば、管内六国から二〇〇人程度の学生が学んでいたという。寛仁《かんにん》五年（治安《じあん》元、一〇二一）には、観世音寺との境界地争いに関する記録が見られ、観世音寺西側にあったことが分かっている。

大宰府政庁を中心とする地域は、府庁域《ふちょういき》とも呼ばれている（鏡山猛　一九六八）。発掘調査成果によ

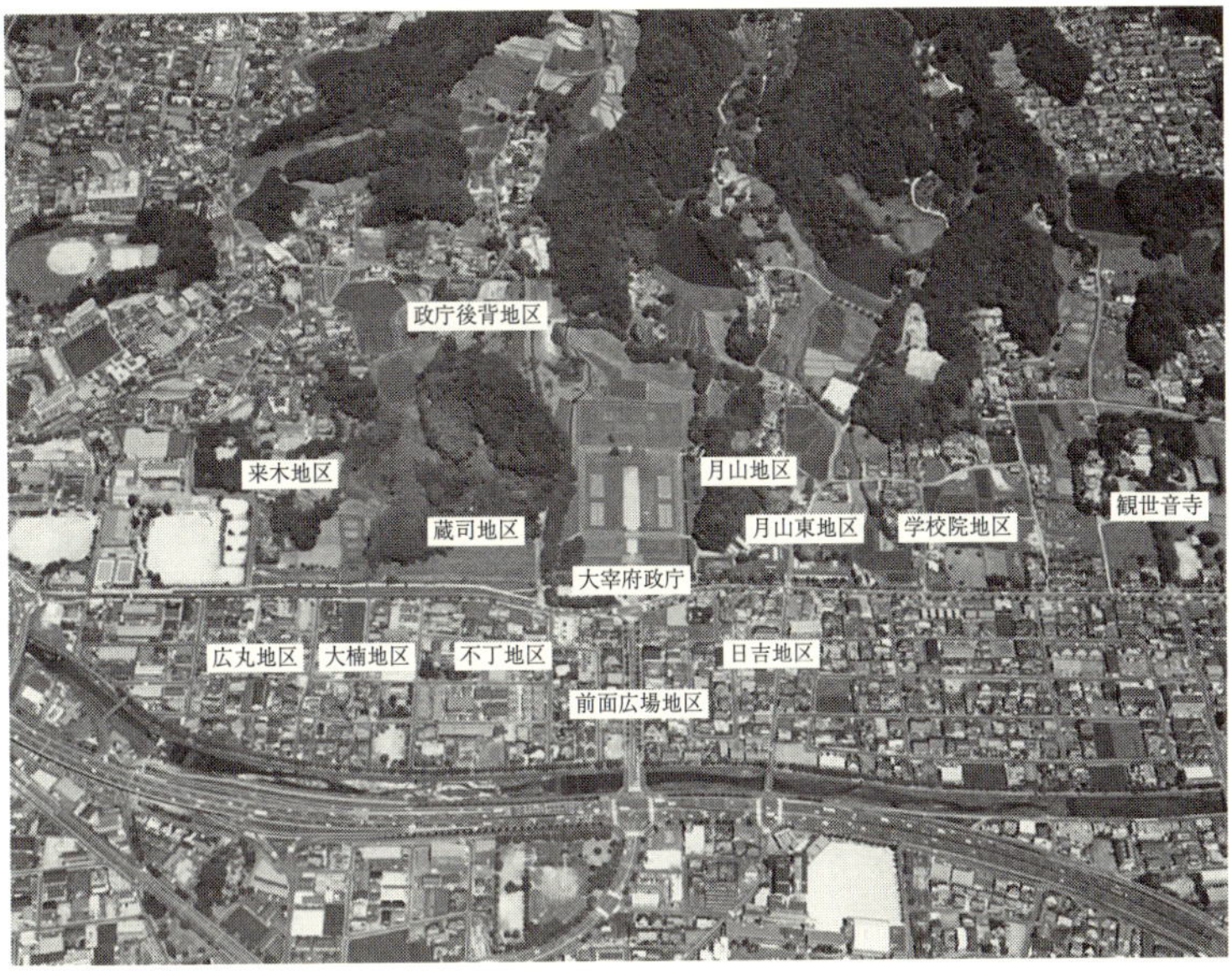

図４　大宰府庁域の官衙

れば、この中枢官衙がおかれた府庁域は、政庁を中心に東西八町（約八七〇㍍）、南北四町（約四三〇㍍）とその南に東西約四〇〇㍍の張り出しを持つ範囲が想定される（石松好雄　一九八三）。そして域内には、「学校院地区」、「月山《つきやま》東地区」、「日吉《ひよし》地区」、「前面広場地区」、「不丁《ふちょう》地区」、「蔵司《くらのつかさ》地区」、「来木《らいき》地区」、「政庁後背地区」などに分けられる官衙が確認されている。各官衙の造営は、一部を除きⅡ期政庁成立後の八世紀前半以降に本格化する。

前面広場地区は、Ⅱ期政庁にあわせて大規模な造成が行われている。広場内には、十×四間の南北棟四面廂建物（SB二三〇〇）が一棟確認されており、政庁での儀式に備えて官人が集まった朝集殿《ちょうしゅうでん》と考えられている。さらに、広場西側の不丁地区は、字名が「府庁」から転訛《てんか》したものとされる。二つの南北溝によって区画

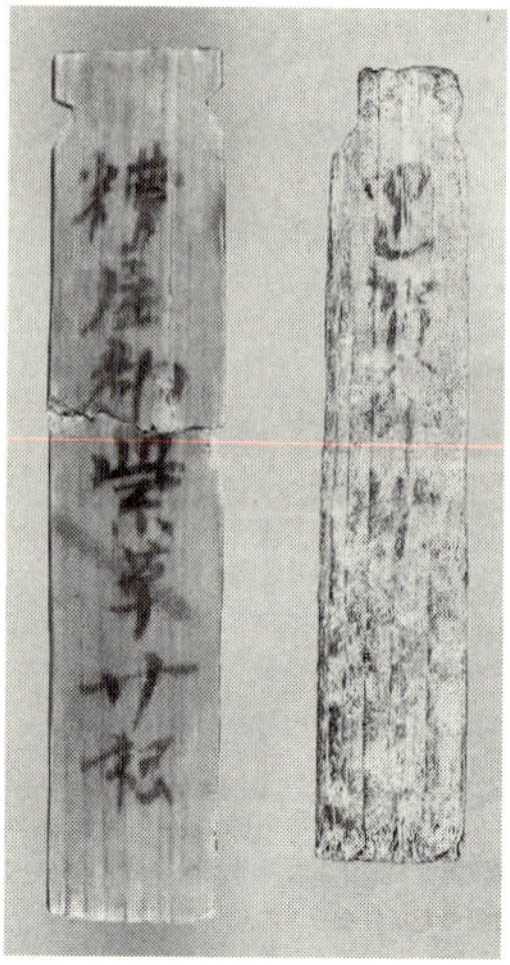

図5 「紫草」銘木簡

された約八七㍍の範囲に広がり、最盛期の八世紀前半から後半には東西溝により三区に分かれ、十数棟程度の建物で構成されていた。また、東限溝（SD二三四〇）からは、一五〇点近くの木簡が出土している。天平《てんぴょう》六年（七三四）銘木簡をはじめ、「糟屋郡紫草廿根」、「岡郡紫草」、「肥前國松浦郡神戸調薄鰒」、「山鹿」、「合志郡」などがある。調庸《ちょうよう》に関するものや西海道《さいかいどう》諸国の地名が見られるが、染物原料の「紫草《むらさき》」に関する木簡が多く、貢上染物所《こうじょうそめものしょ》の有力な比定地でもある。

政庁東には、「月山」と呼ばれる丘陵がある。府内に時を告げる漏刻台《ろうこくだい》が置かれ、辰山《ときやま》が転訛したと考えられている。その南の月山東地区官衙では、東西一一二㍍、南北七一㍍の範囲に柵《さく》をめぐらした中に建物や柵があり、府庁域で規模が確定された官衙の一つである。

蔵司地区官衙は、丘陵上の礎石建物以外の施設についてはいまだ明らかとなっていないが、前面部では調査が進んでいる。八世紀初め頃には、築地（SA一四〇〇）が造られ、内部には掘立柱建物や礎石建物が置かれたが、後に製銅関係の工房となる。また、この築地の南側には、一時期並んでいたもう一条の築地（SA一四一〇）がある。さらに西側の谷部では、大宰府内で初めての木簡が出土している。「久須評大伴マ」銘などがあり、評名の存在から、八世紀前後のこの周辺には、西海道諸国とつながりを持った官衙が置かれていた可能性が高い。

来木地区官衙は、蔵司丘陵から谷を隔てた西側の丘陵南斜面を中心に広がっている。掘立柱建物や倉庫と考えられる礎石建物をはじめ、金属生産にかかわる炉《ろ》や竪穴《たてあな》状遺構が確認されており、鞴羽口《ふいごはぐち》、トリベ、青銅滓《せいどうさい》や鉄滓《てっさい》などが金属製品とともに多量に出土している。もっぱら金属生産を中心とすることから、匠司、あるいは修理器仗所などが考えられている。

ほかに大宰府郭外では、蕃客所《ばんきゃくしょ》の具体的な施設として筑紫館《つくしのむろつみ》がある。その後身の鴻臚館《こうろかん》は、貞観《じょうがん》十一年（八六九）に初見されるが、中山平次郎氏によって、福岡市中央区の平和台球場付近が推定された。事実、発掘調査によって、七世紀後半から九世紀前半頃の施設が確認されている。このうち、Ⅱ期政庁と同じ八世紀前半には、東西七一・五㍍、南北五五・四㍍の区画施設に東面する門を持つ、南館と北館が谷を挟んで整備される。

府の寺院

府内の官寺には、観世音寺、四王寺《しおうじ》、竈門山寺《かまどさんじ》、筑前国分寺《ちくぜんこくぶんじ》などがある。このうち、府の大寺と呼ばれた観世音寺は、朝倉橘広庭宮《あさくらのたちばなひろにわのみや》で崩御《ほうぎょ》した母斉明《さいめい》天皇を追善《ついぜん》するため、天智《てんじ》天皇によって発願《ほつがん》された。ただ、造営には時間を要し、発願から数十年あまりの歳月を経た天平《てんぴょう》十八年（七四六）にようやく完成した。

伽藍《がらん》は観世音寺式とも呼ばれ、東に五重塔、西に東面する金堂《こんどう》、中央北の講堂《こうどう》には中門から延びる回廊が取りつき、その背後に大房《だいぼう》を配している。金堂や講堂は八世紀以降の造営で、幾度か建替えの痕跡があり、特に金堂では康治《こうじ》二年（一一四三）の火災の痕も確認された。出土遺物には、創建瓦の老司《ろうじ》Ｉ式軒先瓦《のきさきがわら》や金銅仏《こんどうぶつ》、輸入陶磁器や鋳造《ちゅうぞう》関係の遺物など多岐にわたる。また寺には、丈六像《じょうろくぞう》をはじめ古仏が伝えられているが、創建当初の仏像はすでに失われている。ただし、貞応《じょうおう》元年に復興された現存する不空羂索観音像《ふくうけんさくかんのんぞう》の体内からは、創建期に溯る塑造不空羂索観音像の断片や心木が納められていた。

古代都市大宰府

『観世音寺文書』には、「府牒《ふちょう》す　観世音寺　郭地一町三段を施入《せにゅう》する事。左郭四条七坊の内」（長徳二年〈九九六〉）とある。これは、大宰府が観世音寺に隣接する土地の一部を、観世音寺領に編入させることを認めた記事で、「条」、「坊」、「町」などの土地の単位が見られる。鏡山猛氏は、こうした土地に関する資料を基に、残る条里や地割などから、大宰府においても、都に見られる碁盤《ごばん》の目のような条坊の存在を推定した。そして、方一町（約一〇九㍍）を条坊の単位として南北二二条、東西左右郭各一二坊の大宰府条坊を復元し、府庁域を方四町、観世音寺を方三町、学校院を方二町とした。ただし、鏡山氏の条坊論は、発掘調査の進展により、府庁域の範囲や条坊の規模など、いくつか見直しを迫られている。

南に広がる条坊域中心部の発掘調査では、これまでも条坊と呼べる南北の溝によって構成される方形区画が確認され、おおむね八世紀以降の奈良時代頃の成立が想定されてきた。しかし近年、政庁Ⅱ期造営以前の成立とみる意見もある（井上信正　二〇〇九他）。それは、条坊域に見られる一辺九〇㍍の区画を大宝大尺《だいほうだいしゃく》（一尺＝〇・三五㍍前後）による大尺二五〇尺とし、和銅六年の条を受けたⅡ期大宰府政庁の小尺（一尺＝〇・二九六㍍前後）とは異なり、藤原京との尺度の共通性が根拠とされる。さらに、Ⅱ期以降の大宰府の主要施設がいずれも小尺を使用しており、また政庁中軸線延長となる朱雀大路《すざくおおじ》と大宰府条坊の方形区画とがずれることから、Ⅱ期政庁成立以前の七世紀末から八世紀初頭に大宰府条坊が大尺によって施工されたと考えられている。指摘は重要であるが、この時期の大宰府政庁や周辺官衙の状況がよく分かっておらず、大宰府全体としてこの方形区画の始まりを考えるための資料がまだ不足している。

こうした発掘調査成果から、一部議論が残るにせよ、大宰府にも都に近い碁盤目状に区画された都市的景観があったことは確かである。おそらく奈良時代、八世紀中頃の大宰府は、官司大宰府の中枢施設である大宰府政庁が、北に大野城、南に基肄城《きいじょう》を臨みながら、その周辺に西海道管轄のための各官衙を配し、さらに御笠川《みかさがわ》の南には、幅約三六㍍の朱雀大路を中心に建物が広がっていたのであろう。

おわりに

大宰府は、地方官衙でありながら、中央の政治的動向や対外情勢とも深く関っていた。天平十二年（七四〇）、大宰少弐に「左遷」された藤原広嗣《ひろつぐ》が、吉備真備《きびのまきび》、玄昉《げんぼう》の罷免を訴え挙兵した。反乱自体すぐに鎮圧されたが、政治的影響は大きく、天平十四年に大宰府は廃止された。その後、かわって筑紫鎮西府《つくしちんぜいふ》が一時期おかれたが、それは「辺境防備」を目的とする大宰府の軍事機能を維持するためでもあった。この一連の出来事に見られるように、大宰府は、地理的特質から律令国家の要衝として、また時には対外戦略の拠点として推移したのである。

「この府は人物殷繁《いんはん》にして天下の一都会なり」（『続日本紀』）と称されたように、大宰府は、都や難《なに》波《わ》をのぞけば地方最大の都市でもあった。天平二年（七三〇）正月に大宰帥大伴旅人《おおとものたびと》宅にて開かれた梅花の宴では、大伴旅人、筑前守山上憶良《ちくぜんのかみやまのうえのおくら》をはじめ、大宰府官人や管内国司たちによる「筑紫歌壇」が多くの万葉歌を残した。こうした都から派遣された官人たちによって、時には華やかな都の文化がそのまま大宰府に創出されていったのも確かである。

参考文献

石松好雄　一九八三年「大宰府府庁域考」九州歴史資料館編『大宰府古文化論叢』上巻、吉川弘文館

井上信正　二〇〇八年「大宰府条坊について」『都府楼　特集：大宰府史跡発掘調査四〇周年』第四〇号

小田富士雄　二〇〇九年「総論　大宰府史跡研究の現段階」『月刊考古学ジャーナル　特集　古代都市・大宰府の成立』No五八八、ニューサイエンス社

鏡山　猛　一九六八年『大宰府都城の研究』

倉住靖彦　一九八五年『古代の大宰府』吉川弘文館

重松敏彦　二〇〇五年「大宰府の役割」『大宰府市史』通史編I、太宰府市

杉原敏之　二〇〇七年「大宰府政庁のI期について」『九州歴史資料館研究論集』三三号

竹内理三　一九五六年「大宰府政所考」『史淵』第七一輯

藤井功・亀井明徳　一九七七年『西都大宰府』ＮＨＫブックス
八木　充　二〇〇二年「筑紫における大宰府の成立」『大宰府政庁跡』九州歴史資料館
横田賢次郎　一九八三年「大宰府政庁の変遷について」九州歴史資料館編『大宰府古文化論叢』上巻、吉川弘文館

四　都と地方のつながり

佐藤　信

はじめに――「都」と「鄙」の交通――

日本古代の律令国家《りつりょうこっか》が、前代の倭王権《わおうけん》以来の氏族制的な社会的基盤をもちながら、中国の先進的な支配システムである律令制の法体系をその上に継受して中央集権的な国家制度を形成したことはよく指摘されるが、まがりなりにも中央集権的な制度が実現した背景には、都と地方をむすぶ「都鄙《とひ》」間の交通が前提となっていた。宮都や中央集権的な官僚機構を存続させるためには、都と地方をつなぐ交通がなくてはならなかったといえる。

都と地方とを結ぶ具体的な道具だては、畿内七道を結ぶ駅路《えきろ》や「伝路《でんろ》」とよばれる交通路であったが、それを通して人・物・情報などの移動・交流が頻繁に行われることが、律令国家にとっては必要であったのである。人の面では、中央から地方諸国の国府《こくふ》に派遣されて地方豪族である郡司や民衆たちと対峙してその統治にあたる役割をになった国司の存在が重要であろう。その一方、地方の郡司や民衆たちも都との間を往復する機会があったことも見過ごすわけにはいかない。物の面では、地方の民によって調庸物《ちょうようぶつ》や雑米《ぞうまい》などが貢進《こうしん》されることがなければ、宮都は成り立たないという関係にあった。実際に膨大な量の貢進がなされた様相は、平城宮跡から出土した大量の貢進物荷札木簡《こうしんぶつにふだもっかん》をみれば理解できるであろう。また情報の面では、律令制の文書主義によって中央からの命令や地方からの行政報告などの公文書が、都と地方の間をきわめて頻繁に往来していたのであった。その様子は、公文書のやりとりを記録した正倉院文書《しょうそういんもんじょ》の天平六年（七三四）「出雲国計会帳《いずものくにけいかいちょう》」をみれば、納得されよう。

こうして律令国家にとって必須である都と地方とのつながりにより、都も支えられていたのである。

1　古代の都と地方

宮都の荘厳と王権

まず、都としての宮都（都城）の確立自体が、天皇を頂点とした中央集権的な律令国家の形成と対応するものであった。天武《てんむ》天皇によって造営が始められ、持統《じとう》天皇の時に遷都された藤原京（六九四〜七一〇年）は、中国の儒教がもつ王都の理念（『周礼《しゅらい》』考工記《こうこうき》）にもとづくはじめての本格的な宮都であった。その特徴は、まず第一にそれまでの代替わりごとに遷る大王宮のあり方から、持統・文武《もんむ》・元明《げんめい》とつづく皇統の京師《けいし》へと変化したこと、第二に内裏《だいり》と中央官庁が位置する宮域のまわりに条坊制《じょうぼうせい》の碁盤の目状の道路によって区画された街区《がいく》からなる京域《きょう》を新たに設定し、そこに宅地班給して有力な皇族や中央貴族たちを集住させたこと、そして第三に大極殿《だいごくでん》・朝堂院《ちょうどういん》の宮殿建築に新しく瓦葺《かわらぶ》き・礎石建《そせきだ》ちの大陸風建築を導入したこと、などにあった。そして大官大寺《だいかんだいじ》など多くの国家的寺院群の伽《が》藍《らん》の威容が藤原京を荘厳したのだった。

こうした宮都の特徴は、そのまま平城京（七一〇～七八四年）にも引き継がれた。奈良盆地北部の四《し》神相応《しんそうおう》の地に新しく切り開かれた平城京では、貴族勢力の地盤がなお強かったかつての藤原京にくらべて、貴族層の律令官僚化への歩みが一段と進められたのであった。平城京の荘厳に関しては、『続日本紀《しょくにほんぎ》』神亀《じんき》元年（七二四）十一月甲子条の太政官奏《だじょうかんそう》に、その目的が示されている。すなわち、「上古淳朴《じょうこじゅんぼく》にして、冬は穴、夏は巣にすむ。後の世の聖人、代ふるに宮室《きゅうしつ》を以てす。亦京師《けいし》有りて、帝王居《きょ》と為す。万国の朝する所、是れ壮麗なるに非ずは、何を以てか徳を表さむ」として、平城京内の五位以上の貴族と造営に堪える庶人の家屋を瓦葺きとし、朱塗柱《しゅぬりばしら》・白壁《しらかべ》とするように命じているのである。宮都はそれ自身、権力の荘厳としての性格をもっており、国家の集権的体制を維持するための装置でもあった。

かつて『万葉集《まんようしゅう》』の和歌で天武天皇が都の造営によって神格視されたように、壮麗な宮都の実現は、国内の貴族・地方豪族・民衆・辺境民たちの精神的な帰服をうながすものであったし、また日本律令国家が東アジアとの対外関係において、小「中華帝国」をめざす上でもその荘厳が求められたのであった。

◎『万葉集』（巻一九）「壬申の年の乱の平定しぬる以後の歌二首」

大君は神にし坐《ま》せば赤駒《あかごま》の匍匐《はらば》ふ田井《たい》を都となしつ（四二六〇）

右の一首は、大将軍贈右大臣大伴卿《おおともきょう》作れり。

大君は神にし坐せば水鳥の多集《すだ》く水沼《みぬま》を都となしつ　作者詳らかならず（四二六一）

また、宮都造営は、巨大な消費であるというのみではなく、大規模造営のための労働力編成やその維持のための貢進物の集約と分配などの組織化を通して、律令官僚システムの実現を促進したという面があったことを認めなくてはならないだろう。

平城京と儀礼

支配の道具としての宮都は、また国家的な儀礼を行う場でもあった。

◎『続日本紀』大宝元年（七〇一）正月朔条

（文武）天皇（藤原宮）大極殿《だいごくでん》に御《おわ》しまして朝を受けたまふ。その儀、正門に烏形《うけい》の幢《はた》を樹《た》つ。左は日像《にちぞう》・青竜《せいりゅう》・朱雀《すざく》の幡《はた》、右は月像《げつぞう》・玄武《げんぶ》・白虎《びゃっこ》の幡なり。蕃夷《ばんい》の使者、左右に陳列す。文物の儀、是に備れり。

もともと古代における政務・儀式・饗宴《きょうえん》は一体の儀礼（年中行事）として存在したが、右の記事にうかがえるように、平城宮や平城京も、その儀礼の場としての機能をもった。平城宮内の内裏、中央区（第一次）大極殿・朝堂院、東区（第二次）大極殿・朝堂院、二官八省の各官司の曹司《そうし》にもそれぞれ儀礼の場があった。とくに大極殿前の朝堂院には大規模な朝庭《ちょうてい》（広場）があり、百官人や蝦夷《えみし》・隼人《はやと》、外国使者たちが集まるような露天の儀礼空間としての機能をはたした。官庁において行われた饗宴や給食も、共食によって、天皇の臣下でありまた支配階級に属するという官人意識を再確認したり、官人たちを農業の直接生産過程から分離してフルタイムに官僚業務に従事させるための儀礼でもあった。また、宮城門前の溝や京内各所の溝などで、大祓《おおはらえ》などの律令制的な祭祀が行われていることにも、宮都の儀礼の場としての性格をみることができる。

首都意識

律令官人たちは、こうして営まれた荘厳な宮都に対して、自負と愛惜の念をもった。奈良の都の繁栄を謳歌する和歌としてよく用いられるのが次の一首である。

◎『万葉集』（巻三）「大宰少弐小野老朝臣の歌一首」

あをによし寧楽の京師《みやこ》は咲く花の薫ふがごとく今盛りなり（三二八）

平城京を眼前にして詠んだのではなく、遠《とお》の朝廷《みかど》とも呼ばれた大宰府《だざいふ》に赴任している貴族が奈良を懐かしんで詠んだ和歌であるが、貴族たちの宮都への思いをよく伝えているといえよう。宮都の対照となる地方を「天ざかる鄙《ひな》」とみる貴族たちの都鄙観をうかがうことができる。

貴族以外でも、平城宮跡下層の下ッ道から出土した次の過所《かしょ》木簡の記載は、注目される。

◎平城宮木簡一九二六号（奈良国立文化財研究所『平城宮木簡二』）

（表）関々司前解近江国蒲生郡阿伎里人大初上阿□〔伎カ〕勝足石許田作人

（裏）同伊刀古麻呂 大宅女右二人左京小治町大初上笠阿曾弥安戸人右二
送行乎我都　鹿毛牡馬歳七　里長尾治都留伎

長六五六ミリ×幅三六ミリ×厚一〇ミリ　〇一一型式

この過所木簡は、近江国《おうみのくに》蒲生郡《がもうぐん》阿伎里《あきのさと》の里長《りちょう》がみずから書き、山背国《やましろのくに》から大和国《やまとのくに》に入った地点まで関所通過の機能をはたした通行証であり、大宝令《たいほうりょう》制下の藤原京時代——すなわち七〇一年から七一〇年までの時期のものであった。ここで藤原京のことを「我都」と書いていることは、早くから近江国の里長にまで宮都の首都意識が伝わっていたのかもしれない。近江国は藤原京造営のために木材を切り出すなどの負担を担った国であることも、影響してこよう。こうした意識からも、宮都自身が地方支配のための道具の一つであった様子が知られるのである。

2　国司と地方社会

律令制の国司像

古代の中央と地方を結ぶ存在として、都から地方に派遣され、一定の任期（四年）のあいだ国府で国内を統治した国司のはたす役割は大きなものであった。国司は「クニノミコトモチ」であり、天皇の言葉を地方に伝える役割をもった。地方民衆の中には、都から赴任してくる貴族である国司の姿によって、はじめて国家・天皇というものを実感することがあったと思われる。

律令制が理想とした国司像は、中央からおもむく儒教的・開明的な国司が、未開な地方民衆を教化するとともに、農業・産業を勧めて生産力を増し、人口と税収を増やして国家・社会の安泰をもたらす存在であった。国司の任務・職掌は、むきだしの暴力装置を用いて民衆から強制的に租税を収奪するという性格のものではなく、軍事的権能はもつものの、律令制にもとづく行政的・制度的・儀礼的な統治がめざされた。規定された以上の調庸《ちょうよう》・田租《でんそ》や雑徭《ぞうよう》を国司が私的に徴収することは認められていなかったし、実際の租税徴収の場面では、国司よりも地方社会の有力者であった郡司や雑任《ぞうにん》たちがその徴税機能をはたしたと思われる。

律令制が国司に求めたのは、むしろ儒教的な徳治主義であったといえよう。奈良時代初期に、律令制が求める国司の鏡と賞賛された人物が、筑後守《ちくごのかみ》の道君首名《みちのきみおびとな》であった。彼の事績を『続日本紀』に載る卒伝《そつでん》にみてみよう。

◎道君首名卒伝（『続日本紀』養老二年〈七一八〉四月乙亥条）

筑後守正五位下道君首名卒《しゅっ》しぬ。首名少《わか》くして律令を治め、吏職《りしょく》に暁《あき》らかに習へり。和銅《わどう》の末に出でて筑後守となり、肥後国《ひごのくに》を兼ね治めき。人に生業を勧めて制条を為《つく》り、耕営を教ふ。頃畝《けいぼう》に菓菜を樹ゑ、下《しも》、鶏豚《けいしゅん》に及《いた》るまで皆章程《しょうてい》有りて曲《つぶ》さに事宜《しぎ》を盡《つく》せり。既にして時案行《あんこう》して、如《も》し教へに遵《したが》はぬ者有らば随《まにま》に勘当《かんどう》を加へり。始めは老少竊《ろうしょうひそ》かに怨《うら》み罵《ののし》れり。その実を収るるに及びて悦《よろこ》び服《したが》はぬこと莫《な》し。一両年の間に、国中化《おもぶ》けり。また、陂《つつみ》・池を興し築きて灌漑《かんがい》を広む。肥後の味生池《あじふのいけ》と、筑後の往々の陂・池とは皆是なり。是に由りて、人その利を蒙《かがふ》りて今に温給《おんきゅう》するは皆、首名が力なり。故《かれ》、吏の事を言ふ者は咸《ことごと》く称《たたえ》の首《はじめ》とす。卒するに及びて百姓これを祠《まつ》る。

筑後守となり肥後守を兼務した道君首名は、人々に細かく農業・産業を勧めて当初は煙たがられたものの、収穫に際しては民衆から絶賛され、ため池・灌漑《かんがい》を多く整備してのちのちの民衆からも仰ぎ

図1　下野国庁復元模型

見られている。筑後国府跡（福岡県久留米《くるめ》市）には、今日も古代民衆に祀られたことに起源する首名神《おびとなじん》社《じゃ》の小祠が存在している。

元日儀礼にみる国司と郡司

国司の職務は、儀礼的な地方統治にもあった。律令が重視した儀制令《ぎせいりょう》18元日国司条《がんじつこくしじょう》にみえる元日の儀礼は、国司と郡司がともに参加する内容をもっている。元日には、宮都においては天皇が大極殿《だいごくでん》に出御《しゅつぎょ》して中央の百官人たちから朝拝《ちょうはい》の礼を受ける儀式が行われており、諸国においても時を同じくして天皇に対する朝拝の礼が執り行われたのであった。

◎儀制令18元日国司条

凡《およ》そ元日には、国司皆僚属《りょうぞく》・郡司等を率《ひき》ゐて、庁に向ひて朝拝せよ。訖《おわ》りなば長官賀を受けよ。宴を設くることは聴《ゆる》せ。其れ食には、当処の官物《かんもつ》及び正倉《しょうそう》を以て充てよ。須《もち》ゐむ所の多少は、別式に従へよ。

元日に諸国の国府の国庁（政庁）では、まず①国司が僚属・郡司たちを従えて、国庁《こくちょう》（庁はマツリゴトドノ。ここでは国庁正殿）に向かって天皇を対象として朝拝の儀式を行なう。ついで、②クニノミコトモチである国司長官みずからが、僚属や郡司たちから賀礼を受ける。そしてその後、③参加者たちで郡稲《ぐんとう》・正税《しょうぜい》を用いて国厨《くにのくりや》が酒《しゅ》食《しょく》を提供する饗宴を行ったのである。国庁は、ほぼ一〇〇㍍四方の区画をもち、正殿を中心としてその南に東西の脇殿《わきでん》に囲まれた儀礼のための広場（「庭」）の空間をもち、南門が開く区画施設を四方にめぐらせるという構成をとることが、発掘調査成果によって知られている。この儀礼の意義は、国司と郡司たちとの間で国家に対する服属関係を再確認するとともに、彼らに共通する天皇に仕える支配者の立場としての官人意識を再確認する儀礼でもあったといえよう。

越中守大伴宿祢家持と郡司たち

中央から派遣される国司が、在地の伝統的豪族である郡司たちとともに饗宴を行うことがあったことは、大伴家持《おおとものやかもち》が越中守《えっちゅうのかみ》として越中国府（富山県高岡《たかおか》市）に赴任していた天平《てんぴょう》十八年（七四六）から天平勝宝《てんぴょうしょうほう》三年（七五一）にかけての時代の『万葉集』の和歌群にみることができる。饗宴は古代の儀礼の重要な構成要素であったし、赴任した国司の長官にとって国司の部下や郡司たちとの四季おりおりの饗宴は、国司の任務として重要な位置を占めていたといえる。

越中守大伴宿祢《すくね》家持は、天平十八年（七四六）に赴任した頃には、「天離《あまざか》る鄙《ひな》治めにと大君《おおきみ》の任のまにまに出でて来し……」（巻一七、三九五七）と、当時の貴族が共有した都鄙観に従って都から遠く離れた鄙へと勇躍赴任した心細さもうかがわせるが、その後は国司館《こくしのたち》でしばしば開かれた饗宴などでの和歌を多数残している。その中には、国司と郡司たちとの間でかわされた交歓の様子をうかがうこともできる。たとえば、『万葉集』歌（巻一八、四一三六）の題詞には、「天平勝宝二年（七五〇）正月二日、国庁に饗《きょう》を諸郡司等に給ふ宴の歌一首」とあるように、儀制令18元日国司条に定められた元日の儀礼にあたると思われる饗宴が、「守《かみ》が郡司たちに宴を給う」という形で行われていたのである。当然、饗宴の酒食は国府の厨《くりや》が公的に供給するものであった。

天平二十年（七四八）には、守の国司館で主催した宴会において「右、郡司已下子弟《してい》已上の諸人、多く此の会に集まる」（巻一八、四〇七一左注）という状況のもと、家持みずから「しなざかる越《こし》の君《きみ》らとかくしこそ楊䕺《やなぎかつら》き楽しく遊ばめ」（巻一八、四〇七一）と詠んでおり、郡司やその子弟たちと親しく交歓している姿をみることができる。

天平勝宝三年（七五一）になって大伴家持が越中守の任を終えて都に帰る時には、「便《すなわ》ち大帳使《だいちょうし》に付きて、八月五日を以ちて京師に入らむとす。此に因《よ》りて、四日を以ちて国厨《こくちゅう》の饌《せん》を介内蔵伊美吉縄麿《すけくらのいみきただまろ》の館《たち》に設け、餞《はなむけ》す。」（巻一九、四二五〇題詞）というように、介の国司館において国厨が供給する歓送会が開かれている。そこで家持が詠んだ和歌は、

しな離《ざか》る越《こし》に五箇年住み住みて立ち別れまく惜しき宵かも（巻一九、四二五〇）

という、越中の人々との交流を愛惜するものであった。都に向けて出立してからも、「五日平旦に上道《じょうどう》す。よりて国司の次官《すけ》已下諸僚《しょりょう》ら、皆共に視送る。時に射水《いみず》郡の大領安努君広島《だいりょうあののきみひろしま》が門前の林の中に、かねて餞饌《せんせん》の宴を設く。……」（巻一九、四二五一題詞）というように、道筋の射水郡大領の居宅前でも歓送会を開いてもらっており、国司と郡司たちとの交流の一つの姿をみることができる。

国司の部内巡行

国司の長官が管内の諸郡を見てまわる「国守巡行《こくしゅじゅんこう》」も、国司のきわめて重要な職務の一つであった。

◎戸令33国守巡行条

凡そ国の守は、年毎に一たび属郡《ぞくぐん》に巡り行いて、風俗《くにぶり》を観《み》、百年を問ひ、囚徒《しゅづ》を録し、冤枉《えんおう》を理《おさ》め、詳《あき》らかに政刑の得失を察《み》、百姓の患《うれ》へ苦しぶ所を知り、敦《あつ》くは五経を喩《さと》し、農功を勧め務めしめよ。部内に好学、篤道、孝悌、忠信、清白、異行にして、郷閭《ごうろ》に発《あらわ》し聞ゆる者有らば、挙して進めよ。不孝悌にして、礼を悖《みだ》り、常を乱り、法令に率《したが》はざる者有らば、糺《ただ》して縄《ただ》せ。其れ郡の境の内に、田疇闢《ひら》け、産業脩り、礼教設け、禁令行はれば、郡領の能と為よ。其の境に入るに、人窮《きわ》まり遺《とも》しく、農事荒れ、奸盗起り、獄訟繁くは、郡領の不《ふ》と為よ。若し郡司、官に在りて公廉にして、私の計に及ぼさず、色を正し、節を直うして、名誉を飾らずは、必ず謹みて察よ。其れ情、貪《むさぼ》り穢《けが》らはしきに在りて、諂《へつら》ひ諛《いつわ》って名を求め、公節聞ゆること無くして、私の門日に益さば、亦謹みて察よ。其れ政績の能不、及び景迹の善悪、皆録して考状《こう》に入れて、以て褒《あ》げ貶《くだ》すこと為よ。即ち事侵害すること有りて、考に至るを待つべからずは、事に随ひて糺し推《と》へ。

もともと「国見《くにみ》」のように統治範囲を「見る」ことによって支配・隷属《れいぞく》関係を確認する行為が、国司の部内巡行の前提として存在したと思われる。この国司の部内巡行は、地方の民衆が宮都から訪れた貴族の国司と接する数少ない機会でもあったろう。郡司が国司を案内して郡内をめぐる姿は、人々が国家の権威を実感する機会でもあったといえよう。この巡行の際には、実質的な郡司の勤務評定も行われたが、「風俗《くにぶり》」を見たり高齢者を見舞ったりする儒教的な行為が国司の職務であったことが、制度化されているのである。

部内巡行の際には、諸郡において「三日厨《みっかぐりや》」のような歓迎の盛大な饗宴が行われることが多かったであろう。ただし、律令では、いちおう民衆に迷惑をかけない「善政」のための条文も用意していた。

◎戸令34国郡司条

凡そ国郡司、所部《しょぶ》に向ひて検校《けんぎょう》すべくは、百姓の迎へ送るを受け、産業を妨げ廃《や》め、及び供給を受けて、煩擾せしむること致すこと得じ。

なお、国内において国司と郡司が出会った時の礼制としては、原則として郡司（五位以上でない限り）は国司に対して下馬《げば》の礼をとらねばならなかった。

◎儀制令11遇本国司条

凡そ郡司、本国の司に遇《あ》はば、皆馬より下りよ。唯し五位、同位以上に非ずは、下りず。若し官人本国に就きて見えば、同位は即ち下りよ。若し致敬《ちぎょう》すべくは、並に下馬の礼に准《なずら》へよ。

3　郡司と王権

郡司氏族と王権

地方豪族が任ぜられる郡司が、国司によって仮に擬任《ぎにん》されたのち正式に任命される際や、一定年限の勤務実績を積んで成選《じょうせん》して位階が上がる際には、郡司自身が宮都に上京して太政官における任命などの諸儀式が行われることになっていた（『延喜式《えんぎしき》』太政官式、成選叙位条・銓擬言上条《せんぎごんじょう》、式部上式、郡司闕条、『貞観儀式《じょうがんぎしき》』巻九、「太政官曹司庁叙任郡領儀」）。そのほか、諸国から宮都に派遣される貢調使やその他の諸使としても、国司に従って郡司層の人たちが宮都までおもむくことがあった。このように郡司自身が上京する機会があった以外にも、郡司の子弟がトネリ（舎人）として宮都の皇族・貴族たちに近侍して仕える制度や、郡司の姉妹や娘の「形容端正」なる人が采女《うねめ》として天皇の後宮女官《こうきゅうにょかん》となる制度も、律令制以前の時代から引きつづいて存在していた。こうして、郡司氏族である地方豪族たちが直接中央の王権や貴族への「宮仕え」を通して、人格的な結びつきを深めるシステムが、奈良時代にも存在していたのである。

トネリ―郡司子弟の宮仕え―

トネリ（舎人）は、律令制以前に地方豪族の子弟が中央の有力な王族や豪族のもとに出仕して近侍する制度であった。近江朝廷に対して圧倒的に劣勢であった天武天皇が六七二年の壬申《じんしん》の乱に勝利するきっかけを造ったのも、東国とくに美濃《みの》出身の地方豪族の子弟であるトネリたちの活躍であったことは、よく知られる。『万葉集』巻二の「皇子尊《みこのみこと》の宮の舎人ら慟《かな》しび傷みて作る歌廿三首」（一七一〜一九三番）に伝えられる、草壁《くさかべ》皇子の舎人たちが主人の突然の死を衷心から嘆き悲しんだ和歌群にみられるように、舎人たちと奉仕の対象である王族・豪族とは親密な人格的関係で結ばれ、王権の中枢と地方豪族との結びつきを強固にする人的関係のシステムであったといえる。律令制の確立とともに、地方豪族出身のトネリは、律令官僚制のもとで人格的関係が薄れて、皇族に仕える帳内《ちょうない》、貴族に仕える資人《しじん》などに編成されて下級官人化した。しかし、地方豪族の子弟が都に出て皇族・貴族たちに仕え

謹解　申請海上郡大領司仕奉事
中宮舎人左京七條人従八位下海上國造他田日奉
部直神護我下総國海上郡大領司尓仕奉
止申故波神護我祖父小乙下忍難波　朝庭
少領司尓仕奉支父追廣肆宮麻呂飛鳥
朝庭少領司尓仕奉支又外正八位上給呂藤
原朝庭尓大領司尓仕奉支兄外従六位下勲
十二等國足奈良朝庭大領司尓仕奉支神
護我仕奉状故兵部卿従三位藤原卿位分資
人始養老二年至神亀五年十一年中宮舎人
始天平元年至今廿年合卅一歳是以祖父
父兄良我仕奉祁留次尓在故尓海上郡大領
司尓仕奉止申

図2　他田日奉部直神護解

ながら中央での「宮仕え」の実績を積み、中央の官界とのパイプを強固にするという機能は八世紀にもなお認めることができる。

下総国海上郡《しもうさのくにうなかみぐん》の地方豪族出身で、平城京に出て中宮《ちゅうぐう》舎人などとして長く勤務し、海上国造《こくぞう》でもあった他田日奉部直神護《おさだのひまつりべのあたいじんご》という人物が、故郷の海上郡司として任官することを求めた天平二十年（七四八）の上申書（天平二十年〈七四八〉海上国造他田日奉部直神護解《げ》）が、正倉院文書の中に残っている。神護は、祖父が孝徳天皇時代に海上郡（評）の少領《しょうりょう》（助督《こおりのすけ》）に、父が天武天皇時代の少領（助督）に、兄が奈良時代に海上郡大領に任じられたという伝統的な郡司氏族の一員であった。神護自身は、養老《ようろう》二年（七一八）から藤原不比等《ふじわらのふひと》の子供で四兄弟の末弟藤原麻呂《まろ》に位分資人《いぶんしじん》として一一年間仕え、天平元年（七二九）からは中宮舎人として二〇年間仕えて、中央で下級官人としての実績を長く積んだ人物であった。地方豪族の子弟が、中央の藤原氏関係の王族・貴族のもとに出仕してトネリとして仕えた実績をもとに、故郷（下総国海上郡）の大領に任じてもらいたい、と申請した内容である。郡司氏族の子弟が郡司に任じられる手段として、このように都に出て中央出仕の経歴を積むコースが存在したことを示している。

采女—郡司の娘たちの宮仕え—

采女《うねめ》は、律令の後宮職員令18氏女采女条に、

凡そ諸の氏《うじ》は、氏別《ごと》に女貢《にょぐ》せよ。皆年卅以下十三以上を限れ。氏の名に非ずと雖《いえど》も、自ら進仕《しんじ》せむと欲《ねが》はば、聴《ゆる》せ。其れ采女貢《ぐ》せむことは、郡の少領以上の姉妹及び女の、形容《かたち》端正なる者をもちてせよ。皆中務省《なかつかさしょう》に申して奏聞《そうもん》せよ。

とあるように、地方豪族である郡司の長官・次官（少領以上）の姉妹・娘のうち美しい女性を天皇のもとに仕えさせる制度である。古代国家が、中央の天皇と地方に伝統的な支配権をもつ地方豪族との間の支配・服属関係によって成立したことをうかがうことができる制度といえる。郡司に任命された伝統的な地方豪族にとっては、地域におけるみずからの支配権を拡充するために、中央の天皇権力と結びつく重要な役割を、一族の娘たちに期待したのであった。

常陸国筑波郡《ひたちのくにつくばぐん》（茨城県つくば市）の郡司氏族壬生直氏から出身した女性壬生直小家主女《みぶのあたいこやかぬしめ》が、奈良時代の中央朝廷で活躍し、みずから貴族となったことが『続日本紀』の記事群によって知られる。采女として都に出仕し、女性天皇の称徳《しょうとく》天皇（孝謙《こうけん》天皇）に仕えて信任されたのであった。また、孝謙太上

天皇のための食料請求を大膳職《だいぜんしき》あてに出した天平宝字《てんぴょうほうじ》七・八年（七六三・七六四）頃の平城宮木簡第一号の文書木簡にも、「竹波命婦《つくばのみょうぶ》」と名をとどめている（「命婦《みょうぶ》」は五位以上の位階をもつ女性の敬称）。

『続日本紀』からは、采女として孝謙天皇＝称徳天皇の食膳を担当する後宮の女官「掌膳」として活躍し、天皇の信任を受けて五位以上の貴族の位階に上り、カバネ（姓）も「直《あたい》」から「連《むらじ》」さらに「宿禰《すくね》」へと上昇し、七六四年の恵美押勝《えみのおしかつ》の乱でも活躍して勲位《くんい》を獲得して、ついに常陸国造にまでなったことが知られる。中央に采女として送り出した娘が、天皇から信任を得て貴族となり、上位のカバネを得た上、常陸国造に任じられたことは、出身した壬生直氏の地元における権威・権力を格別に強化したと思われる。郡司氏族の側では、そうした中央王権との結びつきの強化をめざして、「形容端正」で教養に富んだ娘を采女として貢進したのであった。筑波郡家《ぐうけ》（郡衙《ぐんが》）の遺跡が発掘調査によって明らかにされた平沢官衙《ひらさわかんが》遺跡であるが、そのすぐ西側の台地上には礎石《そせき》が遺存し瓦が出土する中台廃寺《なかだいはいじ》が共存することが知られている。筑波郡の「郡寺」であり筑波郡司壬生直氏の氏寺としての性格ももったこの中台廃寺において、壬生直小家主女は若い頃から仏教への信仰を深めたのではなかったろうか。そのことが、仏教を厚く信仰する称徳天皇との人格的な信頼関係へと結びつき、後宮女官としての出世への道をひらいたのであろう。

また、上野国佐位郡《かみつけのくにさいぐん》の郡司氏族である檜前部君氏《ひのくまべのきみうじ》からも、采女として檜前部老刀自《ひのくまべのおいとじ》が都にのぼり、出世したことが『続日本紀』から知られる。檜前君老刀自も、采女として称徳天皇から重く用いられ、五位の貴族の位階とともに「上野佐位朝臣《あそん》」の姓《せい》を賜り、さらに上野国造にも任じられている。「上

図3　上植木廃寺復元想像図

野佐位朝臣」という姓を得た出身の檜前部君氏は、郷里の上野国佐位郡において他氏族をしのぐ地位を確立したと思われる。佐位郡家跡の遺跡は、三軒屋《さんげんや》遺跡（群馬県伊勢崎市）に正倉院跡が発掘調査されているが、そのすぐ北には七世紀後期にさかのぼる上植木《かみうえき》廃寺《はいじ》の存在が知られている。ここでも、檜前君老刀自が称徳天皇に重用された背景として、「郡寺《ぐんじ》」で氏寺でもある上植木廃寺において仏教と親しんで育ったことがあったと考えられる。一族出身の采女の活躍を通して、檜前部君氏すなわち上野佐位朝臣氏が、在地における領域支配をいっそう確実なものにしていったのであった。

4　中央と地方の交流

平城京の相模国調邸と郡司たち

早稲田大学図書館に所蔵される薬師院《やくしいん》文書に、天平勝宝七歳（七五五）から八歳（七五六）にかけて相模国司《さがみこくし》から造東大寺司《ぞうとうだいじし》あてに発行された公文書群が伝えられている。平城京の左京八条三坊にあった相模国の調邸《ちょうてい》の土地を造東大寺司が寺の土地と交換してほしいと求めてきたことに対する相模国側の返事にあたる文書である。

◎天平勝宝七歳（七五五）五月七日相模国司牒

「相模国司牒《ちよう》す　造東大寺司

国の調邸の地価を請ふ事

右、彼の司の天平勝宝六年正月廿三日の牒を得るに偁《い》はく、「天平廿年を以て彼の国司に憑《たの》み、件の地を割き得、倉屋を興し造らば、寺の為に尤も弁あり。願はくは彼此の便を許りて、相博《そうはく》することを得むと欲す。加以《しかのみならず》、前日寺両三の倉屋を作り、其の労稍《やや》多し。儻《まま》に相博するを許さず。将に地価を酬《むく》いむとす」てへれば、国牒の旨に依り、管八郡の司に問ふに、申して云はく、「今寺地と称するは、遠く朝庭を去り、運送に労多し。望むらくは、価物を請ひ、便地を買はむと欲す」てへり。今、郡司の解に依り、価を請ふこと、件の如し。仍りて事の状を録し、以て牒す。

天平勝宝七歳五月七日従六位下行大目鬼室「虫麻呂」

守従五位下藤原朝臣

正六位上行介紀朝臣「稲手」（字面に「相模国印」アリ）

◎天平勝宝八歳（七五六）二月六日相模国朝集使解

相模国朝集使解し　申す地を売買する事

調邸壱町在左京八条三坊者　価銭陸拾貫文を得る

右、件の銭価を得、造東大寺司に売ること、既に畢ぬ。但し、捺印の文は、追って将に申し送らむとす。仍りて事の状を録し、以て解《げ》す。

天平勝宝八歳二月六日雑掌足上郡主帳代丈部「人上」

鎌倉郡司代外従八位上勲十等君子「伊勢麻呂」

御浦郡司代大田部直「圀成」

国司史生正八位下茨田連「薩毛智」

「司検

長官佐伯宿禰「今毛人」　主典葛井連「根道」

これらの文書にみえる相模国の調邸とは、平城京におかれた出先施設であり、今日でいう都道府県の東京事務所のような機能をはたしたと考えられる。とくに平城京左京の国設市場である東市近くで、堀川《ほりかわ》（運河）に沿った地に位置している。国元から貢調使《こうちょうし》が運んできた調庸などの貢進物を平城宮に納める前にいったん収納・保管し、不足・欠損分を東市で交易するなどして調達する機能をはたしたことが推定されている。市近くで利便のよい場所であることから造東大寺司が目をつけ、土地の交換を申し入れたが、相模国司側は、管内の八郡司全員の意見を尋ねた結果、東大寺側が用意した交換用の土地は不便なので、土地を買ってもらいその代金で便利な土地を新規購入したいと返事している。結局代金の銭貨を受け取った領収証が翌年の文書であり、国印を押捺《おうなつ》する正式文書の前に、朝集使《ちょうしゅうし》として都に来ていた相模国の史生《ししょう》たちが造東大寺司に宛てて提出したものである。

ここで注目したいのは、平城京にある相模国調邸の交換・売買に関して、相模国司は管内の郡司たちの意見を聞かないと処分できなかったことと、天平勝宝八歳（七五六）二月の土地代金受領書に、朝集使の国司史生のほかに在京する鎌倉郡司《かまくらぐんじ》代《だい》・御浦《みうら》郡司代や雑掌《ざっしょう》の足上郡主帳代《あしかみぐんしゅちょうだい》などの郡司関係者が署判《しょはん》していることである。調邸をもっともよく利用してその土地処分の影響をこうむる存在であり、調邸の機能を維持する存在が、郡司や郡司代として在京する出向者たちであったことが推測される。貢調使の国司のもとで実際に調庸を貢進するなどために宮都と諸国との間をしばしば往復する郡司・民衆たちの姿、そして調邸の業務をはたす在京郡司代の姿などをみることができるのである。郡司は、都鄙間の交通を担う主体でもあったことが、うかがえよう。

遠隔地交易と商人

大安寺《だいあんじ》近傍の平城京の左京六条五坊に住む楢磐嶋《ならのいわしま》という商人が、大安寺の出挙《すいこ》銭《せん》である「修多羅分《しゅたらぶん》銭《せん》」三〇貫を借りて越前国敦賀津《えちぜんのくにつるがのつ》まで交易におもむき、閻羅王《えんらおう》の使に召されたものの寺院の銭を借りていた関係から死を免れたという説話が、『日本霊異記《にほんりょういき》』にある。

◎『日本霊異記』中巻二十四話「閻羅王の使の鬼、召さるる人の賂《まいない》を得て、免《ゆる》しし縁　第廿四」

楢磐嶋は、諸楽《なら》（奈良）の左京の六条五坊の人なり。大安寺の西の里に居住す。聖武《しょうむ》天皇のみ世に、其の大安寺の修多羅分の銭卅貫を借りて、越前の都魯鹿《つるが》（敦賀）の津に往きて、交易して運び超し、船に載せ家に将《も》ち来たる時に、忽然《たちまち》に病を得、船を留め、単独《ひとり》家に来むと思ひ、馬を借りて乗り来たる。近江《おうみ》の高嶋《たかしま》の郡《こおり》の磯鹿《しが》（志賀）の辛前《からさき》（唐崎）に至りて、睠《かえり》みれば、三人追ひ来る。後《おく》るる程一町許《ばかり》なり。山代《やましろ》の宇治椅《うじはし》に至る時に、近く追ひ付き、共に副《そ》ひ往《ゆ》く。磐嶋問ふ

「何に往く人か」といふ。答へ言ひて曰はく、「閻羅王の闕《みかど》の、楢磐嶋を召しに往く使なり」といふ。磐嶋聞きて問ふ「召さるるは我なり。何の故《ゆえ》にか召す」といふ。使の鬼答へて言はく「我等、先に汝《なんじ》が家に往きて問ひしに、答へて曰はく「商《あきない》に往きて未だ来らず」といふが故に、津に至りて求め、當《まさ》に相ひて捉へむと欲《おも》へば、四王の使有りて、誂《あつら》へて言はく『免《ゆる》す可《べ》し。寺の交易の銭を受けて商《あきな》ひ奉るが故に」といふが故に、暫《しばらく》免しつるのみ。……

この説話では、平城京から山背国の宇治橋、近江国の志賀の唐崎、高島郡を経由して越前国の敦賀津に赴き、北陸道や山陰道などからの物資を交易する都の商人がいたことが示されている。その遠隔地間を船や馬で往復する宮都の商人が、寺院の出挙銭を元手としていたこと、いわば国家的大寺院に依存する形で都市商人が成り立っていた様子がうかがえる。また、越前の敦賀津が、日本海の海上交通によって北陸や山陰などの交易物資が多く集まり流通する市として機能したことが知られるが、敦賀に来る船は帰途には畿内の産物を積んで帰るはずであり、都と地方とのつながりの中で、双方向の交易が展開したことが考えられるのである。

おわりに

古代の都と地方のつながりは、人・物・情報を移動対象として、政治・経済・文化の諸分野にわたって非常に頻繁に交流が展開していた様子をみてきた。文化の面では、仏教の教義や寺院造営技術などの中央から地方に向けての展開と地方における受容の姿なども、具体的にたどることができよう。ただし、こうした都鄙間の交流は、調庸制の未進によって律令財政が大きく変質したことにみられるように、けっして都から地方への一方通行ではなく、双方向の影響を及ぼしあったことをみる必要があると思う。こうした都と地方のつながりこそが、古代都市である平城京を宮都たらしめていたということを、改めて考えなくてはならないだろう。

参考文献

佐藤　信　一九九七年『日本古代の宮都と木簡』吉川弘文館

佐藤　信　一九九九年『古代の遺跡と文字資料』名著刊行会

佐藤　信　二〇〇二年『出土史料の古代史』東京大学出版会

佐藤　信　二〇〇七年『古代の地方官衙と社会』（日本史リブレット八）山川出版社

佐藤信編　二〇〇二年『日本の時代史四　律令国家と天平文化』吉川弘文館

平城京全体図

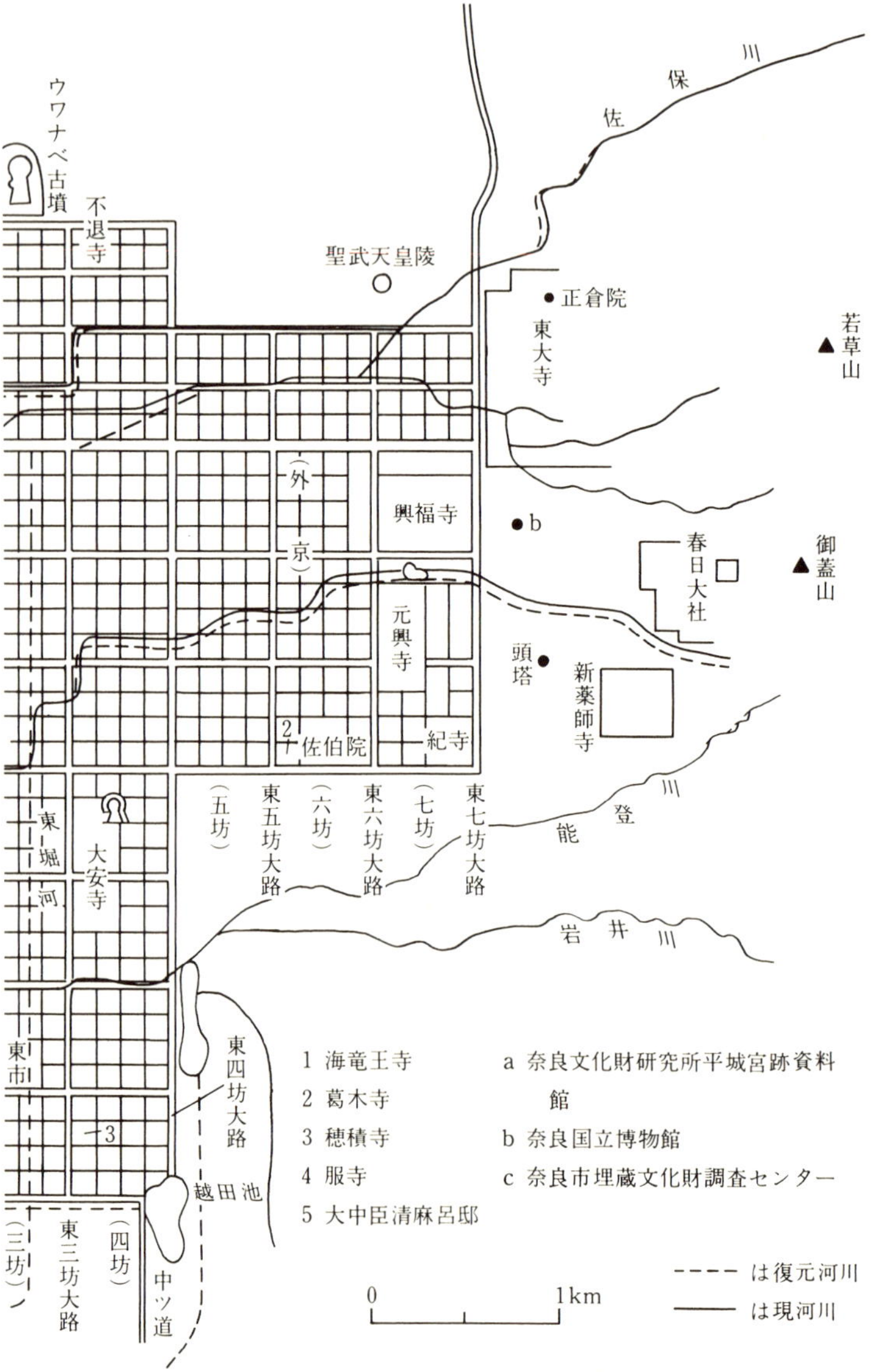
佐保川
ウワナベ古墳
不退寺
聖武天皇陵
正倉院
東大寺
若草山
(外京)
興福寺
b
春日大社
御蓋山
元興寺
頭塔
新薬師寺
2
佐伯院
紀寺
(五坊)
東五坊大路
(六坊)
東六坊大路
(七坊)
東七坊大路
能登川
東堀河
大安寺
岩井川
東市
3
東四坊大路
越田池
(三坊)
東三坊大路
(四坊)
中ツ道
1 海竜王寺
2 葛木寺
3 穂積寺
4 服寺
5 大中臣清麻呂邸
a 奈良文化財研究所平城宮跡資料館
b 奈良国立博物館
c 奈良市埋蔵文化財調査センター
0
1km
は復元河川
は現河川

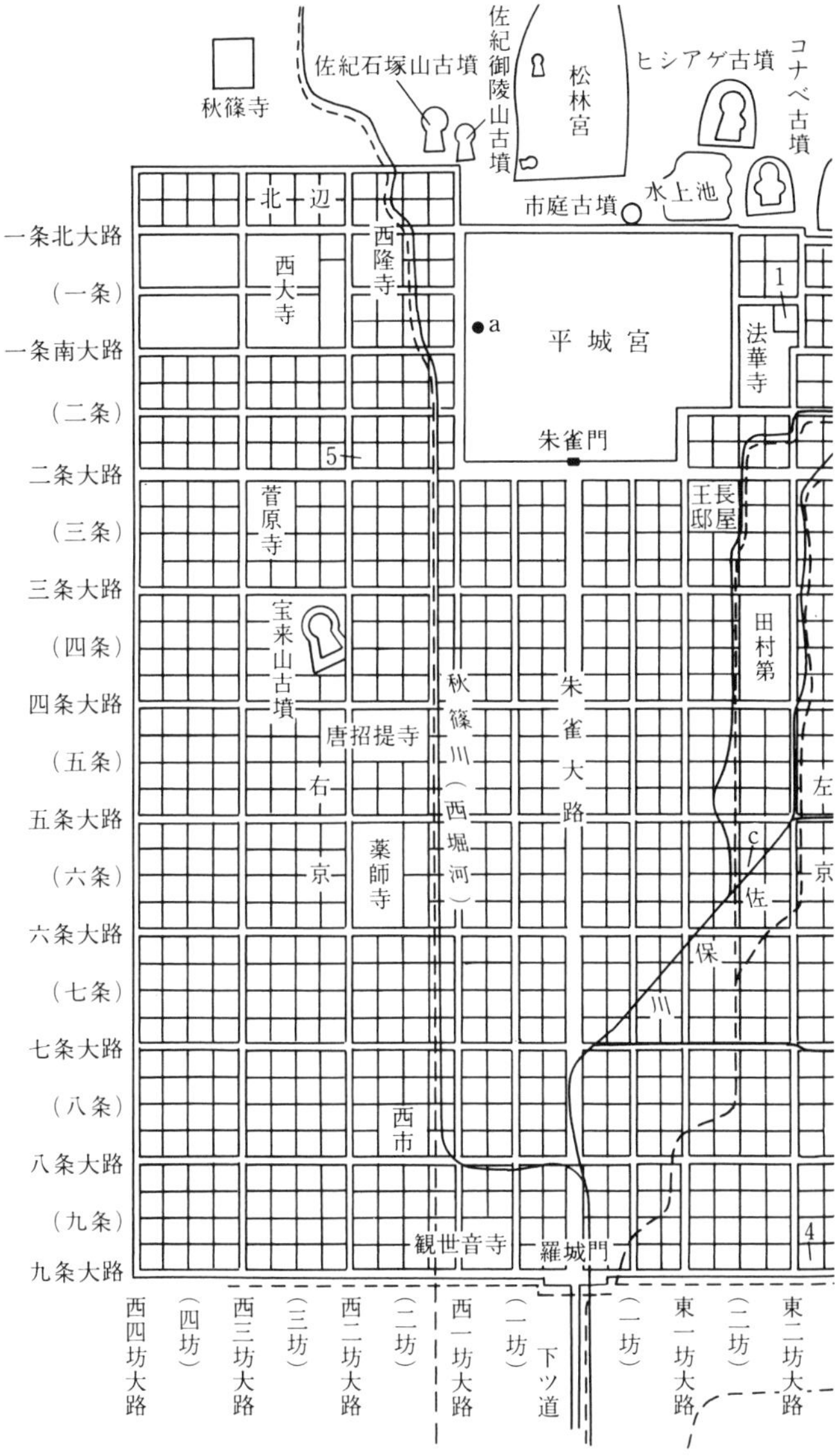
秋篠寺
佐紀石塚山古墳
佐紀御陵山古墳
松林宮
ヒシアゲ古墳
コナベ古墳
水上池
市庭古墳
北辺
西隆寺
西大寺
平城宮
法華寺
朱雀門
一条北大路
(一条)
一条南大路
(二条)
二条大路
(三条)
三条大路
(四条)
四条大路
(五条)
五条大路
(六条)
六条大路
(七条)
七条大路
(八条)
八条大路
(九条)
九条大路
菅原寺
長屋王邸
田村第
宝来山古墳
唐招提寺
秋篠川(西堀河)
朱雀大路
右京
左京
薬師寺
佐保川
西市
観世音寺
羅城門
西四坊大路
(四坊)
西三坊大路
(三坊)
西二坊大路
(二坊)
西一坊大路
(一坊)
下ツ道
(一坊)
東一坊大路
(二坊)
東二坊大路

あとがき

今年、二〇一〇年は平城遷都一三〇〇年にあたり、世界遺産でもある平城宮の第一次大極殿復元建物の完成記念もかねた遷都一三〇〇年祭がおこなわれている。『古代の都』シリーズは、これに合わせて企画されたので、平城京をあつかった本巻はシリーズ中でも特別の意味をもつといえよう。

奈良時代を中心とした古代の研究は、近年著しく進展し、豊かになってきている。その大きな理由は、本書があつかっている平城京と平城宮、恭仁京、紫香楽宮、難波宮といった宮殿や都城遺跡、寺院遺跡、さらに大宰府、多賀城をはじめとする地方官衙《かんが》の発掘の進展により、奈良時代を研究し、語ることのできる膨大な史資料が蓄積されてきたからにほかならない。

その内容をみると、遺跡、遺構からは、人々が暮らし、政治や行政をおこなった場や施設の構造や変遷が明らかとなり、各種遺物からは日常生活の実態が浮かび上がってきた。古代史研究に新たな光明をもたらした木簡は、物言わぬ他の遺物にかわって具体的な歴史像を語り、研究の深化に大きく寄与している。しかしながら、出土資料の大半は、それだけではきわめて不完全な資料である。残された部分は常に一部分で、そのままではなかなか全体像がわからない。

こうした出土資料に、文献史研究や伝世されてきた建造物、仏像、絵画、彫刻、あるいは正倉院に残された工芸品の数々などの研究を重ねあわせることによって、失われた部分の復元が可能となる。

たとえば第一次大極殿の復元のように、建物の基礎から上部構造を復元するには、現存する奈良時代の建物、あるいは絵画資料、文献史料などの研究を駆使しなければ実現しなかった。

このようにして進んでいる奈良時代研究は、学際的な研究としての色彩を色濃く帯びているが、同時に私たちは、きわめてダイナミックで立体的な研究であると思う。これは、単に建物が立体的に復元されることだけを言っているのではなく、古代という社会を立体的にイメージできる研究成果がもたらされつつあると考える。従来の政治史・経済史・制度史といった手法の枠を超えた社会の姿、街や村の姿であったり、生活する人々の暮らしの姿であったりする。

本書は、まさしくそのような研究の先陣を担っている研究者によって執筆されている。ただ残念ながら平城京の時代をすべて語るには限られた紙数でもあり、テーマを絞って設定したことをご了解いただきたい。

とはいえ、平城京遷都の意義についての新たな視点、平城京条坊の十条をめぐる問題、寺院の最近の調査成果と平城京での役割、そして、平城京を支える流通経済の評価と人々の暮らしの実態、木簡から何がわかるか、など基本的な問題を提議し、さらに庭園の調査と復元や大極殿などの建物復元を通して平城京そのものの復元イメージにおよんでいる。また、謎とされてきた聖武天皇の恭仁京、紫香楽宮、難波宮遷都についても最新の発掘成果を踏まえた説が展開され、律令国家を支えた大宰府、多賀城をはじめとする地方官衙の研究成果を通じて平城京と地方との関係にも論がおよぶ。

一方、平城京や平城宮でもまた大宰府や多賀城などでも、いずれも発掘調査は続いており、現在進行形で少しずつ新しい事実が積み重ねられている。各執筆者とも、最新の研究成果を反映し、自身の考えを遠慮なく披露していただいているが、今後の新資料による研究の進展も十分に考えられ、研究自体も現在進行形といえる。そのため、当然、重複して取り上げられたり、意見を異にする部分もあるが、むしろこれによって、どこが共通認識として落ち着いており、どこが意見の分かれるところであるのかを示すこととなっている。

読者の皆さんには、平城京とそれを取り巻く世界の現時点における具体像を研究者各自がどのように描いているかを読み取られ、立体的で復元的な古代史研究の最前線を楽しんでいただきたい。そして、平城京がどういう都で、この時代が歴史的にどのように重要な位置を占めるかについてのご理解を深めていただければ幸いである。

二〇一〇年五月

田辺征夫
佐藤信

執筆者紹介（生年／現職）―執筆順

田辺征夫（たなべ　いくお）　→別掲

渡辺晃宏（わたなべ　あきひろ）　一九六〇年生れ／奈良文化財研究所都城発掘調査部史料研究室長

舘野和己（たての　かずみ）　一九五〇年生れ／奈良女子大学教授

小野健吉（おの　けんきち）　一九五五年生れ／奈良文化財研究所文化遺産部長

巽淳一郎（たつみ　じゅんいちろう）　一九四七年生れ／京都橘大学教授

馬場　基（ばば　はじめ）　一九七二年生れ／奈良文化財研究所都城発掘調査部主任研究員

寺崎保広（てらさき　やすひろ）　一九五五年生れ／奈良大学文学部教授

平澤　毅（ひらさわ　つよし）　一九六七年生れ／奈良文化財研究所文化遺産部遺跡整備研究室長

飯田剛彦（いいだ　たけひこ）　一九六八年生れ／宮内庁正倉院事務所保存課調査室員

小笠原好彦（おがさわら　よしひこ）　一九四一年生れ／明治大学大学院特任教授

高野芳宏（たかの　よしひろ）　一九四七年生れ／宮城学院女子大学・宮城教育大学非常勤講師

杉原敏之（すぎはら　としゆき）　一九六八年生れ／九州歴史資料館学芸調査室技術主査

佐藤　信（さとう　まこと）　→別掲

図表一覧

〔口絵〕

〔挿図〕

編者略歴

田辺征夫
一九四四年　三重県生れ
慶應義塾大学卒業、京都大学大学院文学研究科修士課程中退
現在　独立行政法人国立文化財機構理事、奈良文化財研究所長
〔主要編著書・論文〕
歴史考古学大辞典（共編）　都の大寺（狩野久編『古代を考える　古代寺院』）　平城京の人々と暮らし（平城京遷都一三〇〇年記念二〇一〇年委員会編『平城京　その歴史と文化』）

佐藤　信
一九五二年　東京都生れ
東京大学大学院人文科学研究科博士課程中退
現在　東京大学大学院人文社会系研究科教授、博士（文学、東京大学）
〔主要編著書〕
日本古代の宮都と木簡　律令国家と天平文化（編著）　出土史料の古代史　史跡で読む日本の歴史4　奈良の都と地方社会（編著）

古代の都　2
平城京の時代
二〇一〇年（平成二十二）七月二十日　第一刷発行
編　者　田《た》辺《なべ》征《いく》夫《お》
佐《さ》藤《とう》信《まこと》
発行者　前田求恭
発行所　株式会社　吉川弘文館
郵便番号一一三―〇〇三三
東京都文京区本郷七丁目二番八号
電話〇三―三八一三―九一五一〈代表〉
振替口座〇〇一〇〇―五―二四四
http://www.yoshikawa-k.co.jp/
印刷＝株式会社　理想社
製本＝ナショナル製本協同組合
装幀＝蔦見初枝

ISBN978-4-642-06292-3

刊行のことば

永年にわたる地道な発掘調査、そして研究の進展により、日本古代の都の実像がより明瞭に描き出せるようになってきました。都は政治権力の実像をよく示すものと考えられており、これまで積み重ねられてきた都市研究の成果をふまえたうえで日本古代史を都の視点からとらえなおすことは、大きな意義があると思われます。また、都市は政治の舞台というだけでなく、老若男女、貴賤を問わずさまざまな人々が行き交い、暮らしてきた場でもあります。都を形作った多くの人々の営みを明らかにするということは、現在の都市問題を考える上でも重要なことではないかと考えます。

小社では以上のような状況に鑑み、飛鳥の諸宮から藤原京、平城京、長岡京そして平安京にいたる古代都市の実像について最新の研究成果を、信頼できる内容でわかりやすく紹介するべく、本シリーズを企画いたしました。

よみがえりつつある古代都市像の豊かな世界を感じ取っていただければと思います。

二〇一〇年四月

吉川弘文館

古代の都

木下正史・佐藤 信編

①飛鳥から藤原京へ

二九四〇円（5％税込） 〈8月発売予定〉

古代の都

西山良平・鈴木久男編

③恒久の都　平安京

二九四〇円（5％税込）

〈9月発売予定〉

吉川弘文館